10天谋定好前途
职业规划实操手册

第二版

洪向阳◎著

中国经济出版社
CHINA ECONOMIC PUBLISHING HOUSE
·北京·

图书在版编目（CIP）数据

10 天谋定好前途：职业规划实操手册：第 2 版 / 洪向阳著．-- 北京：中国经济出版社，2021.4（2025.8 重印）
ISBN 978 - 7 - 5136 - 6149 - 2

Ⅰ.①1… Ⅱ.①洪… Ⅲ.①职业选择 Ⅳ.①C913.2

中国版本图书馆 CIP 数据核字(2021)第 054688 号

责任编辑 孙晓霞
责任印制 李 伟
封面设计 任燕飞设计工作室

出版发行 中国经济出版社
印 刷 者 北京艾普海德印刷有限公司
经 销 者 各地新华书店
开 本 710mm × 1000mm 1/16
印 张 22.25
字 数 330 千字
版 次 2021 年 4 月第 1 版
印 次 2025 年 8 月第 3 次
定 价 59.00 元
广告经营许可证 京西工商广字第 8179 号

中国经济出版社 **网址** www.economyph.com **社址** 北京市东城区安定门外大街 58 号 **邮编** 100011
本版图书如存在印装质量问题，请与本社销售中心联系调换（联系电话：010 - 57512564）

先谋后事者昌，先事后谋者亡。

——（周）吕尚《太公金匮》

推荐语

生涯规划之真谛，在于方向性——人生之成功与幸福；在于时间性——生之有涯，夕惕若厉；在于行动性——成事在天，谋事在人。本书以十日修持，谋取好前途，集职业规划大成之作，值得珍藏。

——中华英才网前副总裁，华夏基石业务副总裁、首席人力资源专家 陆学彬

当新人迈进职场，面对纷繁多样的职业网络如何才能不迷失？当职业生涯面临选择，在变动不居的职场中如何才能一直胜出？在《10天谋定好前途：职业规划实操手册（第二版）》中或许有你期待的答案。洪向阳老师的新书于专业与实操间自由出入，既是职业生涯规划领域难得一见的专业手册，更是一个资深职业规划师的胜算心经。手持本书如握指南，入职海必不空返。

——《北京人才市场报》副总编辑 吴 坚

品鉴洪向阳的《10天谋定好前途：职业规划实操手册（第二版）》，时代发展，人才鼎盛，竞争激烈，职场生涯变幻难控，如何规划运筹才能立于不败之地？应时而作，为你而写。20年专业资历，8万个咨询个案，数百场职业培训，本书为读者铸造了一套职业规划实操教材，囊括职业定位模型、跳槽模式、职业生涯发展模式、职业发展支持系统、职业生涯发展策略等多个方面。捧卷10日，读出锦绣一片，快哉，快哉！

——人力资源和社会保障部《职业》杂志执行主编 李黄珍

序 一

当前，我国社会正处在高速发展阶段，经济结构正处于转型期，人才市场也处于空前的开放和活跃状态，随之而来的是就业机会多了，职业的种类也多了，人们在职业上的选择多了，影响职业选择的因素也随之增多了，但同时就业也难了，职业的稳定性更差了，跳槽换工作更频繁了，个人职业生涯的可控性更低了……总之，人们在职业上更加迷茫和困惑了！

在这样的背景下，到底什么工作适合自己，自己到底该从事什么职业，如何才能实现自己的人生理想，如何才能规划好自己的职业生涯等一系列问题正深深地困扰着寻求职业成功的年轻人。

也正是在这样的背景下，越来越多的人意识到，要想有个好的职业前途，就需要好好地规划自己的职业生涯。随着职业规划教育在高校的普及，人们对职业规划的需求更加强烈。如何规划自己的职业生涯呢？人们迫切需要有效的指导。《10天谋定好前途：职业规划实操手册（第二版)》这本书正是应景之作，它给年轻人提供了有效的指导和操作方法。

众所周知，“职业规划”成形于西方，中国人接触到的大多是基于西方的文化背景及社会发展阶段而形成的理论和方法，但我国社会的职业规划基础和环境与欧美国家有着天壤之别，直接照搬理论和方法，最终导致其很难有效落地。中国人迫切需要本土化的、行之有效的职业规划理论和操作方法。基于以上情况，洪向阳先生及他的团队多年来一直为此而努力着，并形成了一套非常有效的职业规划实践模型和方法体系，本书正是基于本土化的实践成果而写作的。

作者站在职业规划从业者的专业角度，以解决问题为导向，以可操作性为基准，以职业规划理论和模型为基石，根据个人职业规划操作的需要，把各种职业规划理论有效地应用于我们自身的职业规划实践中。全书语言通俗易懂，可读性强，便于操作，是广大职场人士及大学生就业及职业规划发展的必备宝典，也是一本难得的职业生涯规划实操教材。

这本书不只是让你读，更是带着你做，跟着本书的节奏，书读完了，你的职业规划也就清晰了。总而言之，这是一本不可多得的职业生涯规划实操手册和行动指南，一本关于职场的生存与发展的书，它关系到你的前途，关系到你的生活质量，更关系到你的未来。

北京大学中国职业研究所所长、中国就业促进会副会长、教授　陈　宇

序 二

职业规划有没有用？这是很多职场新人会提出的问题。“职业规划是忽悠人的!”这是许多职场老人总结的想法。我想说，什么样的选择决定什么样的生活。今天的生活是由多年前我们的选择所决定的，而今天我们的选择将决定我们多年后的生活。古人云：“凡事预则立，不预则废。”职业规划就是指导我们如何去做选择。通俗地讲，它是教我们如何结合自身情况及各种外部因素，找准发展方向，确定职业目标和具体的行动方案。

个人找准适合的职业方向、目标并制定相应的计划，可以避免就业的盲目性，降低从业失败概率，为职业生涯的成功描画出最有效率的路径。因此，不管你愿不愿意，也不管你承不承认，其实我们每个人的潜意识里都在为自己的未来做规划。既然不可避免，不如坦然接受。学着让自我的规划更完善，自己的前途自己来做主，也是本书的作用之一。

中国的职业规划发展仍有很长的一段路要走，通常开拓者总是最为辛苦的，因为没有参照物可比，唯有寂寞前行。这期间有很多人被动或是主动地离开了，能坚持到现在的都是精英，洪向阳先生正是其中一位。战场上，狭路相逢，勇者胜；职场上，曲曲折折，规划者赢。所谓十年磨一剑，现在该是亮剑的时刻了！

前程无忧（51job.com）内容经理　冯莉华（Lizzie）

引 言

好前途是谋划出来的

先谋后事者昌，先事后谋者亡。

——（周）吕尚《太公金匮》

凡事预则立，不预则废。

——《礼记·中庸》

不谋万世者，不足谋一时；不谋全局者，不足谋一域。

——（清）陈澹然《寤言二迁都建藩议》

中国人自古就认识到：好前途是谋划出来的，没有好的事前规划很难获得成功。崇尚谋略和事前规划在中华传统文化中由来已久，在军事、政治、商业等诸多领域都有非常完善的理论和体系。而在个人的职业生涯领域，规划却尚未被充分重视，其具体的理论和技术更是知之者甚少，即使它直接关系一个人整个职业生涯的成败。

对于个人来说，要想谋划出美好的前途，必须要系统地解决三大问题：

一、你在什么样的职业领域最有可能获得成功，实现人生价值？

二、你一生要达到怎样的职业高度。不同阶段要达成什么样的目标。

三、你用什么策略和行动方案来保障各阶段目标的顺利达成。

这正是我们研究和实践了20多年的课题，即：通过对人整个职业生涯的谋划来助其获得美好前途，这个过程就是职业规划，或叫职业生涯规划。本书将系统有序地带你解决这些问题，谋定美好前途。

为什么要看这本书

职业规划是一门关于职场生存与发展的学问，也是你应该具备的最重要的一项职场生存核心技能。尽管姜太公在3000多年前就曾谆谆告诫我们："先谋后事者昌，先事后谋者亡。"然而绝大多数人对关系自己一生发展这样的重大问题却仍然置若罔闻，对此知之甚少，更有甚者，还有人怀疑职业生涯是否可以规划。

在英美等发达国家，从小学开始，这类知识的学习和技能的训练就被融入整个教育体系中。在中国台湾"教育部"认定的人生十大基本能力中，职业规划被排在第三位！然而，在我国大陆的整个教育体系中，职业规划教育才刚刚起步。时至今日，每年的大学毕业生中有明确职业规划的人仍然很少。虽然早在2008年教育部就要求高校要把职业规划课程作为学生必修课来教学，但目前全国高校在职业规划教育上的师资、专业度、实用性等方面都很难满足教学需求。我国的职业规划教育可谓任重道远！

尽管国外在职业规划领域已有很多研究和实践，也有不少译作和编辑的图书面市，但直接把西方的东西搬过来用，很容易水土不服。就目前的全国职业规划市场发展水平来说，与欧美发达国家相比，我们尚处在起步阶段，而且我们在经济发展、社会文化、教育制度等方面都与国外有着显著的甚至是根本的差异，这些都会对职业规划产生直接影响。所以我们需要一套真正适合中国人的职业规划理论和实操指南。

本书正是基于这样特定的背景和需求而写作的。本书的理论和方法继承了美国职业规划大师舒伯等前人的理论精髓，结合了大量本土职业规划的实践，并经过洪向阳先生及其团队20多年的实践和教学检验，是经得起验证的一套行之有效的职业规划实操体系。

哪些人需要这本书

从作为人生最重要的一项基本能力的角度看，每个人都应该尽早补上职业规划这门课。这本书会带给读者系统而有效的帮助。

如果你是下列人群中的一员，本书就是你当下最需要的。如果你身边有任何人处于类似的情况，请你把这本书好好推荐给他，相信他一定会感恩于你。

基于个人的职业发展：

· 你是在校大学生，需要认清职业方向，为职场提前做准备；

· 你对未来感到迷茫，不知道应该往哪个方向发展；

· 你准备求职，却没有清晰而精准的求职目标，或是理不清你的竞争优势；

· 你每天忙碌，但成果有限，事业徘徊不前，看不到前途；

· 你不喜欢现在的工作，对工作提不起劲来；

· 你对是否跳槽拿捏不定，

· 你希望有更高的收入，美好的前途；

· 你想创业，却不知道自己是否适合；

· 你希望能有效地掌控自己的职业生涯。

基于工作本身的需要：

· 你是一位职业规划师、职业规划与生涯教育从业者；

· 你是一位 HR、猎头及各级管理者；

· 你是一位学校辅导员、班主任、招生就业指导老师；

· 你是一位高考志愿规划师、升学顾问、留学顾问等升学领域从业者；

· 你是一位心理咨询师，希望拓展业务领域；

· 你是一位热心人，希望在职业或学业方面能帮助他人。

本书以独特的视角、专业的方法和易上手的实操性，切实有效地帮助读者制定系统的职业规划解决方案，是当前唯一一本具有实操性的职业规划书，适合作为个人自我职业规划指导书、职业规划及相关领域从业者的工具书，以及高校职业规划课程的教材或学生参考书。

如何阅读本书

本书根据职业规划的一般操作进程逐步推进。根据笔者多年职业规划实践经验，大约需要 10 天时间，就可以做好一份职业规划。因此，本书把职业规划内容和职业规划过程中要完成的任务分为 10 天来处理，希望通过阅读本书和实践，读者能规划美好的前途。

对大多数读者来说，建议按天数的进程依次阅读和实践。

如果你只是在职业生涯上的某个方面有困惑，或是对本书的某个方面感兴趣，也可以直接按目录引导跳着阅读。

如果你已经有明确的职业定位和方向，时间较紧，则可直接跳到第 9 天的内容。

不管哪种方式，需要特别注意的是：本书不仅仅是系统地介绍理论和方法，更是要引导你去实践。所以，每天（每章）都留有思考或作业，要边学边做，这样才更有力量，才有利于及早谋划出你的美好前途。

由于每个人都有自己的思维定势和认知局限，特别是在对自己的认知方面可能存在偏差（本书 5.3.2），所以大部分人在职业规划的实践中需要他人的协助。为了让你的职业规划更加客观、可行，建议你邀请身边的人，特别是可以给你建议的人一起阅读并实践。

目录

第8天　两难抉择　“谋”出最佳出路

第9天　展望未来　“谋”出多彩人生

第 1 天

认知升级
“谋”出高阶人生

两个人从同一个栅栏往外看去，一个人看到的是泥土，另一个人看到的却是繁星。

——兰布里奇（英国作家）

从今天开始，我将带你共同探讨关系你人生的重大课题——你的职业生涯将走向何方，如何为自己谋划出一片美好前途。

先让我们来回想一下每天在我们身边发生的一些情况。

我们每天从早到晚，上班工作，下班休息，循环反复。同样的工作，同样的时间，有的人终其一生碌碌无为，而有的人年纪轻轻却早已成就非凡。

再仔细想一下——

当年和你同班的同学或相处不错的校友们今天都生活得怎么样？

当年和你同一批入职同一部门的那些人现在发展得怎么样？

当年你觉得很多方面都不如你的那些人，现在是否真的不如你呢？

想到这些，或许你心中油然而生一种自豪感，也有可能你正浑身渗着冷汗！人们不禁要问，到底是什么原因造成这样的差异？从今天开始，就让我们一起来破解这个谜团。

图1－1　三个建筑工人

有这么个故事：一天，一位记者到建筑工地采访，看到三个工人在砌墙，就问他们在做什么。第一个建筑工人头也不抬地回答：“我正在砌一堵墙。”第二个建筑工人回答道：“我正在盖房子。”记者又问第三个工人，这次他得到的回答是：“我在为人们建造漂亮的家园。”记者觉得三个建筑工人的回答很有趣，就将这件事写进了自己的报道。

若干年后，记者在整理过去的采访资料时，突然看到了这三种不同的回答。这让他产生了强烈的欲望，想知道这三个工人现在生活得怎么样。

等他找到这三个工人的时候，结果令他大吃一惊：当年的第一个建筑工人依旧是一名建筑工人，仍然像从前那样砌着他的墙；而在施工现场拿着图纸的设计师竟然是当年的第二个工人；至于第三个工人，记者没费多少工夫就找到了他，他现在已经成了一家房地产公司的老板，前两个工人正在为他工作。①

这个故事让我们看到，三个人起初虽然同是建筑工人，但对待同样的工作内容，他们的认知、看法、理解不同，从而最终导致了结果的不同——职业生涯的状态、层次完全不同。我们可以得出这样的结论：**今天的想法决定明天的成就。**

其实，这种差别最主要是源于我们对待职业的不同态度。基于不同态度的差异，对于我们正在从事的任何一种职业，都可以从三个认知层次上来理解：低层次的人认为每天只要干活，按时完成活儿就可以了；中层次的人觉得他是在从事某种有发展空间、前途的职业；高层次的人有着明确的发展目标，是在成就一番事业。上面三个建筑工人的小故事就让我们看到了不同的人对待同样一件事的不同理解，从而导致了最终结果的巨大差异，那么，这几种理解到底有多不同呢？

在此之前，请先认真思考一下你当前的职业（学业）状态：

---

① 何令辉．也谈2013大学毕业生最难就业季［J］．科技致富向导，2013（23）．

你现在每天是在做什么：________________________

____

1.1　干活心态，辛苦，心也苦

认知层次	干活
英文名称	Job，Work
常用语	找工作，营生
解决的问题	生存问题，经济回报
人性需求和动力	物质需求（低层次）
心理状态	辛苦挣钱，劳累
本质	解决企业低端需求和社会就业

对于一些人来说，工作就是作工，就是干活。

通常我们对工作的理解是：劳动生产，主要是指劳动。与英文中的Job、Work相对应。生产可以创造价值；而劳动可以创造价值，也可以不创造价值，做无用功。通俗地理解，就是长时间内做重复单调的一系列动作（如车间的工人、流水线上的作业人员等所做的工作）或事情（如销售业务员对不同的对象讲重复的知识）。

工作是大多数人的主要谋生手段。对于很多人来说，一份工作只是一份活计，为了养家糊口不得不做。人们也许并不喜欢自己所做的工作，但作为一个负责任的成年人，能够靠自己的辛勤劳动认真地活着，养活好自己，可以说是最基本的个人修养。他们工作的主要目的在于获得物质报酬，以确保自己生活上的最基本的物质安全保障。这样的工作是没有热情或者激情可言按部就班地上下班，完成任务，甚至草草了事、糊弄上司就完了，对本职工作之外的事情毫不关心，只关心什么时候发工资，发多少工资。

这种想法，如果是从学校毕业刚走入社会的“职场小白”尚可理解，他们中很多人还不太清楚自己到底想要什么，喜欢什么，擅长什么。

人们经常会有冲动想要改变，有青春作资本，可以有选择、犯错、再选择、再犯错的机会。在这个阶段，你也离得开这份工作，这份工作也离得开你。

但是随着人们工作时间的增加，无论是年龄还是社会阅历都不会再一次次给人们反复选择和犯错的机会。如果人们依旧抱着初入职场时的心态，那么这份“工作”就会有一种艰辛感、被动和无奈感。这时，工作就变成了“干活”。通常人们对干活的理解是指特别辛苦地或努力地劳动。在很多工作场所，人们会常听到这样的命令：“大家干活去，别老站着!”当然，这声音大多来自老板。其实，无论在劳动密集型企业还是在资本密集型企业，无论是蓝领、灰领，还是办公室白领，抱着这种干活心态的人比比皆是。

通常抱着“干活”心态的人们只是为了养家糊口才将就地做着眼前的差事。潜意识中，人们会有受累遭罪的感觉，说话做事总感到力不从心，甚至低人一等。很显然，带着这样的认知来做事，那只能说是维持生计，这种感觉不仅是辛苦，更是心苦。

抱着干活心态的并不一定都是位卑人微者，中国历史上甚至有很多皇帝连干活都没做到，“从此君王不早朝”的唐明皇，万历皇帝更是30年不上朝，更不用说“富贵不知乐业，贫穷难耐凄凉”的富家子弟了。

事实上，职业并不分贵贱。不管什么工作，只要你认真、用心地去做，找到窍门，离成功就不远了，关键是我们如何看待它。

1.2 职业心态，稳步提升有保障

当我们意识到自己是在从事某种职业或是在为某种职业做准备时，这对我们意味着什么呢？你会发现，你所做的不再是一份普通工作了，它同时会给你带来一系列的附加内容和价值。

我们该如何理解职业呢？本书作为一本导航性的职业规划手册，职业本身自然是我们理解的重点。

认知层次	职业
英文名称	Occupation，Vocation
常用语	职业规划，技能，专业，竞争力
解决的问题	生活质量问题
人性需求和动力	社会需求（一般层次）
心理状态	保障，安全，社会地位
本质	解决企业中高端需求和个人职业发展

1.2.1 职业＝职能×行业

职业（Occupation，Vocation）是一类性质相近的工作（Job）的总称，通常指个人服务社会并作为主要生活来源的工作。在特定的组织内它表现为职位（也可称岗位，Position），我们在谈某一具体的工作（职业）时，其实也就是在谈某一类职位。每一个职位都会对应一组任务（Task），作为任职者的岗位职责。而要完成这些任务就需要这个岗位上的人，即从事这个工作的人，具备相应的知识、技能、态度等。图1－2表达了工作与职业之间的关系。

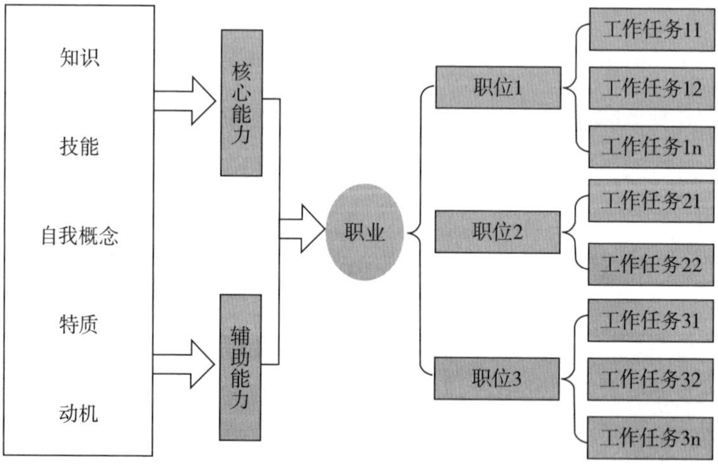

图1－2 职业的结构

从图1－2中我们可以看到，每一种职业都需要我们具备相应的知识、技能、自我概念等职业素质。而这些素质，并不只限于某个特定职位或组织，而是一类相近的职位。例如，小王的职业是会计师，他可以在某跨国企业做会计师，也可在某家民营企业做会计师；他可以在制造行业从业，也可以在服务行业从业，更可以在专门的会计师事务所从业。也就是说，当小王具备了会计师的职业资格后，他的选择范围很大。

那么，这"一类相近的职位"到底有多大范围呢？稍微留意一下，你就会发现，有很多人虽然听起来都是从事某种同样的"职业"，但你会发现他们工作的实质内容会有很大的差异。比如，同样是工程师，机电业的是机电工程师，IT行业则有软件工程师、网络安全工程师等，虽然都是工程师，但工作内容完全不同。又如，机电设备业的销售员与教育行业的销售员的工作时间、接触对象、销售技巧等也是非常不同的。所以如果你只说你要做工程师或是销售员什么的，实际上是没有多少意义的。

所以，要想完整地展现某种职业的综合状态，需要我们在区分职业时把职能和行业这两个要素共同考虑，而人们通常所谓的职业，在本质上只是某种职能。一种职业应该由职能和行业两个维度构成。① 公式如下：

职业＝职能×行业

每一个行业都由若干个经济活动性质相同或相近的组织所构成。这些组织或大或小，经营内容各异。这些组织根据运营的需要，把整个机构分为若干职能部门。不同部门把职能拆分，转化为具体的工作内容，再根据业务活动进行归类，细分各项工作，以职位（岗位）呈现。**职能指职位或部门所承担的任务、作用和功能**。下面我们以采购类工作为例加以说明。

绝大多数企业都会有采购这样的职位，但不同行业对采购的资质要求是不同的，特别是对专业知识、技能水平等的要求会各不相同。例如，计算机行业的硬件采购、服装行业的面料采购、餐饮行业的食材采购，很少有人认

① 洪向阳．生涯规划：新高考选科与志愿规划指引［M］．北京：化学工业出版社，2020：77.

为这三种采购是同一种职业，因为它们有着显著差异（见表1－1）。

表1－1　两种采购岗位职责、要求对比

	采购专家A（面料采购）	采购专家B（封装制程工艺）
岗位职责	1. 关注服装款式及颜色最新流行趋势，各类面辅料流行趋势信息搜集、整理。 2. 根据买手的样衣规划进行面料寻样，询价及放样。 3. 负责服装面辅料建档。 4. 有一定的面辅料工厂资源，熟悉面料工厂，能将面料供应商介绍给服装工厂。 5. 熟悉面料的工艺，熟悉市场面辅料的市场供应价格，能对服装工厂提供面料的品质进行确认检查，协助核算成本。 6. 对成衣制作面辅料的风险控制有一定的指导能力	1. 新工艺/新制程早期介入：对业界的IC封装新工艺和新制程进行早期介入研究，识别问题和风险。 2. 制定制程设计标准：关键封装制程的作业方法、制程DOE及关键制程参数的确定等。 3. 制定制程检验标准：关键封装制程的检验方法、检验标准、频度。 4. 解决关键制程问题：针对影响良率和稳定性的关键封装制程问题的共管解决。 5. 制定制程设备管理要求：关键封装设备的管理要求和落地
岗位要求	1. 纺织、染整相关专业大专以上学历，三年以上面辅料采购/开发相关经验。熟悉梭织和针织面料工艺。 2. 对工作有强烈的责任心，主动性强，能熟练操作办公软件。 3. 为人诚信、细致，有较好的压力承受能力和原则性，良好的沟通能力。 4. 具备团队合作精神，能不定期出差	业务技能要求： 1. 具有丰富的封装经验、熟悉行业技术发展趋势和业界同行产品器件选用状况。 2. 具有良好的沟通能力、团队合作精神、逻辑思维能力。 专业知识要求： 对IC封装新工艺和新制程精通了解

资料来源：51job.com，华为官网。

计算机硬件采购工程师职业的构成就表达为：

行业	组织	部门	职能（职位）	该职业的表达
计算机行业	××公司	采购部	采购工程师	计算机硬件采购工程师

在很多时候还需要进行细分表达，如封装制程工艺采购工程师。

每一种职业又是有发展层级的，在企业中表现为职位的职级。例如，某领域的采购职业的纵向发展层次通常可分为采购员、采购工程师、高级采购工程师、采购专家等（见图1－3）。

行业区分了社会生产在产业结构中的分工，而组织内部的部门职能则是部门在企业中的分工，这两种分工叠加起来，就产生了丰富多彩的职业形态。而这种理解方法对于个人的职业发展会起到非常直接的指导作用。

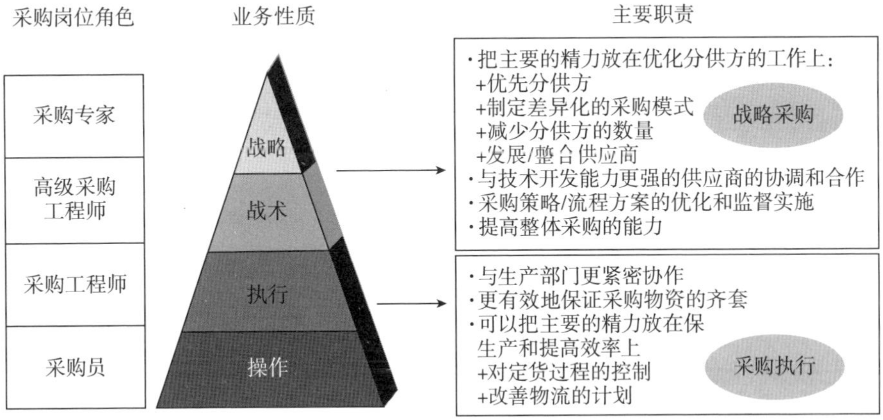

图1-3 采购的四个层级

1.2.2 职业，就是专业化成长

了解了职业的基本概念后，我们就更容易理解它具有的一些基本属性和功能了。作为职场人或是预备进入职场的人，我们只有充分了解职业的属性，了解它对我们的价值，我们才能真正地重视它、驾驭它。

任何一种职业都会具备一些共同的特点：

（1）**首先是参与某种社会分工**。社会分工越细，行业种类越多，职业类别自然也就越多。不参与社会分工而做出的事不能称为职业。例如钓鱼，只是个人休闲，而不是职业活动；但如果钓上来的鱼是拿出来售卖或交换的，那么就是参与了社会分工，钓鱼就成为一种职业行为。

（2）**每种职业都需要从业者具备相应的知识和技能**。无论这个职业是"阳春白雪"，还是"下里巴人"，即便是一个普通得不能再普通的清洁工也是需要具备特定的知识和技能才能上岗的。清洁对象是什么、有什么属性、什么时间清洁、用什么工具、如何清洁等这些都需要相应的知识和技能。如果清洁剂用错了，可能不仅没起到清洁作用，反而损坏了物品。

（3）**通过为社会创造财富从而获得合理的报酬**。没有创造财富的不是职业行为。例如小偷，再"职业化"的小偷甚至"神偷"，都不是一种职业。虽然他获取了财富，但他没参加分工，更没创造财富，只是非法转移了财富。

职业活动的现实意义有三个：一是维持我们的生计；二是维系社会的存在；三是发挥和发展人的个性与能力。职业是人谋生的手段，安身立命的根本，是实现自我价值的手段。

相对于具体的工作而言，职业具有跨越时间、跨越空间的性质。职业的生命短的可能只有几年（如BP机寻呼台传呼员、刻铅字工），长的也可能有数千年（如老师、医生）。而工作都是当下的，工作总是与具体的组织相关联，例如某单位的某工作（岗位）。职业则不再带有组织性质，譬如销售员、律师、工程师、教师、职业规划师等职业，这些职业的就业通常是不受组织限制的。

每种职业都会表现出从业者一定的社会地位。会计是社会地位较高的一种职业，作为一名会计师，小王就对自己的社会地位感到满意。而为了做到这点，小王努力学习了很多课程，掌握了一系列的知识。不仅如此，如果要维持自己的职业地位，小王就得不断学习、积累相应的专业知识和技能。所以，**当我们把某份工作看作自己职业的一种表现时，你就会感受到相应的社会地位，就会有意识地学习、积累相关专业技能。**

职业是讲求向上发展的。每种职业都会有其独特的专业性。要做到专业，就得不满足于把工作作为例行公事，不满足于场面上过得去，而是把工作当事业来做，用研究的态度来对待工作，钻研进去，想进去，边工作，边学习，边摸索，边反思，总结出一些经验来，想出一些道道来。通常来说，专业不仅需要一定的理论做支撑，还需要在理论的基础上创新研究。但事实上，任何“职业”只要钻研进去，都是一门学问，都可以成为一门“专业”。扫地（清洁工）是一份最普通不过的“职业”，但扫地也可以扫出名堂来，比如晴天怎么扫，雨天怎么扫，灰尘怎么扫，树叶怎么扫……里面大有讲究；同样，售货员是一个普通“职业”，但倘若你了解不同类型顾客心理，卖钢琴懂钢琴，卖照相机懂照相机，那就是一个不折不扣的“专家”。有时，就算你干的是“粗活”，但只要你想得细，想得深，照样可以成为一位“能工巧匠”。

只有职业专业化，才能获得社会地位。如果一种职业是人人都可以担任的，那么这个职业肯定没有社会地位。举例来说，护工想要达到医生的社会地位，他们的专业化程度一定要与医生齐肩；在学校内部也是一样，专业水平越高的教师，在学校里的地位也一定越高。

1.2.3 职业，是社会地位的直观体现

不管你想不想工作，职业是你的饭碗，更是你的阶层名片，它体现出你的社会地位。这种社会地位通过每种职业的职业声望体现出来。也就是说，不管你是否意识到，当你开始某一份工作时，已经自然而然地把自己放到特定的社会阶层。

在中国社会科学院发布的《当代中国社会阶层研究报告》中，以职业分类为基础，以组织资源、经济资源和文化资源的占有状况为标准划分当代中国社会阶层结构的基本形态，把中国社会划分为国家与社会管理者，经理人员，私营企业主，专业技术人员，办事人员，个体工商户，商业服务业员工，产业工人，农业劳动者，城乡无业、失业、半失业者十个阶层。这十个社会阶层又可对应五种社会地位等级[1]（见表1－2、图1－4）。

表1－2 当代中国社会划分为十大阶层

国家与社会管理者阶层	10
经理人员阶层	9
私营企业主阶层	8
专业技术人员阶层	7
办事人员阶层	6
个体工商户阶层	5
商业服务业员工阶层	4
产业工人阶层	3
农业劳动者阶层	2
城乡无业、失业、半失业者阶层	1

① 陆学艺．当代中国社会阶层研究报告[M]．北京：社会科学文献出版社，2002.

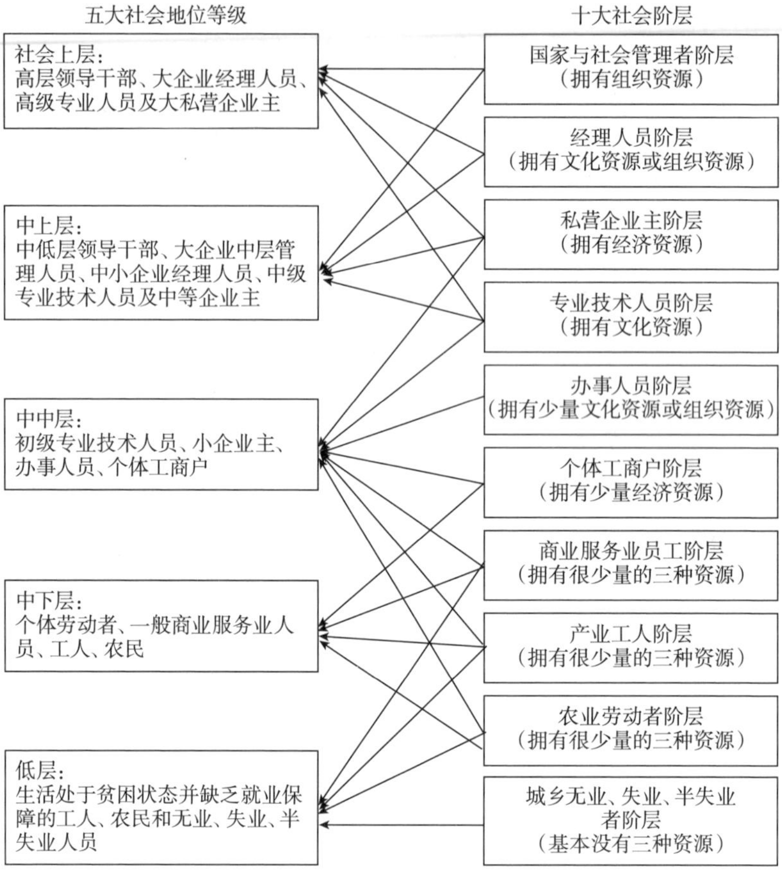

图 1－4　社会等级与社会阶层的对应关系

除了社会阶层，你还要掂量你的职业、你所处的行业能否跑过 CPI。好在中国的职业与阶层都尚未固化，所有人在面对职业焦虑与身份焦虑的同时，都还有重新选择和晋级的机会。所以，了解你所从事的职业处在哪个社会阶层很有必要。

人有四种出身：家庭出身、城市出身、教育出身、职业出身。这四种出身都与你的职业选择和发展息息相关，它会直接影响到你会处于何种社会阶层，而你自己能决定的只有后两种。所以在既定的条件下，要想提升自己的社会层级，接受更好的教育和选择合适的职业，对我们每一个人来说，是最切实可行的办法。

职业声望是人们对职业社会地位的主观评价。如果没有职业地位，职业声望就无从谈起；而如果没有职业声望，职业地位高低也无法确定和显现。人们正是通过选择职业地位来获取职业声望的。

中国社会科学院全国社会阶层调查课题组发现，教育与权力决定职业声望。而职业是最重要的分层标准。财富和声望其实都依附于职业的标准（帕森斯语）。

职业声望是公众对客观存在的职业等级在主观层面的反应和评定。而这种评定则受诸多要素综合影响。总的来说，决定一个职业的声望高低的诸多要素中，最重要的有五个：第一，当然是钱；第二，美誉度；第三，可持续性；第四，权力和影响力；第五，技术含量。

在起点大致平等、过程略有变化而结果迥然不同的非公平竞争社会，一个赚钱多，社会美誉度高，既稳定又有技术含量，还能带来巨大影响力的职业，属于稀缺资源。现实常常是，赚钱最多的职业未必具有被尊敬的声望，而最受尊敬的职业未必能赚到大钱。①

那么到底什么样的职业才有公认的良好职业声望？2011 年广东省科协公布的"第八次中国公民科学素质抽样调查"结果显示，在针对公民对职业看法的调查中，教师（47.3%）、科学家（42.2%）、医生（37.4%）的职业声望排名前三位。在最希望子女从事的职业调查中，企业家（46.8%）和政府官员（44.4%）却成为排在前两位的职业。究其原因，在广州，随着经济的发展，居民的经商意识增强，因而企业家成为大热门职业。当然，在社会的不同时期、不同地区会有不同的结论。

总之，我们在选择职业时，职业的社会地位和职业声望是一个很重要的影响因素，也是我们不自觉就会考虑到的因素。你所从事的职业，或是感兴趣的职业的声望如何呢？做下调查，并评估该项因素对你职业选择的影响。

现在，我们要学会把工作当一种职业来看，开始走上职业的专业化成

---

① 职业声望排行榜[J]. 新周刊,2007-11-15(263).

长的道路，并借此来不断提升我们的社会地位。抱着这种职业心态，伴随着你的专业化提升，你的身份感和社会地位也会提升，而你的气场也会不断强大起来。

1.3 事业心态，像乔布斯一样热血

要想在事业上真正干出名堂来，首要的是有一颗强烈的事业心，以及在这种事业支配下产生的钻劲和出奇的迷劲。①

——袁伟民（国家体育总局前局长）

认知层次	事业
英文名称	Career，Institution
常用语	事业心，责任
解决的问题	成就感
人性需求和动力	自我实现的需求（高层次）
心理状态	价值实现，推动社会发展
本质	职业的升华

有一种人，他们把工作当作“事业”来做，不为名，不为利，而是出于一种信念和理想。一旦有了这种“事业心”，干工作就有了强大的力量，就有了一往无前的勇气。

《易经》有云：“举而措之天下之民，谓之事业。”简单地说，就是做自己喜欢的事情，又能帮助很多人，这个就是事业。当我们把所从事的职业当成一份事业时，就会以积极的心态，敢于担当，勇于任事。这时，工作、职业已然成了你生命意义的一部分。

就像我们之前讲过的三个建筑工人的故事，当那位建筑工人说“我在为人们建造漂亮的家园”时，他手中的砖瓦已经不再是普通的建筑材料，而是一座漂亮家园的一部分，他所做的一切顿时变得美好、高尚而有意义

① 袁雪花．浅谈辅导员工作中的责任与奉献[J]．赤子(上中旬)，2014(24)．

起来。如果你觉得是在砌一堵墙，看到的就是这堵墙，和砌完能换成的钞票。而砌墙本身只是在熟练地消耗体力。如果你觉得是在盖房子，那你在砌墙时就会看到一栋房子，此时就会自然地想到如何做才能让这房子更漂亮、更耐用，你就需要学习更多的知识和技能，就会有更大的责任。砌墙如此，做工程如此，做营销更是如此……不管你是做哪一行，其中道理莫不如此。

从职业到事业，关键是什么呢？那就是一份热爱事业的心。

事业心，就是努力成就一番事业的奋斗精神和希望取得良好成绩的积极心态，是人类一种高尚的情操，是人们对自己所从事的事业执着追求的情感和坚定不移的信念。具有事业心的人能根据自己的主客观条件，确立很高但经过努力可以实现的目标。他们认为事业的成功，比物质报酬和享受更为重要。他们不拒绝合乎法理的物质报酬和享受，但事业成功的振奋和喜悦远胜于所获得的物质回报。

众所周知，苹果公司创始人史蒂夫·乔布斯是成就非凡的伟大人物。关于事业，乔布斯如是说：

“你一定要找到你所挚爱的工作，因为工作将会占据你生命中大部分的时间，唯一真正能让你自己满意的是做你认为伟大的工作，而从事伟大的工作的唯一方法就是热爱你的事业。如果你至今还没有寻觅到你热爱的工作，那么不要放弃，继续寻找。”①

人们在研究乔布斯的成功经验时发现，强烈的事业心是促使他成功的关键。乔布斯在还很年轻的时候，就坚定不移地相信他的产品可以改变世界。他一直致力于让世界变得更美好。怀着这样的心态，乔布斯充满了热情和力量，实现事业的一次又一次突破。

从工作到职业，再从职业到事业，工作本身并没有变，变化的是你对工作的看法，你对待职业生涯到底是什么态度。只要你愿意，你完全可以像乔布斯那样充满激情地干一番事业，可能你难以达到他那样的成就，但

① ［美］卡迈恩·加洛．乔布斯的魔力演讲［M］．中信出版社，2015.

你有自己独特的使命，你可以演绎出别样精彩的人生。

让人遗憾的是，在当前这个过于浮躁、物欲横流的社会环境下，事业心很强的人已经很少了。想想为了中华人民共和国成立而奋斗的那些革命先烈，不为高官厚禄所动，宁可人头落地，牺牲生命，也不出卖，不投降，因为他们深信，他们所从事的是革命“事业”，他们的牺牲是为了全人类的解放“事业”，他们觉得值。在新中国成立初期，所有的工作不分贵贱，所有的工作都是“革命事业”，也正因为有那样的革命热情和强烈的事业心，社会才会快速发展。

“两弹元勋”、中国原子弹之父邓稼先就是个事业心非常强的典型例子。为了中国的核事业，34 岁的邓稼先接到任务后，就消失在亲戚朋友的视线里，开始了长达 28 年的隐姓埋名。甚至连他的妻子，都不知道他在哪里工作，每天都在做什么。

在当时，国内对于制造原子弹可以说是一片空白。在难以想象的恶劣工作环境下，邓稼先带着一批研究人员用算盘、计算尺、手摇计算机，甚至纸笔来计算着人们难以想象的海量数据。凭着对事业的热情和执着，他带领大家完成了被著名科学家华罗庚评价为“集世界数学难题之大成”的计算，完成了原子弹的理论方案，做出了氢弹理论设计方案。

在一次核试验失败后，作为理论设计总负责人的邓稼先硬是推开所有人，登上吉普车亲自去寻找碎片，查明原因。而因为这次找碎片，邓稼先受到了严重的核辐射。作为核武器研制工作的奠基者和领导者之一，在中国一共进行的 45 次核试验中，邓稼先参加过 32 次，其中有 15 次都由他现场亲自指挥。甚至在病床上，他还和老搭档起草了一份建议书，也正是这份建议书使我国在核武器发展方面继续辉煌了十年，最终在全面禁止核试验之前达到了实验室模拟水平。邓稼先用他超强的事业心，用 28 年的默默无闻，换来的是中国在世界上响当当的核大国地位。

物理学家、诺贝尔奖获得者杨振宁，曾特地撰文悼念他这位相交半个多世纪的挚友：“邓稼先是中华民族核武器事业的奠基人和开拓者；张爱萍将军称他为‘两弹元勋’，他是当之无愧的。……邓稼先是中国几千年传统文化所孕育出来的有最高奉献精神的儿子……”①

当我们认为自己是在从事一份事业时，我们不会过多地去考虑能从这份工作中索取什么，更多想到的是，我们能在这个工作岗位上为社会创造些什么，留下些什么。自己已经无可救药地爱上了这份工作，离不开它了。这份工作对我们来说，也许就是一个愿意付出一生去投入的事业。

事业，意味着奉献。当我们认为自己在从事一种事业时，你就会觉得是在为这个社会作贡献，会感觉到你正在实现自己的人生价值。

《现代汉语词典》里对“职业”的首条解释是：个人在社会中所从事的作为主要生活来源的工作。而对“事业”的首条解释是：人所从事的，具有一定目标、规模和系统而对社会发展有影响的经常活动。从解释来看，职业是我们赖以生存的，而事业则是我们的理想所在，追求所在。如果一个人的职业的内容恰好是他事业的内容，也就是说他把毕生追求的事业以职业的形式来实施，做到了事业与职业统一，那么他是幸运的；如果一个人所从事的职业的内容与他所追求的事业的内容毫无关联，从很大程度上说两者是分离的，那么他是不幸运的，至少他是不快乐的。打个很浅显的比方，让一个酷爱摄影的青年艺术家去当五星级酒店的总经理，他会乐意吗？或许当总经理会给他一时的快感，因为薪水高，办公环境好，但是很快他就会体会到，他的心不属于这富丽堂皇的酒店，而在那壮美辽阔的山水之间。

当然，我们并不是想要人们为了事业而舍弃职业，人要生存就得吃饭，当个人所从事的事业不能作为他主要生活来源时，他所从事的职业便成了他生活的基本来源，事业成功的基本保证。从这一点上看，职业与事业是不能完全分离的。因此，一个人若要获得事业上的成功，那么他所从事的职业性的工作，无论与他的事业有无关联，都应该用心去做。特别是对事业还没有方向的人，可能会在职业发展中找到事业的归属。如果通过本书能帮你找到那个心之归属的事业方向，那就是我们最期望看到的效

① 黄小坚．“两弹元勋”邓稼先传奇人生：埋名戈壁28年[J]．今日科苑，2013(24)．

果了。

事实上，当你把职业当成事业去做时，你不求名不求利，名和利也会在合适的时间自动来找你。

一个把职业当成事业干的人是充满魅力的，他会有着强大的心理能量和气场。从现在开始，把工作提升为你的事业，像乔布斯那样热血，去创造光辉前途吧！

表1-3　干活、职业和事业三个认知层次一览表

认知层次	干活	职业	事业
英文名称	Job，Work	Occupation，Vocation	Career，Institution
常用语	找工作，营生	职业规划，技能，专业，竞争力	事业心，责任
解决的问题	生存问题，经济回报	生活质量问题	成就感
人性需求和动力	物质需求（低层次）	社会需求（一般层次）	自我实现的需求（高层次）
心理状态	辛苦挣钱，劳累	保障，安全，社会地位	价值实现，推动社会发展
本质	解决企业低端需求和社会就业	解决企业中高端需求和个人职业发展	职业的升华

今日思考

做着同样的事，有的人把它看作“干活”，有的人觉得那是“职业”，有的人则视其为“事业”，现在，该是扪心自问的时候了，你属于哪一类，你要成为哪一类人？请把你的所思所想写下来。

____

____

第 2 天

现在开始 “谋”出职业规划

生涯之学，即应变之学。

——金树人（台湾著名生涯咨询与辅导专家）

作为一名专职的职业规划从业者、职业规划行业开创者，近 20 年来，我带着向阳生涯的一批同仁及上万名职业规划师毕业生，经历了行业早期的探索、行业性的调整以及快速的发展阶段，通过其间面对的无数人群，服务的数万客户，我们看到了人们对于职业规划事业的怀疑、否定、误解、肯定、神化、信任等各种态度。

有人说，“职业生涯也能规划？”“计划赶不上变化，规划还不是自缚手脚？”“我自己都不知道该干什么，你怎么能帮到我？”

与此同时，一些工作过若干年的人，常会深有感触地说，“这些年真是走了太多的弯路了”“要是早些年做好职业规划就好了”“当初要是有人能指导一下该有多好啊”……“有了那次职业规划，我的人生才算真正启航！”

我们还经常会听到这样的声音：“我四五年前就联系过你们了，可当时……”

近年来，职业规划、职业生涯规划这样的词正越来越频繁地被人们所提及和关注。在一些电视主持人口中，职业规划已经成了使用占用率很高的词语。有很多媒体还设立了职业规划类的专栏。在国务院及教育部的有关文件中也已非常明确地肯定职业规划的价值，并要求高校开展大学生职业规划课程。2014 年以来，在新高考改革的推进下，中学阶段也在广泛开展职业规划与生涯教育活动。而随着一批批接受过职业规划启蒙教育的学生步入职场社会，一批批受过专业训练的职业规划师的大力推动，职业规划的意识和需求无缝会达到空前的高度。

那么到底什么是职业规划，我们该如何正确理解它，又该如何科学做好职业规划，下面我将系统地带你解决这些问题。为了快速进入问题解决模式，首先，请写下对于你的未来、对于你的职业生涯，你当下有什么困惑或需求。

我当前的职业困惑（请按程度高低依次填写）：

困惑1：

困惑2：

困惑3：

现在，让我们带着你的问题，来开始职业生涯的探索与发现之旅。

2.1 职业规划的操作方法

作为一门学问，职业规划有着一整套的理论和方法。遵循这些理论和方法，你可以高效快捷地做好自己的职业规划。

2.1.1 什么是职业规划

在人一生的生涯中，职业生涯占据三十年至五十年甚至更长的时间，在这期间，你要从事什么样的职业，这个职业能给你带来什么样的发展，想通过什么职业方式体现你的人生价值，如何安排这几十年的职业生涯，如何让这几十年更加高效、更具价值，这就需要对你所选择的工作（职业）和整个职业经历进行系统的规划，这就是职业规划。简单说，所谓职业规划就是对职业生涯乃至人生进行持续的系统的计划的过程。

在讨论职业规划（Career Planning）时，人们会用“职业规划”，或“职业生涯规划”来表达，在学术界及中小学人们也喜欢叫“生涯规划”，在北方一些地区，也有一些人喜欢用“人生规划”来称呼，其实表达的都是同样的内容。

根据规划的时间长度，可分为人生规划、长期规划、中期规划、短期规划等（见表2-1）。通常，基于人们所处的不同生涯阶段及自身现实状态，规划的落脚点也会有所不同。

表2-1　按时间长度划分职业规划

类型	定义及任务
人生规划	整个职业生涯的规划，时间可长达40年甚至更长，设定整个人生的发展目标。如规划成为一个有数亿元资产的公司董事长
长期规划	5~10年的规划，主要设定较长远的目标。如规划30岁时成为一家中型公司的部门经理、40岁时成为一家大型公司副总经理等
中期规划	一般为3~5年内的目标与任务。如规划到不同业务部门做经理、规划从大型公司部门经理到小公司做总经理等
短期规划	3年以内的规划，主要是确定近期目标，规划近期完成的任务。如对专业知识的学习、2年内掌握哪些业务知识等

一个完整的职业规划由职业定位、目标设定和通道设计三个要素构成。我们将分别在第3天至第10天逐一展开介绍（见图2-1）。

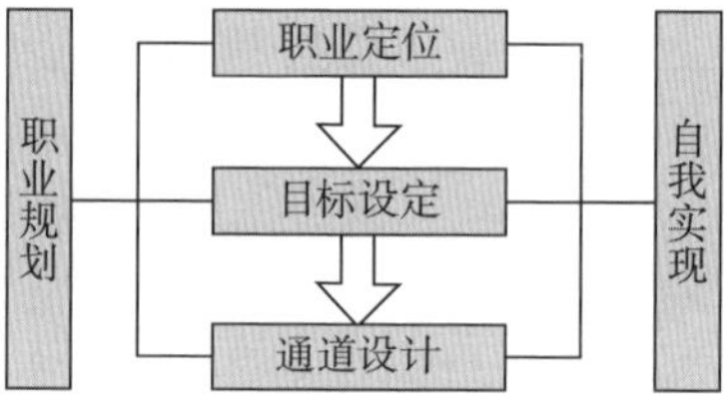

图2-1　职业规划的内在结构

广义的职业规划包括职业生涯的定位、规划、发展、管理、咨询五个部分。主要包括工作、学习、休闲、爱与家庭四个实践领域，具体表现为学业规划（包括留学规划）、职业（工作）规划、休闲规划、爱的规划。在第9天我们会详细介绍。

职业规划虽然是个人的事儿，但职业规划的过程可能是由个人自己主导，也可能是由他人主导，包括组织主导、父母主导、配偶主导及其他可能会影响到自己的人主导。个人主导的职业规划为“自我规划”，自我规划常充分体现出个体在整个过程中的主动性，属于“主动规划”，规划的结果也更容易得到有效执行。自我规划也可以有其他主体参加，如组织参与员工的职业规划、职业咨询机构或职业规划师参与的职业规划。

相反，由他人主导的规划，属于“被动规划”，个人在其中处于被动地位。主动规划的人会对自己的后期发展承担主要责任，而被动规划由于个人的决策参与度低，很容易导致认同度低，心理承诺度低，从而实际的行动少，对结果更容易推卸责任。比如，大学专业是按父母的意愿填写的，第一份工作是父母托关系介绍的，自己在公司的发展是由上级安排的，等等，结果就是，上了大学却没兴趣读书，工作了却频繁跳槽。在企业对员工的职业规划实践中，只是企业一厢情愿，效果远不如由企业和员工共同主导的好。

美国学者海尔说过，职业规划是一门选择与形成个人自身的职业与生活模式的技术。我国职业规划与生涯教育泰斗、职业咨询领域奠基人、中国职业规划师（CCDM）认证培训中心首席专家王一敏教授说：“它关注的中心是探索人在职业生涯发展方面以及生存方式方面的种种问题。”很显然，职业规划是一门关系我们每一个人的职场生存与发展、实操性很强的学问。你可以选择忽视它，甚至否定它，从而被“命运”所摆布；你也可以选择学习它、掌握它，从而掌握“命运”。

2.1.2 向阳职业规划模型

我们知道，一个完整的职业规划由职业定位、目标设定和通道设计三个要素构成。也就是说，我们在帮助自己或是他人进行职业规划时，就必须要解决这三个问题。那么这三个方面是同等重要呢，还是有主有次？也就是说，我们在进行职业规划的实操中，重点应该放在哪里？职业规划的关键是什么？

首先我们谈下定位。什么是定位？全球顶尖的营销战略家杰克·特劳特（Jack Trout）说，定位就是你在预期客户的头脑里如何独树一帜。如今“定位”一词已成为最重要的、使用最广泛而频繁的战略术语之一。对于一个企业来说，定位属于核心的战略问题，对一个城市而言，定位是其发展和竞争战略的首要问题。同样，对个人而言，定位也是战略性的核心问题。

职业定位，就是找到内心深度认同的职业发展方向的过程。通过职业定位，找到每个人的独特竞争优势，确定最适合自己发展的独特的职业领域，从而实现与他人的差异化发展。在职业规划中，职业定位是核心，是职业生涯的方向性问题。它决定一个人相当长一个时期乃至一生的职业生涯发展方向。做好了职业定位，职业目标的设定及职业通道的设计就比较容易了。

职业规划的目的并不只是让我们有份工作做，绝大多数情况下是基于我们更高级的需求，我们希望工作得更开心，更能体现自己的价值，有更好的发展。

所以当我们考虑职业规划时，首先应该想到的是最佳状态——什么职业最适合你。此时我们应该兼顾四个原则：

第一，喜好原则。你喜欢一件事时就会发自内心地想要去把它做好。只有是自己喜欢的，才有可能在碰到强大的对手的时候，仍然坚持，在遇到极其困难条件的情况下，仍然不放弃，即便在有非常大的诱惑条件下，仍然不会动摇。

第二，擅长原则。做你擅长的事，才有能力做好。有能力做好，才能解决具体的问题。只有做自己最擅长的事情，才能做得比别人好，才能在竞争中脱颖而出。

第三，价值原则。你还得认为这件事够重要，无论是物质价值还是精神价值，至少值得你做，否则你再有能耐、再喜欢也很难坚持下来。

第四，发展原则。首先你得有机会去做，有机会做了还得有足够大的市场前景，足够大的发展和成长空间，这样的职业才有奔头。

如果一个人做的是自己最喜欢且擅长的事，还觉得这件事最有价值，这样的话，做成的概率会很大。如果同时这件事情很有发展前途，那么就可能大概率会获得更长久的成功。所以要想获得职业生涯的真正成功，坚持上述四个原则非常重要。

记得上大学时，隔壁宿舍有个同学非常喜欢修理电器，也很有天赋，同学和老师们的一些无线电、影碟机坏了，很自然就想到他，他也乐此不疲。这就符合了喜好原则。这种技术活琢磨时间长了，也就熟能生巧了，这就符合了擅长原则。开始的一两年他觉得这很有意思，后来就开始想，我现在是在读书，有必要花那么长时间在这上面吗？这就开始怀疑是否符合价值原则了。等到快毕业要考虑就业时，他考虑了一下电器修理所处的产业位置及社会地位，感觉对他而言，发展空间并不太大，所以最后放弃了。多少年后，虽然他还会修理修理电器，不过那只是一种调节生活的乐趣，而不是职业。

所以说，能兼顾以上四个原则，就可找到最佳的职业定位。

那么，如何进行职业定位，做好职业规划呢？职业生涯辅导这门学科诞生 100 多年来，发展出了很多理论和方法，分别从某些角度理解和解决部分问题。在向阳生涯多年的职业规划咨询实践中，我们发现，在已有的众多职业规划理论和方法中，还很难有哪一种理论能直接帮助人做好职业规划，特别是解决职业定位（一个人到底适合做什么职业）这样的根本性问题。随着职业种类数量的不断增多，产业结构的不断变化和升级，类别化地解释什么样的人适合什么样的职业、应该如何发展已经满足不了现实的需求，人们需要更加具体地确定到底应该从事什么工作，应该如何发展自己的职业生涯。基于解决大量咨询客户现实问题的需求，向阳生涯的专家团队多年来投入大量精力，希望能构建一套操作体系，以有效解决职业规划的实操需求。在团队的共同努力下，这套体系于 2005 年初步成形。经过多年实践检验和完善，现已广泛应用于职业规划实践中，特别是在个人职业规划咨询中显得非常实用、高效，深受广大职业规划师欢迎。

在社会科学中，模型就是现实的照片或者代表形式。模型包括一系列以某种具体方式相互关联的变量，能使我们更好地理解世界的某些方面。我们讲述的向阳职业规划模型，是一种实战性的职业规划与咨询辅导模型，是在总结整合前人多种理论的基础上，基于解决实际职业规划问题而提出的。我们用它描述人们应该怎么找准自己的职业定位，如何规划自己的职业生涯。

向阳生涯规划模型由职业取向系统、商业价值系统及职业机会系统构成，三大系统相互影响相互作用。系统内及系统间各要素之间也有特定的相互作用关系。

多年来我们一直以第三方立场向社会提供职业生涯的咨询及培训服务，正因如此，在考虑职业规划的过程中会很自然地考虑到个人及用人单位两方面的立场。对于个人来说，在选择某种职业或某份工作时，会充分考虑到以上四个原则，当然这几个原则都是个人立场的。但我们的职业绝大多数情况下都是依托于某个组织或特定的市场而存在的，这就需要我们从用人单位或职业市场来考虑对方的需求。根据市场经济的基本规则，在就业市场同样存在供需矛盾。个人从事某种职业是基于个人的特定需求，满足自身的需求。同样，用人单位聘用求职者，也基于他们需要求职者帮助单位解决特定的问题，创造相应的价值。所以我们在考虑职业规划时，必须充分考虑到个体对用人单位的价值大小。具体来说，我们通过三个系统的相互作用来解决个人的职业定位和职业规划问题（见图2－2）。

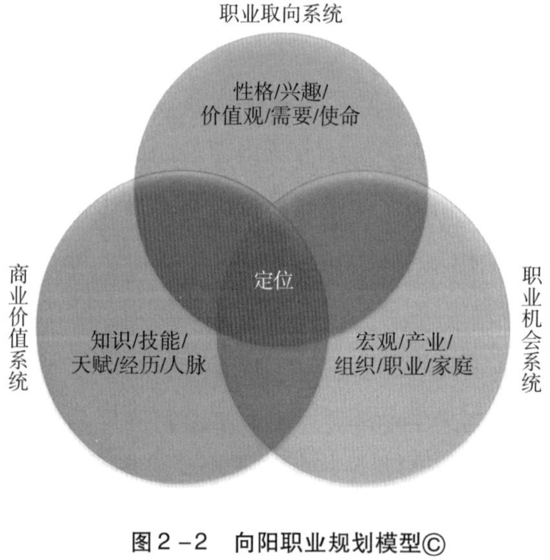

图2－2　向阳职业规划模型©

职业取向系统：职业生涯是以个人为中心的，所以我们在考虑职业定位和职业规划时，自然要优先考虑一个人最本性的取向。职业取向系统是人的潜意识的外在表现，人的本性基于快乐原则，具体可以通过性格、兴趣、价值观、需要和使命等要素表达。事实上，性格、兴趣、价值观、需要和使命等每一种要素都足以表达人在职业甚至是生活方式上的倾向。它是职业规划的第一系统。在人们没有太多外在限制的情况下，优先考虑职业取向系统会让他们最大限度地获得职业上的满意。它直接引导着人们走向最舒适乃至最佳的职业方向。

商业价值系统：这个系统是面向现实社会的。该系统考虑的是个体相对于职业世界的客观价值，也有人说，个体相对于职业世界能有多大贡献直接决定了他是否可以获得相关职业机会。本系统由一系列可以直接创造价值的要素构成，主要包括知识、技能、天赋、经历和人脉五个方面。商业价值系统具有一定的相对性，对于A职业体现不了商业价值的要素，对于B职业却可能有相当大的商业价值。在设定职业目标时，多大的职业目标才合适，主要受本系统影响。

职业机会系统：由一系列环境性因素构成，包括宏观环境、产业环境、组织环境、职业环境及家庭环境五个要素。它直接影响到个体能有什么样的职业机会，从而直接决定着职业的一般发展方式和发展路径。对你的职业生涯而言，它可能是你的助力，也可能是你的阻力。

在不同的职业发展阶段及不同的外在环境下，三个系统所起到的功用大小有别，作用的先后顺序也会有变化。

2.1.3 职业规划操作流程

你可能已经迫不及待地要开始你的职业规划之路了。好，我们就来看一下，如何一步步地把自己的职业生涯规划好。基于对向阳职业规划模型的多年实战经验，我们总结了一套高效的职业规划操作流程：

首先，我们从职业取向系统进行分析，接着依次是商业价值评估、职业机会评估，通过这三个系统的分析得出职业定位，接下来是确定生涯目标及行动方案，通过一个周期的行动后，再对职业规划的效果进行评估与反馈，这样就形成了一个完整的职业规划操作流程。我们把这个操作流程叫作职业规划七步法（见图2-3）。

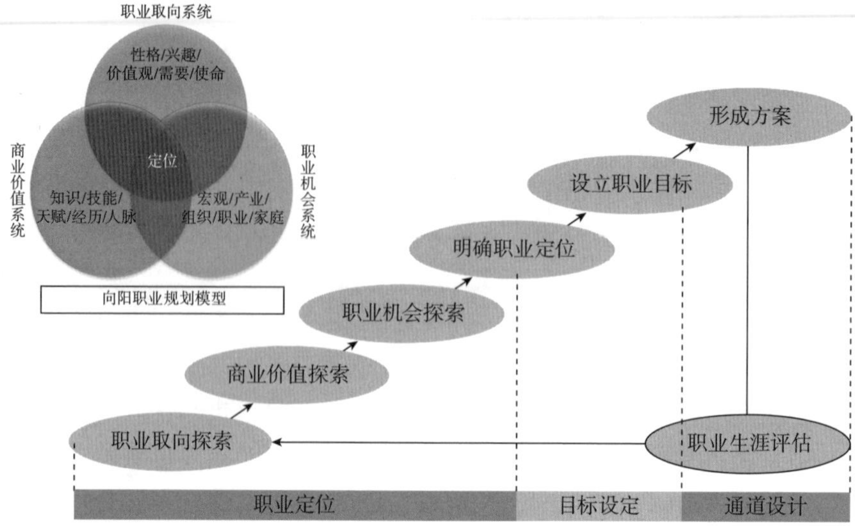

图2-3 职业规划七步法

在接下来的内容中，我们以“天”为单位，基于该模型及相应的操作流程逐一展开，一步一步帮助你做好职业规划（见表2-2）。

表2-2 职业规划步骤与章节对应

步骤和内容	章节
职业取向分析	第3天，第4天
商业价值评估	第5天
职业价值评估	第6天
职业定位	第7天，第8天
确定职业目标	第9天
行动方案和职业生涯反馈	第10天

2.2 职业规划的实用价值

现在，不仅个人会有直接的职业规划咨询需求，越来越多的组织机构也在通过职业规划技能为员工职业生涯发展提供专业支持，高校已经正式把职业规划列入教学大纲，把职业规划师作为职业发展方向的人也越来越多。可以说，作为一种助人成长与发展的学问，职业规划的广泛应用是必然的趋势。

那么，职业规划到底有哪些功效，对人们有什么好处呢？下面我们就根据多年的实践经验，从职业规划对就业、个人发展及企业三个方面的影响来做介绍。

2.2.1 从根本上解决求职就业难题

对于很多人来说，他们关注职业规划是因为就业问题。人们会在求职或准备换工作时考虑一些关键性问题，比如我到底应该找什么样的工作？什么工作对我更适合？为什么投了很多简历都没有回应呢？……所有这些其实都涉及职业规划的核心问题。

政府、高校及相关就业服务部门也关心职业规划。就业与发展无疑是当今世界的一大主题！近年来的政府工作报告曾多次明确提出：国家要实现充分就业，实施积极的就业政策，以解决就业难题，巩固“民生之本”。政府相关部门对就业问题非常重视，采取了诸多积极的就业政策和措施，然而，就业难依然是很多人心中挥之不去的痛！

从国家、社会的角度来看，就业是社会问题、经济问题，甚至是政治问题，但落实到最具体的个人，就业则是每一个人自己的问题。一个人是否要工作（就业），适合做什么工作、应该做什么工作，这是个人的选择。所以，解决求职就业的问题，除了在政策上创造更多的就业机会外，更要激发个体的求职动机，提升人们的求职意愿和动力。

在国内当前已经普遍解决了温饱问题的情况下，人们对就业的追求已经不再是最基本功能——经济回报，而是更需要通过职业来表达自我，追求职业所能给自己带来的发展。人们需要找到适合的、值得自己从事的工作（职业定位），特别是对于广大毕业生及白领人群而言，这才是问题的关键所在。而这正是职业规划所能解决的。所以说，通过职业规划活动，可以有效解决求职就业问题。

根据向阳生涯的多年研究，对个人求职产生实质性影响的因素主要集中在三个方面：

第一，个人的职业定位。在求职过程中，人们普遍对自己到底要从事什么样的职业困惑不已，不确定要找什么工作，这样不仅求职难，即便是找到了工作也做不长久，工作容易频繁变动。

第二，个人的核心竞争力。不仅是大学毕业生，即使是已经工作五六年的职场人，由于没有清晰的定位，很难获得可持续的有方向性的累积，这样就很难跟得上经济发展和产业发展的速度，专业知识和技能不容易满足岗位所需，从而让自己处于被就业市场淘汰的边缘。

第三，个人的主观能动性。还有一些人由于缺乏工作动力，抱着当一天和尚撞一天钟的想法，甚至是否工作也无所谓。近年涌现出的一批啃老族就是典型的代表。

以上三个点正是职业规划要解决的核心问题。显然，通过职业规划可以实现高质量的就业，做好职业规划，那么就业难就可以从根本上得到解决。

具体来说，职业规划在人们的求职就业方面，具有至少六个方面的价值。

（1）大大加快求职速度。当我们有明确的求职目标时，我们就会有更多的理由去说服我们的用人单位，告诉用人单位，你就是他的最合适人选，对企业来说，每一家企业都希望能在尽可能短的时间内找到最合适的人选，当你有了明确的求职目标并把你最有利于这份工作的优势充分地表达出来的时候，你离应聘成功就已经非常近了。

（2）有效降低求职成本。因为你有非常明确的职业目标，所以你就可以不用去漫天撒网，在你认为可能的各个工作机会前都投上你的简历，因为那将花费你的时间成本。单凭这一点我们的求职成本就会降低很多，再加上第一条所说的我们的求职速度将大大的增加，所以热门找工作的时间也将大大的缩短。

（3）工作的持久性增强。很多人快速离职在很大程度上是因为对工作本身的不认同。在不认同的环境下，如果跟老板或同事稍微有些矛盾，或是经济收入不是自己所认为的那么理想的情况下，而外面稍有诱惑，人就会容易选择离职，寻求表面上看起来是更好的“发展”。而当我们有了明确的职业规划以及明确的职业目标时，就会知道我为什么此时会在这里工作，是为了积累经验还是为了提升技能，还是为了历练些什么，这时候哪怕有再多的诱惑再多的挑战，对于工作的选择也会更加的慎重。

（4）工作满意度更高。因为对所从事职业的认同，人们会更加地投入工作，对工作的主动性也会大大增强，自然工作满意度就高。

（5）获得更高的回报。很自然的，对工作更加投入，绩效就容易提高，自然会给企业给社会创造更大价值更多的财富，而你得到的回报也一定是丰厚的，包括名誉上的、物质上的、精神上的，都会很快来到你身边。

（6）充分提升个人职业竞争力，实现自主就业。当我们明确自己的职业规划，明确自己的选择标准时，就很自然地明确了哪些是需要提升的，哪些是需要锻炼的，哪些是比较有竞争力的东西。这样，你就发展得更快，人生价值自然就体现出来，这时候哪怕你再跳槽，你也不需去依赖别人。当你在某个领域有足够资本时，这时候不是你去努力找好工作而是好工作自然会来找你。

设想，每个人都运用了职业规划的技术或者能得到职业规划师的帮助，从而能够合理地进行自我定位，并确立起与市场需求相一致的目标，并且有计划地实施，找工作相信也就不那么难，社会本身就会很自然地去解决这个就业问题，形成求职和就业的良性循环。

2.2.2 职业规划对个人的八大功效

同样的道理，职业规划对个人在职场的发展功效卓著，具体体现为八大功效，在此简要列出，具体的内在机理各位就会很好理解了。

（1）卓越的就业力；

（2）工作满意度更高；

（3）发挥潜能，生产力更高；

（4）获得更高的报酬；

（5）学习更有针对性，投入产出比高；

(6) 充分提升个人职业竞争力;

(7) 工作的持久性增强;

(8) 掌控自己的职业生涯。

我们学习职业规划的最终目的就是希望我们能够有效地掌控自己的职业生涯,成为职业生涯的主人。

2.2.3 职业规划对企业的八大效用

对于企业及人力资源管理人员来说,现在的员工管理起来越来越难,人力资源管理越来越不好做了。人们发现“90后”“00后”的员工,越来越追求个性的发展,更加强调自我的实现,他们希望工作不仅仅是工作,在取得相应报酬的同时,更要能够体现自己的价值。特别是知识型员工,在这方面的要求就越来越高。事实上,每个人都对所从事的工作有自己的期待和想法,有些人还会有自己的“规划”。但这种期待、想法很多时候是模糊的、不确定的甚至错误的,这些会严重影响到人们对工作的热情和工作效率。

那么如何能够把个人的发展有效引导到组织的既定战略方向上呢?人们发现了职业规划在这方面的巨大价值。很多企业纷纷开始引入员工职业生涯管理系统,开展员工职业规划与咨询辅导活动。企业内部开展员工职业规划活动至少在以下八个方面体现出充分的价值。

(1) 帮助企业选拔真正适合的人才;

(2) 适才适用,释放员工潜力,人力资源最大化利用;

(3) 减少抱怨,更多感恩;

(4) 提升员工的工作积极性,提高生产效率;

(5) 培训更有针对性,企业员工双得益,让人力变资本;

(6) 增强员工的归属感与使命感;

(7) 提升员工对企业的忠诚度;

(8) 让员工与企业共同发展。

综上所述,职业规划已然是当代职场的必备技能。它就像时间管理、沟通技巧等技能一样,成为职场生存与发展必不可少的要件。更重要的是，如果没有职业规划的支持，你会多走很多弯路。对于人力资源管理者而言，职业规划技能是人力资源开发的核心技能，它可以有效地促进组织快速发展。目前世界500强企业已普遍开展员工职业规划活动。

2.3 你在哪个生涯发展阶段

“万物皆有序，天命不可违。”这是源于《易经》的中国传统伦理学观点。“天命”之“天”，有空间、时间、气候及其他诸多含义，指人脑之外的客观事物，即自然界和人类社会。“天命”之“命”，指事物发展的必然趋势，即客观规律。就是说万事万物的产生发展变化都有一条固定的规律。“天命”不以人们的意志为转移，任何人、任何时候须臾不可违抗。“顺之者昌，逆之者亡”，人们必须时时、处处尊重它。

就像生老病死是生命的自然发展规律一样，人的一生及职业生涯的发展历程也是有特定规律的。把握住这种规律，我们就可以在人生中把握主动，预测未来并提前规划，否则就会置自己于被动地位。遗憾的是，当下大部分人的生活已然偏离了本来的规律，随之也产生了一系列问题。

对于每一位职业人而言，了解人生及职业生涯的发展规律显得极其重要。更重要的是，通过这些规律，你可以直接了解到你现在所处年龄段的职业规划重心和重点是什么，从而让你的职业规划更具针对性。

2.3.1 一生的生涯发展

孔子总结自己的一生时说：“吾十有五而志于学，三十而立，四十而不惑，五十而知天命，六十而耳顺，七十而从心所欲，不逾矩。”[①] 这段话简洁有力地描述了孔子一生的职业生涯发展规律，以及不同的时间节点关键的重心，同时也道出了人一生的普遍发展规律。

让我们先了解一下生涯这个基本概念。生涯（Career），是生活中各种事件的演进方向与历程，它统合了个人一生的各种职业和生活角色，由此

① 论语·为政[M]. 中华书局,2016.

表现出个人独特的自我发展形态。狭义的生涯是指人生自青春期至退休以后，一连串有酬或无酬职位的综合，除了职位以外，还包括任何与工作有关的角色，如副业、家庭和公民的角色等。生涯只存在于我们追求它时，是以个人为中心的。①

生涯在英文中的表达为“Career”，在中国大陆我们习惯上称其为“职业”或“职业生涯”。在职业生涯管理与咨询中，特指人们在“就业”领域所经历的事件。广义上讲，“生”即“活着”，“涯”即“边界”，就是贯穿个人一生的各种活动。

人在职业上的发展，是与其自身的生涯、心理成长同步的。随着人生发展阶段的递进，人同时也经历了职业上的前进过程。我们把人在职业发展过程中变化显著的时期称为“职业上的发展阶段”。了解这个阶段为我们应对及预见职场中可能存在的问题提供了科学依据。

个体在每个阶段都要应对和解决不同的危机或冲突。要想职业生涯顺利地发展，个体必须尽可能充分地化解每一阶段的危机，以应对下一发展阶段的要求。就像农民如果错过了种麦子的时节，就会影响一整年的收成。这时要么晚种减产，要么不种麦子而改种其他作物，比如大蒜、香菜之类的短期作物，但经济效益肯定也会不同。我们在职业的选择、适应、转型、发展等方面出现的问题，都或多或少与职业生涯某个阶段的任务或危机没有得到有效解决有直接或间接关系。

2.3.2 职业生涯的五大发展阶段

对人生职业发展阶段研究最为著名的学者是美国的舒伯（Super D. E.），他是世界职业规划发展史上里程碑式的人物。舒伯提出了职业上的“人生阶段论”。在这一论说中，舒伯针对人的生命发展过程，提出了以成长、探索、确立、维持、衰退为中心的五个阶段模型。这五个阶段也称为“大循环”。以下分别进行介绍。

舒伯的生涯发展理论将生涯视为从出生到死亡的整个过程。这个过程

---

① 吴芝仪．生涯辅导与咨商:理论与实务[M]．台湾涛石文化事业有限公司,2001.

和人的生理及心理发展一样，可分为连续不断的若干阶段，每个阶段都有一定的特征和课题（任务），如果前一阶段的任务不能很好地完成，势必会影响到后一阶段的发展，从而导致职业上产生障碍。也就是说，前一阶段发展任务的达成与否直接关系到后一阶段的发展。所谓发展各阶段的课题，是指人在发展过程中按阶段必然会发生的一个接一个的问题，并形成一个系列。

这几个阶段包括成长期（0－14 岁左右）、探索期（15－24 岁左右）、建立期（25－44 岁左右）、维持期（45－65 岁左右）和衰退期（65 岁左右至人生终点）。

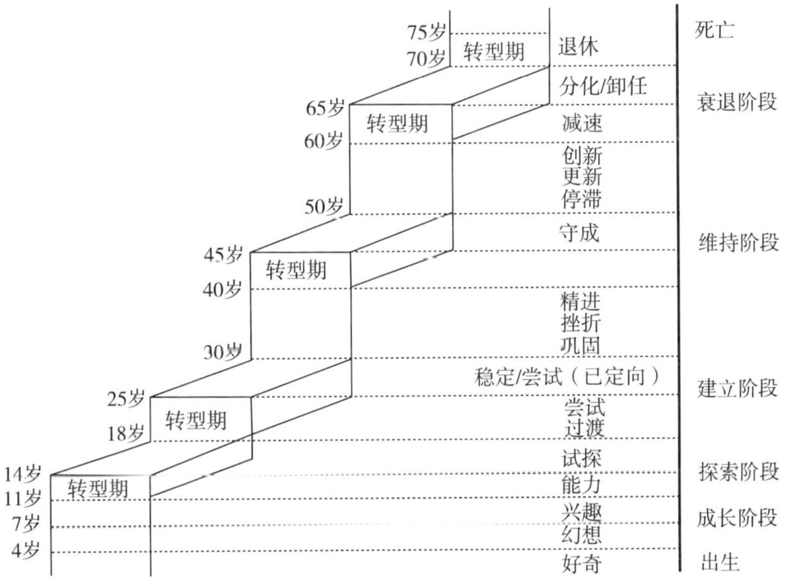

图2－4 大周期：发展阶段与发展任务

(1) 成长阶段（出生至14 岁）

根据家庭或学校的主要人物（家长、教师等）的状况发展自我概念。在欲望与空想占支配地位的同时，逐步产生社会的参与感，并开始认识到个人兴趣和能力的重要性。成长阶段又可分为三个小的时期，即：

幻想期（4 岁至10 岁）：儿童从外界感知到许多职业，对于自己觉得好玩和喜爱的职业充满幻想并进行模仿。在这个时期，幻想中的角色扮演很重要。

兴趣期（11 岁至 12 岁）：以兴趣为中心，会理解、评价职业，开始做职业选择。

能力期（13 岁至 14 岁）：开始考虑自身条件与喜爱的职业是否相符合，有意识地进行能力培养。

表 2－3　成长阶段

阶段名称		年龄段	生涯时期	职业上的发展课题
成长阶段	幻想期	4～10 岁	婴幼期	·自立能力的提高 ·认同于同性别家长 ·自我志向、能力的提高 ·对集体计划协同合作的可能性 ·选择符合自己能力的活动 ·对自己行为的责任感
	兴趣期	11～12 岁	儿童期	
	能力期	13～14 岁	青年前期（少年期）	

1988 年，年仅 7 岁的郭晶晶在河北保定训练基地开始跳水训练；15 岁时首次参加奥运会。

“你相信吗？我小时候其实很怕水。那时我本来想学游泳，但因为怕水而放弃。当时我就决定要挑战一下自己的胆量。既然要挑战就得选一个难度更高的，我去学了跳水。”——郭晶晶

（2）探索阶段（15～24 岁）

表 2－4　探索阶段

阶段名称		年龄段	生涯时期	职业上的发展课题
探索阶段	暂定期	15～17 岁	青年中期	·能力与才能的进一步成长 ·学习计划的选择 ·独立性发展 ·适合自己的专业、工作的选择 ·有关专业技能的发展
	转移期	18～21 岁	青年后期	
	试行期	22～24 岁		

这个阶段，人们在进行自我推敲与职业探索中，体会职业的作用。使职业偏好逐渐具体化、特定化并实现职业偏好。主要通过学校学习、课余

活动、社会实践等机会，进行自我考察、角色鉴定和职业探索，完成择业及初步就业。因此该阶段在选择职业时有较大弹性。

探索阶段也可分为三个小的时期（见表2－4），即：

暂定期（15岁至17岁）：通过学业与课余生活，综合认识和考虑自己的兴趣、能力、职业社会价值及就业机会等，作暂时的决定，并在幻想、讨论、课业及工作中加以尝试。留意升学或就业的一切机会，并在思考自我实现可能性的过程中，重视现实的因素。

转移期（18岁至21岁）：正式进入职业，或者接受专门的职业培训，明确某种职业方向。更重视现实，并力图实现自我观念，将普遍性的选择转为特定的选择。

试行期（22岁至24岁）：选定工作领域，开始从事某种职业，并试验其成为长期职业生活的可能性。当找到了适合自己的工作时，便将其视为今后职业生涯的开端。若不适合则可能再经历上述各时期来重新确定方向。

这个阶段对人的一生有着至关重要的影响。一是学习方向、教育机会的选择，二是职业方向的选择。很大程度上，除了家族性影响外，探索阶段的发展情况直接决定一个人职业生涯起点的高低。是选择职业学校还是读大学，要读什么专业，在哪里读这个专业，在读期间是否具备今后职业需要的技能，如果发现不适合是否能及时调整等，这一系列问题至关重要。根据向阳生涯数万例个案咨询的研究数据分析，从2002年至今，每一个阶段的数据都表明：**在寻求职业规划咨询帮助的社会成人中，超过85%的问题都是由于探索阶段没处理好而引起的。**

至于如何加快转移期和试行期这两个阶段的进程，尽早选定职业方向，是本阶段职业规划的重心之一。

（3）建立阶段（25～44岁）

在这一阶段，人们一般已经获得了与自己相适应的职业，并为了使其成为自己终身事业而进行自我修正和调整。这一阶段是大多数人职业生涯的核心部分（见表2－5）。

表 2－5　建立阶段

阶段名称		年龄段	生涯时期	职业上的发展课题
建立阶段	修正期	25～30 岁	成年前期	·逐渐稳定于一项工作 ·确立自己未来的保障 ·发现适当的晋升路线
	安定期	31～44 岁	成年中期	

建立阶段可分为以下两个小的时期：

修正期（25 岁至 30 岁）：个人在所选的职业中安顿下来。重点是寻求职业及生活上的稳定。也可能因生活或工作上若干变动而尚未感到满意。

作为一个特别的界点，三十而立早已成为古往今来人们评估个人发展状态的一个重要依据。三十岁的时候，学业的根基早已树立起来，个人的价值观已经形成，不会轻易被外力所动摇。然而，当今世界，过多的人在普遍浮躁及过于物质化的外界环境下迷失了自己，从而给以后的职业生涯带来一连串的困扰。

30 岁人的三大困境

困境一：缺乏规划定位难，难以立足

困境二：事业家庭两头忙，身心俱疲

困境三：七年之痒折磨人，进退两难

安定期（31 岁至 44 岁）：随着自我职业发展方向的明确化，进入了职业上的自我安定时期。这阶段会致力于实现职业目标，并为确立与保持地位而尽力发挥能力。对大多数人来说，这一阶段也是个人最富有创造力的时期。

（4）维持阶段（45～64 岁）

这个阶段由于个人在职业社会的地位已经确立，个人对职业的关心点更聚焦在保持自己现有地位和有利现状，同时对开拓新的职业领域的兴趣逐步下降。人们会开发新的技能，维护已获得的成就和社会地位，维持家庭和工作两者间的和谐关系，寻找合适的接替人选（见表 2－6）。

表 2－6 维持阶段

阶段名称		年龄段	生涯时期	职业上的发展课题
维持阶段	维持期	45～64 岁	成年后期	·整理成果，维持现有地位 ·为隐退做准备

（5）衰退阶段（65 岁至人生终点）

这个阶段随着个人身体、精神方面能力的下降，人们对职业上的活动慢慢开始力不从心，并逐步从参加者转变为旁观者。衰退阶段也可分作两个小时期，即减速期（65 岁至 70 岁）和隐退期（71 岁以上）。减速期是职业退休的时期，也可以划入维持阶段的最后期，这时人的活动节奏变得缓慢，工作时间和工作量均减少，以与自己的身体、能力相适应（见表 2－7）。

表 2－7 衰退阶段

阶段名称		年龄段	生涯时期	职业上的发展课题
衰退阶段	减速期	65～70 岁	老年期	·逐步适应隐退 ·闲暇时间的充实与个人兴趣活动技能的学习 ·尽可能维持自立的状态
	隐退期	71 岁以上		

至于隐退期阶段，因为存在着个性的差异，所以什么时候完全停止职业活动将无法断言，对有的人来说工作可能依然是人生的乐趣，但对有的人来说，工作已成为压力与负担。

需要特别指出的是，维持阶段的截止年龄及衰退阶段的年龄段在不同国家会因国情而有所差异。主要受法定退休年龄的影响最大。如法定 60 岁退休，那么对于绝大部分人来说，60 岁就进入衰退阶段了。

随着生活水平及科技的进步，个体的生存时间已经跨过了“人生 60 年”“人生 70 年”，现在正迈向“人生 100 年”的新时代。45 岁以后的人生，完全可创造新奇丰富的职业“又一春”，如果只是维持现状而不愿继续向上攀升，结果反而可能无法维持现状。当 40 岁至 45 岁的过渡调整期处于向上状态时，人生很有可能会再出现一个向上的波峰。

表2－8　舒伯职业生涯发展理论[①]

<table>
<tr><th>阶段</th><th colspan="2">阶段名称</th><th>年龄段</th><th>生涯时期</th><th>职业上的发展课题</th></tr>
<tr><td rowspan="3">1</td><td rowspan="3">成长阶段</td><td>幻想期</td><td>4～10岁</td><td>婴幼期</td><td rowspan="3">·自立能力的提高
·认同于同性别家长
·自我志向、能力的提高
·对集体计划协同合作的可能性
·选择符合自己能力的活动
·对自己行为的责任感</td></tr>
<tr><td>兴趣期</td><td>11～12岁</td><td>儿童期</td></tr>
<tr><td>能力期</td><td>13～14岁</td><td>青年前期（少年期）</td></tr>
<tr><td rowspan="3">2</td><td rowspan="3">探索阶段</td><td>暂定期</td><td>15～17岁</td><td>青年中期</td><td rowspan="3">·能力与才能的进一步成长
·学习计划的选择
·独立性发展
·适合自己的专业、工作的选择
·有关专业技能的发展</td></tr>
<tr><td>转移期</td><td>18～21岁</td><td rowspan="2">青年后期</td></tr>
<tr><td>试行期</td><td>22～24岁</td></tr>
<tr><td rowspan="2">3</td><td rowspan="2">建立阶段</td><td>修正期</td><td>25～30岁</td><td>成年前期</td><td rowspan="2">·逐渐稳定于一项工作
·确立自己未来的保障
·发现适当的晋升路线</td></tr>
<tr><td>安定期</td><td>31～44岁</td><td>成年中期</td></tr>
<tr><td>4</td><td>维持阶段</td><td>维持期</td><td>45～64岁</td><td>成年后期</td><td>·整理成果，维持现有地位
·为隐退做准备</td></tr>
<tr><td rowspan="2">5</td><td rowspan="2">衰退阶段</td><td>减速期</td><td>65～70岁</td><td rowspan="2">老年期</td><td rowspan="2">·逐步适应隐退
·闲暇时间的充实与个人兴趣活动技能的学习
·尽可能维持自立的状态</td></tr>
<tr><td>隐退期</td><td>71岁以上</td></tr>
</table>

注：衰退阶段，王一敏译为“下降阶段”。

舒伯职业生涯发展理论（见表2－8）告诉我们，人生的每个阶段都有各自的课题，各自的追求，不同阶段对职业的期待也是不一样的。所以好工作的标准就不同。通常在探索阶段，人们认为对自己锻炼最大的工作就是好工作；在建立阶段，收入最多的工作就是好工作；在维持阶段，最有利于实现自己人生价值的工作就是好工作。所谓“好”工作因人而异、因时而异，到底什么样的工作才是好工作，每人心中都有一杆秤。

① 王一敏．当代社会成人的职业再开发与指导[M]．上海教育出版社,2000.

2.3.3 循环式生涯发展任务

舒伯特别强调各个阶段的年龄划分有相当大的弹性，紧邻的两个阶段之间会有一个转型期，而且每个转型期和这个转型期来临时都包括了一个小周期的循环，称为“小循环”。每经过一个转型期，个人就要面对一个新的小周期，即“成长—探索—建立—维持—衰退”这样类似于大周期的一个循环（见表2－9）。

表2－9 职业发展大周期循环表

发展阶段	青春期（14～25岁）	成人前期（25～45岁）	中年期（45～65岁）	成人后期（65岁以后）
衰退期	嗜好的收敛	减少运动	注意养生之道	减少工作时数
维持期	考验目前的职业选择	使目前的职位安全	从竞争中寻求稳固	维持自得其乐的嗜好
建立期	进入一个主修领域	安定于一个永久的职业	发展新的技能	做以往想要做而一直没做的事
探索期	学会参考更多的机会	找到机会做自己想做的工作	找出困难全力以赴	找一个好的养老处所
成长期	发展实际的自我概念	学会和别人发生关系	接受自己的限制	发展和职业无关的角色

举例来说，一个人在高一时（约十四五岁），经历了人生的第一个转型期之后，必须重新成长，探索新的角色和学习环境，一旦建立了固定的适应模式，同时维护了一段时间后，就会开始面对另一个转型期（约23岁左右）——准备踏入工作世界；然后重新成长和探索新的角色与工作环境，一旦建立了较为固定的适应模式，同时维持了稳定的职业生活后，他就开始面对另一个转型期（45岁左右）——考虑如何维持现有地位，并为隐退提前做准备。周而复始，直到退休。

今日思考

我当前所处的阶段：

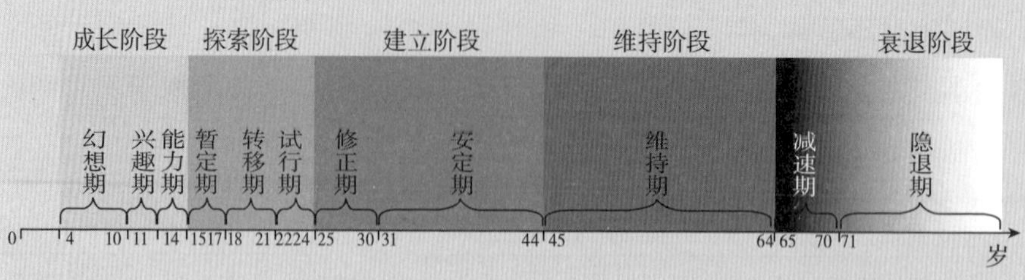

现在，我们来回顾和总结一下你各个阶段的进展情况。

职业发展阶段性任务完成检查表

项目	顺利完成的阶段性任务	没有完成的阶段性任务
成长阶段		
探索阶段		
建立阶段		
维持阶段		
衰退阶段		

第3天

认识自己 “谋”出职场性格

我们不必羡慕他人的才能，也不须悲叹自己的平庸；各人都有他的个性魅力。最重要的，就是认识自己的个性，而加以发展。

——松下幸之助（“松下电器”创始人）

职业规划的本质其实就是找到最适合自己的职业，从而通过职业活动来表现真实的自我。所以厘清自我内在最自然的取向和最深切的本质欲求就是重中之重（见图3－1）。

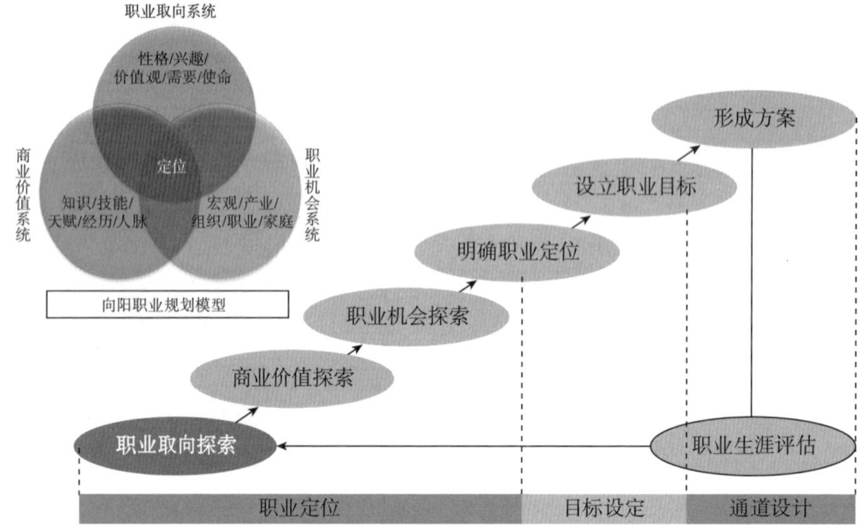

图3－1　向阳职业规划模型——职业取向系统

自古以来，认知自己都是一件很不容易却又极重要的事。本书能让我们更有效地了解自己，从而找到最适合自己的职业方向。只有我们尽可能客观地认识自己，才能正确处理与外部世界的平衡，才能正确地选择职业，实现职业生涯的成功和生活的幸福。

在与职业有关的众多个人因素中，有一类因素是在根本上影响人们的职业倾向选择的，这个因素相对稳定而持久，它关系到我们能否快乐地工作，关系到我们是否感觉舒适，我们把它称为职业取向系统。职业取向系统由一系列内因性因素构成，主要包括性格、兴趣、价值观、需要和使命五个要素（见图3－2）。接下来让我们共同开始关于你自己的发现之旅。

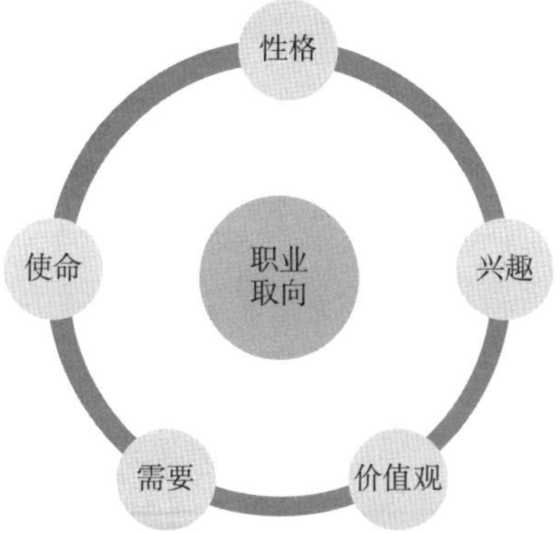

图3-2 职业取向系统

3.1 性格与职业定位

著名经济学家约翰·梅纳德·凯恩斯说：“习惯形成性格，性格决定命运。”美国心理学大师威廉·詹姆士博士曾说过：“播下一个行为，收获一种习惯；播下一种习惯，收获一种性格；播下一种性格，收获一种命运。”这些与古语所说的“积行成习，积习成性，积性成命”是一个道理。可见古今中外的人们对性格形成的看法是一致的。那么什么是性格？性格对职业的选择与发展又有什么影响？

性格就是人对现实稳定的态度和习惯化了的行为方式。它是一种个体内部的行为倾向，它具有整体性、结构性、持久稳定性等特点，是每个人特有的，可以对个人外显的行为、态度提供统一的、内在的解释。[①] 职业性格即职业及环境所需要的性格特性，是个人内部的动力，是确定个人在职业上的特征性行为的依据。

阐释人的性格的理论学说有很多种，归纳起来主要有两种方式：

一是把人的性格视为由若干种因素共同构成，这些因素的水平决定一个人的性格状况。如卡特尔16因素学说、大五人格等。

① 卓安妮. MBTI职业性格测试在职场上的应用[J]. 知识经济,2009.

二是通过某种标准把性格分类，也就是把人群中绝大多数人分为若干种类别来区分理解，如荣格心理类型分类（MBTI）、按生物学分类等。

在职业规划实践中，有效地理解性格对人的影响是一项重要的基础工作。向阳生涯的长期职业规划实践经验表明，MBTI 性格类型评估法是最为有效的一种工具。

3.1.1 MBTI 性格类型

在职业规划过程中理解性格，主要是希望达到三个目的：

（1）了解自己的思考方式和行为倾向，以便更好地发展自己；

（2）了解人与人之间的性格差异，以便在沟通和与人合作方面提出改进措施；

（3）了解不同的性格人群在职业的选择和适应上的倾向性，以便帮助自己做好职业规划。

这与 MBTI 的基本思想是非常吻合的。MBTI 全称 Myers - Briggs Type Indicator，是一种自我报告式的性格评估理论模型，用以衡量和描述正常的人在能量交换、获取信息、作出决策、对待生活等方面的心理活动规律和性格类型。MBTI 旨在帮助人们了解自我的本来面目，即个人与生俱来的性格。

在众多分析性格的理论模型中，MBTI 科学、有效、应用面广，很受欢迎。本书主要通过对 MBTI 的介绍来让大家了解自己的性格类型，及这种性格类型本身所对应的最自然的职业领域，从而助力支持我们的职业规划过程。

MBTI 的理论基础基于瑞士著名心理学家卡尔·荣格（Carl Jung）的心理学类型理论，由美国一对母女——凯瑟琳·布里格思（Katherine Briggs）和她的女儿伊莎贝尔·布里格斯·迈尔斯（Isabel Briggs - Myers）进一步发展并研发而成（见图 3 - 3）。经近 80 年的实践和发展，MBTI 已成为世界通用的性格测试，被广泛应用于自我了解与发展、职业规划、专业选择、团队建设管理和领导培训、问题解决、人际关系辅导、教育及课程开发、多元化和多文化培训等诸多领域。

图3-3 MBTI创立者

天生的偏好

MBTI用四个维度构成了人们的整个心理活动过程。性格的每个维度都有彼此对立的极端，在一个维度上到底是哪种取向取决于个人的偏好（Preference），这样共有八种性格偏好，每种用一个字母来表示。把这些字母组合起来，便代表十六种完全不同的性格类型（见表3-1）。

表3-1 性格类型的四维度八个偏好

能量交换：偏爱把注意力集中在哪些方面	外向（E）—内向（I）
信息获取：我们获取信息，认识世界的方式	实感（S）—直觉（N）
决策方式：我们做决定的方式	思考（T）—情感（F）
生活方式：我们适应外部环境的方式	判断（J）—认知（P）

这里有个重要的概念——偏好。偏好是人的个性中能够表现出来的比较稳定的特征，是潜藏在人们内心的一种情感和倾向。荣格认为，偏好是天生的。当我们以自己偏好行事时，我们会处于最佳状态，会感到最有活力、自然、充满干劲。就像有的人天生就是左撇子，他们用左手做事会感觉很顺手，而硬让他们用右手则会感觉很别扭，效率也很低。偏好有明显的个体差异，也呈现出群体特征。

不同维度上的偏好的组合形成了不同的性格类型，形成了人与人之间的性格差异。如喜欢书法的人性格往往比较安静，而喜好运动的人往往性格会相对活泼。与此同时，偏好会进一步让人们产生兴趣、价值观及需要等心理现象。可见性格对人的深远影响，也可见性格因素在人们的职业选择中的重要作用。

通过 MBTI 理解你自己

我们探讨学习性格类型，实际上也是对自己性格的分析与理解的过程。

MBTI 的四个维度如同四把标尺，每个人的性格都会落在标尺的某个点上，这个点靠近哪个端点，就意味着个体有哪方面的偏好。如在第一维度上，个体的性格靠近外向这一端，就偏外向，而且越接近端点，外向特征就越明显。同时，在各个维度细分的两个向度上，人们又各有不同的强度表现。这种表现让同一类型的人又有着无穷多细微的差异。这里我们只探讨人们在类型上的差异。

举例：小李在仔细评估了自己在 E 和 I 上的各种表现后，感觉自己有 E 的表现，但相比于 E 来说，I 的表现要更明显，于是小李在 I 一侧的相当明确位置作了△标记。

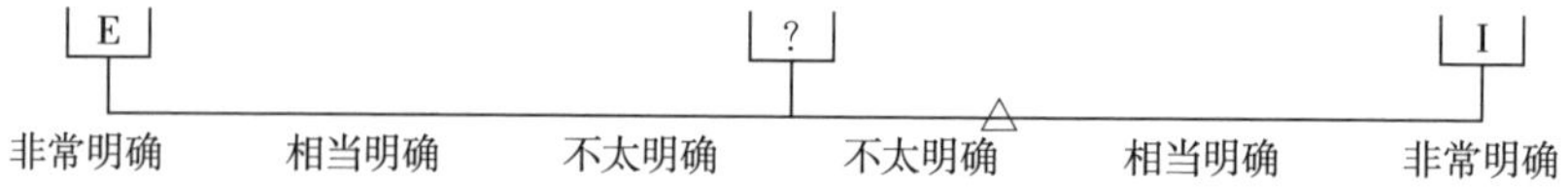

接下来我们先了解每个维度的含义，具体的表现，进而帮助你评估出自己在每个维度上的偏好，同时这也是对自己性格类型测评的一个过程。

需要特别说明的是，性格没有好与坏，我们分析的目的是反映最真实的自己，而不是别人所期待的你。选择当你面临下述这些情况时不由自主、自然和不假思索的决定或倾向。

现在，让我们放松心情，最大限度地摆脱工作、家庭等外部环境的压力，尽量展现真实的自我。

好，来吧，让我们开始你的性格探索之旅！

· **外向（E）—内向（I）**

如果只能用一个维度将人群区分开来的话，那么，这个维度应该是内外倾向，它是区分个体的最基本的维度。我们以自身为界，可以将世界分为自身以外的世界和自我的世界两个部分，也可称为外部世界和内部世界。

这个维度表达我们的能量交换方式，看偏爱把注意力集中在哪些方面。

· 外向的人——倾向于将注意力和精力投注在外部世界、外在的人、外在的物、外在的环境等。

· 内向的人——较为关注自我的内部状况，如内心情感、感觉、思想等。

两种类型的个体在各自偏好的世界里会感觉自在、充满活力，而到相反的世界里则会不安、疲惫。因此，外向与内向的个体之间的区分是广泛而明显的，并不像我们平时讲的“外向者健谈、内向者害羞”那么简单。具体可以从下列几个方面进行分析。你可以在符合你的相应条目上做上标记，并记1分，然后统计一下在外向和内向上的分高低，进而评估你是更倾向于外向还是内向（见表3-2）。在其他的各个维度上也按同样方法操作。

表3-2 外向—内向

外向型（E）	内向型（I）
与他人相处会精力充沛	独自度过时光会精力充沛
喜欢成为注意的中心	避免成为注意的焦点
喜欢外出；不怕打扰	喜静、多思、冥想；怕打扰
表情丰富、情绪外露	谨慎、不露表情
行动，之后思考	思考，之后行动
喜欢边想边说出声；先讲然后想	在心中思考问题；先想然后讲
易于“读”和了解	更封闭，不易为他人所了解
随意地分享个人情况	更愿意在经挑选的小群体中分享个人情况
说的多于听的	听的比说的多
反应快，喜欢快节奏	仔细考虑后，才有所反应
重于广度而不是深度	喜欢深度而不是广度

参照上述的条目，你能确定你在内外向上的偏好了吗？当然，不要期望

每条标准都完全符合，大部分符合基本上就可以确定了。也不是要求每时每刻都以同样类型的方式行事。人毕竟生活在社会中，有时需要顺应外在环境和工作需要调整自己的行为。再外向的人，在权威人士面前或者十分隆重、严肃的场合，也会变成个安静的倾听者；再内向的人，走上领导岗位，该发表意见时也会发表，准备充分的话，还会滔滔不绝。我们需要扪心自问：到底以什么样的方式行事，才是最自然的、情感最好的、最适合的。

现在，让我们根据上面的分析结果在下面的坐标上用 △ 标出你认为的偏好的位置。

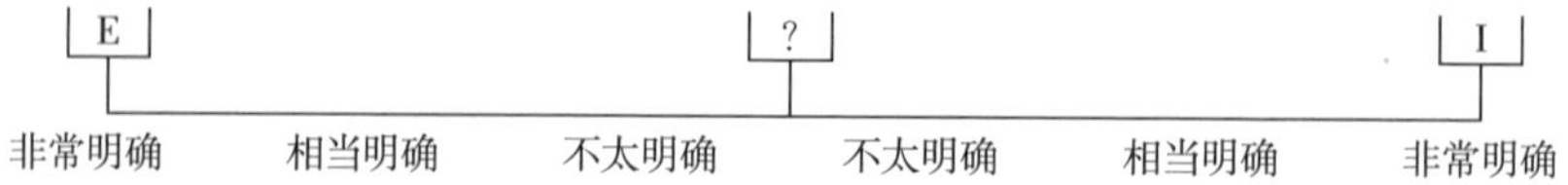

· 实感（S）—直觉（N）

这是从获取信息的方式来看，我们是如何认知世界的。

我们每个人每天都在不断接收着信息，这是我们跟上外界节拍的必要前提。但不同类型的个体接收信息的方式不同，这便有了实感型与直觉型的区别。

· 偏好实感的人——通过五种感官获得信息。专注于现在，重视他们从感官中得到的具体信息。

· 偏好直觉的人——注重于内涵，从中发现事物的本质和规律。专注于未来，对未来的构想有一个蓝图，而且是可付诸实行的。

首先，面对同样的情景，两者的注意中心不同，依赖的信息通道也不同。实感型的人信赖五官听到、看到、闻到、感觉到、尝到的实实在在、有形有据的事实和信息；而直觉型的人注重“第六感”，注重“弦外之音”，他们的许多结论在实感型的人眼里，也许是飘忽的、不实在的。注重细节的结果是实感型的人擅长记忆大量事实与资料，他们有时候像本“词典”，能清晰地讲出大量的数据、人名、概念乃至具体内容，让人惊讶。而直觉型的人更擅长解释事实，捕捉零星的信息，分析事情的发展趋向。

其次，实感型的人对待任务，习惯于按照规则办事，比如照着说明书使用家电，看着地图辨认交通路线；而直觉型的人，习惯尝试，跟着感觉走，他不习惯仔细地看完一大本说明书再动手，结果可能比实感型的人更快地完成了任务，也可能因为失败而需要重新开始。实感型的人习惯于固守现实，享受现实，使用已有的技能；直觉型的人更习惯变化、突破现实。简言之，实感型注重“是什么”，实际且细致；直觉型则更关心“可能是什么”。具体区别如表3－3所示。

表3－3 实感—直觉

实感型（S）	直觉型（N）
通过五官感受世界，注重真实的存在，比较实际	通过第六感洞察世界，注重应该如何，比较笼统
相信确定和有形的东西	相信灵感和推断
不喜欢新想法——除非它们有实际意义	为了自己的利益，喜欢新思想和概念
重视现实性和常理	重视想象力和独创力
喜欢使用和琢磨已知的技能	喜欢学习新技能，但掌握之后很容易厌倦
留心具体的和特殊的	留心抽象的和新奇的
习惯于按照规则办事	习惯尝试，跟着感觉走
进行细节描述	使用隐喻和类比
循序渐进地讲述有关情况	跳跃性地展现事实
着眼于现实	以一种绕圈子的方式着眼于未来

在我们的周围，这两种类型的人普遍存在，大多数人兼有两种特质，但其中一种会更突出一些，成为本人的标签，也由此可以确定本人的类型。但无论使用哪种方式接收信息都有利有弊。了解到这一点后，直觉型的人就无须在百科全书式的人物面前自叹弗如，实感型的人也无须在灵动、敏感的探索者面前望洋兴叹了。当然，我们在享受自我性格类型所带来的红利的同时，也要有意识地逐步弥补短板。比如说，直觉型的人可多关注一些细节，而实感型的人可多留神一些潜在信息。研究表明，25岁以后，伴随着对人生的反思，个体完善自我性格的倾向会更明显。

好了，你可以在下面的坐标上标出你自认为的偏好的位置了。

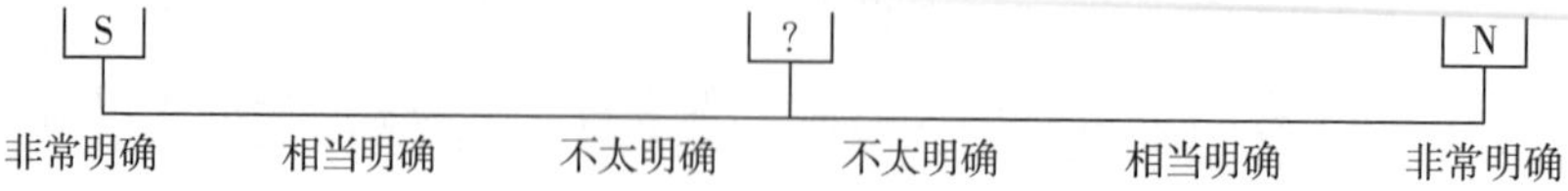

·思考（T）—情感（F）

这是从做决策的方式来看，我们是如何做决定的。

·偏好思考的人——注重逻辑性。做决定时很重视逻辑关系，把客观分析出来的前因后果作为依据。

·偏好情感的人——以人为中心，以价值为依据。做决定时很重视以价值观和以人为中心的主观衡量作为依据。

仅看这个维度的名称，也许你会觉得，思考型的人是理性的，情感型的人是感性的，事实并非如此。两类人都有理性思考的成分，只不过做决定或下结论的主要依据不一样。情感型的人常从自我的价值观出发，变通地贯彻规章制度，做出一些自己认定是对的决策，比较关注决策可能给他人带来的情绪体验，人情味较浓。思考型的人则比较注重依据客观事实进行分析，一以贯之、一视同仁地贯彻规章制度，不太懂得根据人情因素变通，哪怕做出的决定令人不舒服。具体区别见表3－4。

表3－4　思考—情感

思考型（T）	情感型（F）
善于分析，用逻辑客观方式决策	用个人化的、价值导向的方式决策
重视符合逻辑、公正、公平的价值	重视同情与和睦
对问题进行非个人因素的分析	考虑行为对他人的影响
一视同仁	重视准则的例外性
被认为冷酷、麻木、漠不关心	被认为感情用事、缺少逻辑性、情绪化
清晰、正义、不喜欢调和主义	和谐、宽容、喜欢调解
只有情感符合逻辑时，才认为它可取	无论是否有意义，认为任何感情都可取
因渴望成就而受激励	因为获得了欣赏而受激励
很自然地看到缺点，倾向于批评	很自然地看到优点，倾向于赞美

续表

思考型（T）	情感型（F）
工作中很少表现出情感，也不喜欢他人感情用事	喜欢工作场景中的情感，从赞美中得到享受，也希望得到他人的赞美

不同性别的个体在这个维度上的偏好差异明显。据研究，大约 2/3 的女性偏好情感型，2/3 的男性偏好思考型，是什么原因造成的？也许社会本身对不同性别的人给予了不同的期待，期待女性的怜悯、同情心，期待男性的客观、冷静。其实，这两种类型无所谓好或坏，重要的是要理解与自己不同类型的人的做法，尽量避免陷入极端，而极端的情感倾向会给人“无原则”的感觉。

一起来看看你的性格在这个维度上会有什么样的偏好。

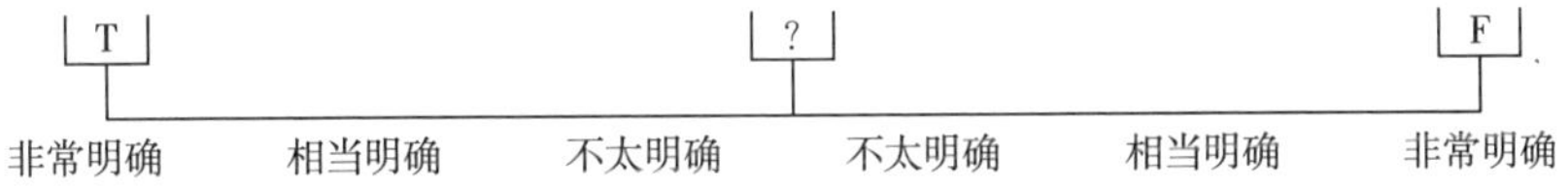

·判断（J）—认知（P）

这是从喜好的生活方式来看，我们是如何适应外部环境的。

·偏好判断的人——有组织、秩序地做决定。喜欢生活上有计划、有条理，一切事情都早做安排。

·偏好认知的人——希望多了解世界。喜欢生活中有灵活性和即兴性，他们喜欢有更多的选择。

如果我们看看人们的办公桌上、包内或柜子里摆放的物品，就可以发现，有些人总是井然有序，而有些人则凌乱不堪，前者是判断型的人显而易见的特征，后者是认知型的人常有的状态。不仅如此，在处事方式上，判断型的人目的性较强，他们喜欢有计划、有条理的世界，更愿意以比较有序的方式生活。认知型的人好奇心重、适应性强，他们会不断关注新的信息，喜欢变化，也会考虑许多可变因素，更愿意以较为灵活、随意、开放的方式生活。在做决策时，判断型的人较为果断，而认知型的人总希望搜集更多信息后再决断。逛了两天商场，还决定不了买什么的人，多半是认知型的。两者的具体区别见表 3－5。

表 3-5　判断—认知

判断型（J）	认知型（P）
做了决定后最为高兴	当各种选择都存在时，感到高兴
有“工作原则”：工作第一，玩其次（如果有时间的话）	秉持“玩的原则”：先享受，然后再完成工作（如果有时间的话）
建立目标，准时地完成	随着新信息的获取，不断改变目标
愿意知道他们将面对的情况	喜欢适应新情况
结构化和组织化	弹性化和自发化
着重结果（重点在于完成任务）	着重过程（重点在于如何完成任务）
满足感来源于完成计划	满足感来源于计划的开始
决断，事情都有正误之分	好奇，喜欢收集新信息而不是做结论
喜欢命令、控制，反应迅速，按时完成任务	喜欢观望，开发许多新的项目，但不完成
把时间看作有限的资源，认真地对待最后期限	认为时间是可更新的资源，而最后期限也是有伸缩的

大多数人兼具两种倾向，只是更偏向某一种倾向。我们在日常生活、工作中，也会受其他因素影响，改变一贯的方式，一旦面临紧急的或期限明确的任务，认知型的人也会果断起来。兴之所至，也会把物品收拾得整整齐齐，但这些并不是他们常有的行为方式，更不是令他们内心感到自然、舒服的方式。作为个体，一方面根据内心的感受识别自我的偏好，发挥优势，另一方面，则要改善一下性格的弱点。

然后我们看看，在最后一个维度上，你的偏好是什么。

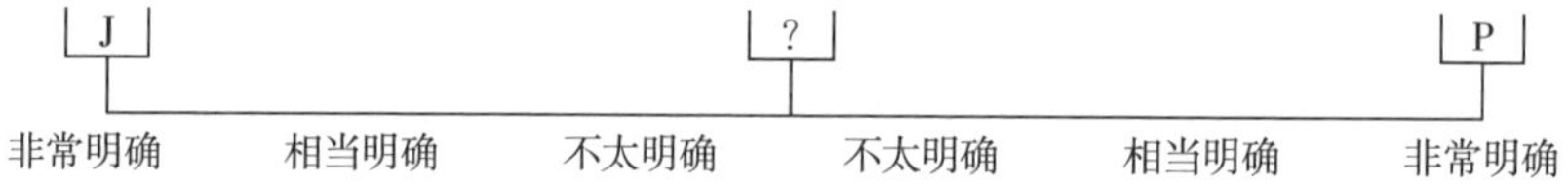

好了。我们现在已经分别识别了自己在四个维度上的偏好情况。接下来我们将自己四个维度的偏好结果用图 3-4 这样表达出来。然后我们取各个维度上偏好的类型，从左至右依次取所偏好的四个字母，便形成了你的类型表达。如图 3-4 的类型表示为 ESFJ。

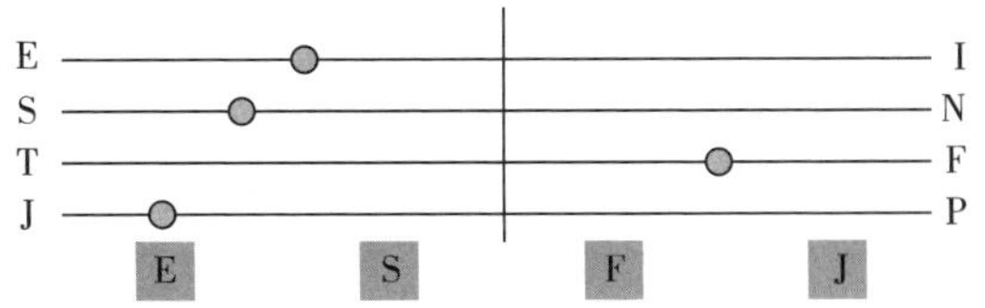

图3－4 类型偏好示例

四个维度上偏好的不同可产生16种不同的性格类型组合。组成的所有情况见表3－6。

表3－6 MBTI性格类型

ISTJ	ISFJ	INFJ	INTJ
ISTP	ISFP	INFP	INTP
ESTP	ESFP	ENFP	ENTP
ESTJ	ESFJ	ENFJ	ENTJ

通过分析，你的自测性格类型组合为：＿＿＿＿＿＿＿＿＿＿＿。

如果以上过程你对自己的评估都是客观而公正的，那么你所得到的类型组合就是你真实的性格类型。如果你感觉上面所得性格类型的描述与真实的你不太吻合，则表明你的评估结果可能有偏差，这时就需要再进行仔细研究，或是请具有MBTI施测师资格的专业人员协助你确定性格类型。

在上述过程中，我们了解了不同维度上的类型描述，相信你对自己的各个维度已经有很清晰的认识。以上是我们基于各个维度的分别解释来实现对自己的一种理解。我们知道，在一个系统中，整体功能远大于个体之和，在MBTI中也同样如此，各个维度的综合作用结果，也就是四个字母的组合效果，可以更深入地描述出各个类型所表达的含义。

接下来，我们就可以在下一小节中查看到你的性格描述，并基于性格类型推测你所适合的职业。需要强调的是，通过以上分析，大多数情况下是可以反映出你的真实性格类型的。同时我们知道，人的性格发展受多种因素影响，而且在分析的过程中，自己的判断也可能会有偏差。如果偏差发生在你的清晰度较低的那个维度上，你可以通过查看所在维度的相反方向来看是不是更符合自己。

3.1.2 16种类型及其最佳职业领域

在MBTI的研究与应用中，通过对各种人格类型在16种人格类型中出现的百分比以及在不同人群不同职业领域出现的频率的研究，可以详细描述人与职业、人与环境及人与人之间的适应关系。在一个明确的样本中，通过对基础人群的对照来对类型的频率做出相应的判断。通过比较会发现，特定群体相对于基础群体在某些人格类型的选择上出现过多或不足，而这一现象可以通过自我选择比值（SSR，Self - Selection Ratio）显示出来。也就是说，**我们可以通过对人格类型的研究，得出不同情境下的自我选择比值，可以量化分析出不同类型的人在不同领域的适应性，可以找出最接近人们天资的职业领域。**

对于MBTI在职业领域的应用，各国学者们都进行了大量研究，成果丰硕。比如学者Sample指出，有四种类型人在典型组织中占统治地位，分别是ISTJ、ESTJ、INTJ、ENTJ。Reynierse（1993）调查了1952名低中层、高层企业管理者，他们无一例外地在外向、思考、判断这三个功能上表现突出。Gardner（1996）研究出管理者的性格类型中成对的功能性偏好ST居第一位，其次是NT。我国学者唐军的研究表明，我国人力资源管理者最适合的MBTI类型是ESFJ，比较适合的类型是ISFJ、ESTJ、ESFP。

研究表明，每种性格类型都有一系列较为适合的职业环境及职业种类，它们有着大的共性。在众多显著适合的职业类别中，可以提炼出最具代表性的职业。表3-7显示了各类型的最典型职业类别。

表3-7　MBTI职业性格类型

ISTJ	ISFJ	INFJ	INTJ
稽查员、检查者	保护者	咨询师	智多星、科学家
ISTP	ISFP	INFP	INTP
操作者、演奏者	创作者、艺术家	导师、治疗师	建筑师、设计师
ESTP	ESFP	ENFP	ENTP
发起者、创设者	表演者、演示者	倡导者、激发者	企业家、发明家
ESTJ	ESFJ	ENFJ	ENTJ
督导、监督者	销售员、供给者	教师、教导者	统帅、调度者

在列出适合各种类型人的一般职业的同时，我们也要敬告：每种职业中都有各种性格类型的成功人士。尽管如此，以下将要列出的这些职业是相关类型的人会容易认同的职业。它们不一定完美，却能向你展示一些你不曾考虑过的可能性，可能会为你提供更多的选择机会。根据研究，在其他方面条件具备的情况下，通常下述职业在接下来的若干年内，将会有较快的发展。

需要强调的是，任何类型的人都可以做任何工作，都可以当领导；当你的类型与你的工作活动比较匹配时，会更容易上手，更容易出成就，否则我们适应和发展起来就会比较困难。

16 种类型可以划分为四组性格类型——SP 艺术创造者、SJ 护卫者、NF 理想主义者、NT 理性者，每一组性格类型的人之间都有很多相似之处，不同组性格类型的人在观念和行为方式上又各有差异。这样，就可以使这一方法变得更加便捷好用了。下面我们就按这四组性格类型分别做介绍。如果你不是专业职业规划师，或有研究性需求，你可以直接找到你自己的那个类型阅读，或是再看一下与你的类型比较接近的那几个。

SP 艺术创造者（ISTP、ISFP、ESTP、ESFP）

这一类人都有一个共同点：他们很清楚自己现在所做的一切，都是为了能够更加顺利获得他们想要的一切。

他们适应能力很强，极具艺术气质，同时运动神经发达，十分了解现状且从不与现实抗争。思想开明的他们往往具备敏锐的观察力，从而能够探知所有可以利用的折中或妥协办法；当然，对于身边所发生的一切，他们也同样了如指掌，因此，他们往往能够及时地发现需求；生性崇尚实际的他们会储存有用的信息，却很少会顾及理论知识；从个人角度来说，这一类型的人随和，忍耐力强，公正无偏见，容易使人信服，而且具备运用机械和工具的天赋，在行动上他们倾向于经济实惠的行为方式；他们对颜色、线条和结构十分敏感，凡事都渴望获得亲身体验；总而言之，他们懂得享受生活。

ISTP：内向、实感、思考、认知型——操作者、演奏者

这种类型的人奉行实用主义，喜欢行动，不爱空谈。他们长于分析、敏于观察、好奇心强，只相信可靠确凿的事实。由于非常务实，他们能很好地利用一切可资利用的资源，而且很会瞄准时机。

对于ISTP这种人而言，事业满意就是做尽可能有效利用资源的工作。他们愿意借助机械技能或工具来工作。工作必须有乐趣、有活力、独立性强，且常有机会走出工作室去户外。

适合的领域：服务、技术、刑侦、健康护理、商业、金融、手工、贸易等。

适合的典型职业：电脑程序员、软件开发商、医疗急救技术员、商业精英、商务专员、警察、武器专家、消防员、海关验货员、体育器材/用品销售商、海洋生物学者、经济学者、证券分析员、银行职员、管理顾问、生理治疗专家、药剂师、园艺服务人员、驯兽员、电子专业人士、技术培训人员、软件开发商、后勤与供应经理。

ISFP：内向、实感、情感、认知型——创作者、艺术家

这种类型的人温柔、体贴、敏感，从不轻言非常个人化的理想及价值观。他们常通过行动，而非语言来表达炽烈的情感。这种人有耐心、能屈能伸、十分随和、无意控制他人。他们从不妄加判断或寻求动机和意义。

对于ISFP这种人而言，适合的工作是非常符合自己内心价值观的工作。他们希望有独立工作的自由，但又不远离其他与自己合得来的人。他们不喜欢受繁文缛节或一些僵化程序的约束。

适合的领域：手工艺、技工、艺术领域、医护领域、科学技术、销售、商业、服务业等。

适合的典型职业：护理医师、牙科保健医师、室内/园艺设计师、时装设计师、客户服务代表、测量/检查人员、护士、海洋生物学者、厨师、优先顾客销售代表、行政人员、商品规划师、旅游销售经理。

ESTP：外向、实感、思考、认知型——发起者、创设者

这种类型的人无忧无虑，属乐天派。他们活泼、随和、率性，喜欢安于现状，不愿从长计议。由于他们能随遇而安，一般心胸豁达、包容心强。这种人喜欢玩实实在在的东西，善于拆拆装装。

对ESTP这种人来说，事业满意度来自这种工作：能随意与许多人交流；工作中充满冒险和乐趣，随时抓住新的机遇；工作中必要时希望可以自我组织，而不是听从别人的安排。

适合的领域：金融、商贸、体育、娱乐、商业等。

适合的典型职业：企业家、保险代理、土木工程师、预算分析员、促销商、证券经纪人、运动商品销售员、体能训练师、警察、消防员、情报人员、旅游代理、职业运动员、教练、承包商、医疗急救技术员、新闻记者、电子游戏开发人员、房地产开发商、业务运作顾问、技术培训人员、手工艺人、土木/工业/机械工程师、管理顾问、网络经销、批发/零售商等。

ESFP：外向、实感、情感、认知型——表演者、演示者

这种类型的人生性爱玩、充满活力，用自我陶醉来为别人增添乐趣。他们适应性强，平易随和，可以热情饱满地同时参加几项活动。他们不喜欢把自己的意志强加于人。

对ESFP这类人来说，适合的工作是，能在实践中学习，利用常识收集各种信息来寻找问题的解决方案；他们喜欢直接与客户打交道；能同时在几个项目或活动中周旋。尤其喜爱从事能发挥自己审美观的项目或活动。

适合的领域：教育、社会服务、健康护理、娱乐业、商业、服务业等。

适合的典型职业：早教、公关专业人士、劳工关系调解人、零售经理、商品规划师、促销员、团队培训人员、表演人员、社会工作者、牙医、兽医、融资者、旅游项目经营者、特别事件的协调人、旅游销售经理、运动设备销售员、保险代理/经纪人。

SJ 护卫者（ISTJ、ISFJ、ESTJ、ESFJ）

对于 SJ 型人而言，一切事物都应该处于其固定且适当的位置上。每个人也都应该做自己该做的事情，并得到公正而应得的赏罚。与此同时，每个人的每次行动也都应该受到严密的监督，每件产品都应该接受全面的检查，所有合理合法的需求都应该得到满足。即使是那些得到批准的冒险行为，也应该小心谨慎地处理，从而确保安全。所有 SJ 型人——护卫者——都坚信一点，做任何事情的方式方法都应该适当且能够为人所接受。

这类人通常保守而可靠，循规蹈矩，一如既往；感知力强且决断果敢的他们也很注重实际，绝不冲动。这一类型的人大都有耐心，值得信赖；他们工作勤奋，任劳任怨，同时也很注重细节；凡事严谨的他们会坚持不懈地努力直至实现目标。SJ 型人的性格特点十分鲜明，因此，很容易就能将他们与其他三组类型的人区分开来。

ISTJ：内向、实感、思考、判断型——稽查员、检查者

这类人一丝不苟、认真负责，而且明智豁达，是坚定不移的社会维护者。他们讲求实际，总是孜孜以求精确性和条理性，且有极大的专注力。不论干什么，他们都能有条不紊地把它完成。

对 ISTJ 这类人而言，满意的工作是技术性的工作，能生产一种实实在在的产品或有条理地提供一种周详解决方案。他们需要独立的工作环境，有充裕的时间让自己独处，并能运用自己卓越的专注力来完成工作。

适合的领域：商业、销售、服务、金融、教育、法律、应用科学、卫生保健。

适合的典型职业：首席信息官、气象学者、数据库管理、保健管理员、出纳/财务工作者、后勤经理、信息总监、预算分析员、医学研究者、房地产经纪人、建筑/大厦检查员、农学家、保健医师、生物医学研究者、办公室管理人员、信用分析师、审计员、电脑编程员、证券经纪人、地质学者、会计、文字处理专业人士、侦探。

ISFJ：内向、实感、情感、判断型——保护者

这类人忠心耿耿、一心一意、富有同情心，喜欢助人为乐。由于这种人有很强的职业道德，一旦觉得自己的行动确有帮助，他们便会担起重担。

对ISFJ这类人而言，最令他们满意的是需要细心观察和精确性要求极高的工作。他们通过不声不响地在幕后工作以表达自己的感情投入，但个人贡献要能得到承认。

适合的领域：卫生保健、社会服务、教育、商业、服务、设计、技术。

适合的典型职业：人事管理人员、护理医师、营养学家、家庭保健员、初级学校工作者、图书管理员、档案管理员、室内装潢师、律师助手、数据库经理、信息总监、后勤与供应经理、业务运作顾问、工厂主管、记账员、福利院工作者、导师/顾问、特殊教育工作者、旅馆业主、项目经理、客户服务代表、电脑分析人员、保险代理、承包商、证券经纪人、信用顾问。

ESTJ：外向、实感、思考、判断型——督导、监督者

这类人办事能力强，喜欢出风头，办事风风火火。他们责任心强、诚心诚意、忠于职守。他们喜欢框架，能组织各种细节工作，能如期实现目标并力求高效。

对ESTJ这类人而言，最满意的是做理顺关系以及人员组织工作，通过有效利用时间和资源找出合乎逻辑的解决方案，在目标明确的工作中娴熟地运用组织技能。他们希望工作测评标准公正。

适合的领域：营销、服务、科学技术、自然物理、管理、专业人员等。

适合的典型职业：业务主管、军官、首席信息官、运动商品销售员、房地产开发商、预算分析员、健康管理员、药剂师、信用顾问、保险代理、贸易/实业/技术教师、项目经理、数据库经理、信息总监、后勤与供应经理、业务运作顾问、证券经纪人、电脑分析人员、保险代理、普通承包商、工厂主管。

ESFJ：外向、实感、情感、判断型——销售员、供给者

这类型的人喜欢通过合作切实帮助别人。由于他们尤其注重人际关系维系，通常很受人欢迎，也喜欢迎合别人。他们的态度认真、遇事果断、表达意见明确而坚决。

对ESFJ这类人而言，最满意的工作是，整天与人交往，密切参与整个决策流程。工作有明确的业绩标准。他们希望组织能明确安排自己及周围人的工作，以确保一切进展顺畅。

适合的领域：卫生保健、教育、社会服务、咨询、商业、营销、服务业、文书等。

适合的典型职业：销售代表、零售业主、房地产代理商、兽医、特殊教育老师、信用顾问、员工援助顾问（EAP）、体能训练师、护士、家庭保健员、个人健康训练师、推拿/理疗师、餐饮业者、营销经理、办公室经理、口笔译人员、旅游代理、食品服务业主、运动教练、商品计划员/采购员、公关客户经理、个人银行业务员、人力资源顾问、接待员、信贷顾问、秘书。

NF理想主义者（INFJ、INFP、ENFP、ENFJ）

这类人往往会用空想来回答如何才能让人们的生活变得完整而有意义这样的问题。他们常常会因为身边的冲突而倍感痛苦，这意味着他们必须采用自省的方式来解决问题。也正因如此，这一类人大都十分注重在自己的关系圈内保持一种较高的道德姿态，同时在所爱的人面前塑造一种积极的自我形象。

所有NF型人都十分看重一点：希望自己身边所有的人，包括家人、朋友和同事，都能够对他们产生好感，同他们愉快地相处。

NF型人仁慈而富有同情心，充满热情且虔诚；极富创造力同时拥有敏锐的直觉；富有洞察力而主观性强。NF型人的性格棱角分明，与SP型人、SJ型人以及NT型人之间存在着巨大的差异。

INFJ：内向、直觉、情感、判断型——咨询师、劝告者

这类型的人极富创意。他们感情强烈、原则性强且具有良好的个人品德，善于独立进行创造性思考。即使面对怀疑，他们对自己的观点仍坚信不疑。看问题更能入木三分。

对INFJ类型的人而言，称心如意的工作就是，能从事创新型的，主要是能帮助别人成长的工作。他们喜欢生产或提供一种自己能感到自豪的产品或服务。内容必须符合个人的价值观。

适合的领域：咨询、教育、科研、文化、艺术、设计等。

适合的典型职业：人力资源经理、特殊教育人员、健康顾问、建筑师、健康医师、培训师、职业规划师、组织发展顾问、编辑/艺术指导(杂志、网站)、心理咨询师/治疗师、作家、调解员、宗教教育、营销人员、职位分析人员、口译、社会科学工作者。

INFP：内向、直觉、情感、认知型——导师、治疗师

这类型的人珍视内在和谐胜过一切。他们敏感、理想化、忠心耿耿，有强烈的荣誉感。如果能献身自己认为值得的事业，他们便情绪高涨。在日常事务中，他们通常很灵活、有包容心，且对内心忠诚的事业义无反顾。这类人很少表露强烈的情感，常显得镇静自若、寡言少语。不过，一旦相熟，他们也会变得十分热情、健谈。

对INFP类型的人而言，最好的工作是，做合乎个人价值观、能陈述自己远见的工作；工作环境需要有灵活的架构，在自己激情高昂时可以从事各种项目，能发挥个人的独创性。

适合的领域：创作类、艺术类、教育、咨询辅导类、研究、宗教、保健、技术等。

适合的典型职业：人力资源师、社会科学工作者、团队建设顾问、职业规划师、艺术指导、建筑师、时装设计师、记者、编辑/美术指导、（网站）口笔译人员、娱乐业人士、法律调解人、推拿医师、心理咨询师、心理学专家、顾问。

ENFP：外向、直觉、情感、认知型——倡导者、激发者

这类人热情奔放，满脑子新观念。他们乐观、率性、充满自信和创造性，能深刻认识到哪些事可为。他们对灵感推崇备至，是天生的发明家。他们不墨守成规，善于闯新路子。

对ENFP类型的人而言，适合的工作是，在创造性灵感的推动下，与不同的人群合作从事各种项目。他们不喜欢从事需要每天处理琐碎杂务的工作，喜欢按自己的节奏行事。

适合的领域：创造性职业、营销、策划、教育、咨询、社会服务、商业等。

适合的典型职业：人力资源经理、变革管理顾问、营销经理、培训师、广告客户经理、战略规划人员、发言人、公关、宣传人员、职业规划师、创业导师、研究助理、广告撰稿员、播音员、开发总裁、市场营销和宣传策划、节目策划和主持人、心理学工作者、社会工作者、演讲家、设计师、作家、制片人。

ENFJ：外向、直觉、情感、判断型——教师、教导者

这类人有爱心，对生活充满热情，但对自己很挑剔。由于他们自认为要为别人的感受负责，所以很少在公众场合发表批评意见。他们对是非曲直明察秋毫，是社交高手。

对ENFJ类型的人而言，最适合的工作是，能建立温馨的人际关系，能使自己置身于信赖且富有创意的人群中的工作。他们希望工作多姿多彩，但又有条不紊。

适合的领域：信息传播、教育、服务业、卫生保健、商业、咨询、技术等。

适合的典型职业：人力资源开发培训人员、销售经理、小企业经理、程序设计员、生态旅游业专家、公关专业人士、协调人、作家/记者、非营利机构总裁、广告客户经理、杂志编辑、临床医师、职业规划师、培训专员、大学教授（人文科学）、募捐者、教师、健康从业人员、市场/营销人员、社会工作者、人力资源工作者、电视制片人。

NT 理性者（INTJ、INTP、ENTP、ENTJ）

和 NF 型人一样，NT 型人也倾向于自省，只不过，他们的自省换成了另一种表现形式：务必弄清楚究竟何种技术才更加有利于问题的解决。因此，这一类型的人往往要求自己将坚持不懈的毅力以及一如既往的理性思想贯穿于行动的始终。

NT 型人善于分析，做事有条理，不过其观点及行为方式却较为抽象且理论化。他们的思想理性而复杂，同时也有较强的好奇心和创造力，并且具备很强的逻辑能力和专业技术。高效率的他们对所有事物的要求也十分严格。对凡事都感到好奇的他们非常适合做科学研究。

所有的 NT 型人每做一件事都遵循一条基本原理：所做的和所说的一切都是有意义的。

INTJ：内向、直觉、思考、判断型——智多星、科学家

这类人是完美主义者。他们个人要求强烈、注重表现个人能力、对自己的创新思想坚定不移，并受其驱使去实现自己的目标。这种人逻辑性强，有判断力，才华横溢，对人对己要求严格。在所有类型的人中，这种人独立性最强，喜欢我行我素。面对反对意见，他们通常多疑、霸道、毫不退让。对权威本身，他们毫不在乎，但如果规章制度有利于他们的长远目标实现，他们也能遵守。

对 INTJ 类型的人而言，最适合的工作是：能创造和开发新颖的解决方案来解决问题或改进现有系统。他们愿意与责任心强，在专业知识、智慧和能力方面能赢得自己敬佩的人合作；他们喜欢独立工作，但需要定期与少量智囊人物切磋交流。

适合的领域：商业、金融、技术、教育、健康保健、医药，及专业性、创造性职业等。

适合的典型职业：知识产权律师、管理顾问、经济学者、国际银行业务职员、证券投资和金融分析专家、设计工程师、程序员、各类科学家、技术专家/顾问、医学专家、财务专家、各类发明家、建筑师信息系统开发商、综合网络专业人员。

INTP：内向、直觉、思考、认知型——建筑师、设计师

这类人善于解决抽象问题。他们满腹经纶，不时能闪现出睿智的创造火花。他们外表恬静，内心专注，总忙于分析问题。他们目光挑剔，独立性极高。

对INTP类型的人而言，满意的工作是：能酝酿新观念；专心负责某一创造性流程，而不是最终产品。解决复杂问题能让他们跳出常规的框框，冒一定风险去寻求最佳解决方案。

适合的领域：计算机应用与开发、理论研究、学术领域、专业领域、创造性职业等。

适合的典型职业：建筑师、计算机软件设计/开发人员、网络专家、网站设计人员、系统分析人员、信息服务开发商、金融规划师、风险投资商、法律调解员、调查员、财务分析、经济学者、大学教授（哲学/经济学）、知识产权律师、音乐家、神经科医师、医药研究人员、战略规划师、变革管理顾问、企业金融律师。

ENTP：外向、直觉、思考、认知型——企业家、发明家

这类人好激动、健谈、聪明，是多面手。他们总是持续不断地提高自己的能力。这种人天生有创业心、爱钻研、机敏善变、适应能力强。

对ENTP类型的人而言，满意的工作是：有机会从事创造性解决问题的工作。工作有一定的逻辑顺序和公正标准。他们希望通过工作能提高个人权力，并常与权威人物交流。

适合的领域：商人、创业、创作、开发、投资、公共关系、政治、创造性职业等。

适合的典型职业：企业家、发明家、投资银行家、风险投资商、职业规划师、管理营销顾问、广告文案、访谈节目主持、政客、房地产开发商、后勤顾问、投资经纪人、广告创意指导、演员、战略规划家、大学校长/学院院长、互联网营销人员、工业设计经理、后勤顾问、金融规划师、国际营销商、营销策划人员。

ENTJ：外向、直觉、思考、判断型——统帅、调度者

这类人是极为有力的领导人和决策者，能明察事物中的各种可能性，喜欢发号施令。他们是天才的思想家，做事深谋远虑、策划周全。这种人事事力求做好，天生一双锐眼，能够一针见血地发现问题并迅速找到改进方法。

对ENTJ类型的人而言，满意的工作是，做领导、发号施令，完善企业的运作系统，使系统高效运行并如期完成目标。他们喜欢做长远战略规划，寻求创造性地解决问题的方法。

适合的领域：商业、金融、咨询、培训、专业性职业等。

适合的典型职业：首席执行官、网络专家、管理顾问、政客、管理专员、授权商、公司财务/融资律师、个人理财顾问、房地产开发商、（后勤、电脑信息服务和组织重建）顾问、销售主管、环保工程师、知识产权律师、投资顾问、经济分析师、化学工程师、教育顾问、法官、（人事、销售、营销）经理、技术培训人员、国际销售经理、特许经营业主、程序员。

通过对MBTI性格类型的了解，你已经清楚从性格类型的角度看出较为适合你的职业发展方向了。下面我们将进一步了解兴趣对你职业规划的影响。

3.2 兴趣与职业兴趣

找到你挚爱的工作，那么，太阳还没升起时，你就迫不及待地去做你热爱的工作了。

——史蒂夫·乔布斯（苹果公司创始人）

回忆一下，看看你是否有过这样的经历：

有一些事情，会让你废寝忘食地工作，虽然工作量很大，你却感觉不到疲劳；

有一些事情，能给你带来快乐，让你内心很愉悦；

有一些事情，能深深吸引你，激发你的激情，让你充满了创造力；

有一些事情，充满魅力，以至你不要钱都愿意干；

有一些事情，能让你热血沸腾，浑身充满了力量。

假如你有了以上任一种感受，恭喜你，这就意味着你做的事是你的兴趣。

这可能就是你的兴趣或职业兴趣所在，也正是兴趣的魅力和力量。

兴趣，就是兴致，是人们对事物喜好或关切的情绪，是个人力求认识、掌握某事物，并经常参与该种活动的心理倾向。兴趣是带有积极情绪色彩的认知和活动倾向。当个人对某事物感兴趣时，会对它产生特别的注意力，产生愉快紧张的心理状态，对该事物感知敏锐、记忆牢固、思维活跃、情感浓厚、意志坚强。这对人的认识和活动会产生积极的影响，有利于提高工作的质量和效率。

兴趣不只是对事物的表面的关心，更是对获得这方面的知识或参与这种活动而产生的一种满足感。例如，一个人对跳舞感兴趣，他就会主动、积极地寻找机会去参加，而且在跳舞时感到愉悦、放松和乐趣，表现出积极而自觉自愿。[①]

职业兴趣是兴趣在职业方面的表现，是一个人探究某种职业或从事某种职业活动所表现出来的特殊个性倾向。兴趣是一种无形的动力。每个人都会对他感兴趣的事物给予优先注意并积极探索，从而表现出心驰神往。对美术感兴趣的人，对各种油画、美展、摄影都会认真观赏、评点，对好的作品进行收藏、模仿；对钱币感兴趣的人，会想尽办法对古今中外的各种钱币进行收集、珍藏、研究。比如姚明对篮球产生了强烈的兴趣，所以才会关注篮球，才会为篮球倾注热情、付出努力。

可见，探讨兴趣与职业兴趣，对于我们的职业规划和生涯发展而言，是多么重要。兴趣对一个人的个性形成和发展、工作和生活有巨大的作

---

① 胡铁龙．论音乐表演艺术的三层境界——直觉、兴趣、风格[J]．大众文艺，2011(4)．

用，这种作用主要表现在以下几个方面：

第一，对未来职业活动的准备作用。例如，如果一个人对软件开发感兴趣，就可能激励他学习各种软件知识，研究各种开发技术，为将来研究和从事软件开发方面的工作打基础。爱因斯坦有句名言：“兴趣是最好的老师。”《论语》亦云：“知之者不如好之者，好知者不如乐之者。”兴趣对职业的发展有着神奇的内驱动作用。

第二，对正在进行的活动起推动作用。兴趣是一种饱含浓厚情感的志趣活动，它可以使人集中精力去获得知识，并创造性地完成当前的活动。[①]美国著名华人学者丁肇中教授就曾经深有感触地说：“任何科学研究，最重要的是要看对自己所从事的工作有没有兴趣，这不能有任何强迫……比如搞物理实验，因为我有兴趣，我可以两天两夜甚至三天三夜在实验室里，守在仪器旁，我急切地希望发现我所要探索的东西。”正是这种兴趣推动了丁肇中所从事的科研工作，并使他获得巨大的成功。[②]

第三，对活动的创造性态度的促进作用。兴趣会促使人深入钻研，进行创造性的工作和学习。[③]对职场人来说，对某个职业感兴趣，会促使他自动自发地刻苦钻研，进行创造性思考，想办法改善工作方法，提高工作效率，他的工作绩效自然相应地大幅提高。

由此可知，人的兴趣是认识和从事活动的巨大动力。它可以使人的智力得到开发，知识得到丰富，眼界得到开阔，并会使人善于适应环境，对生活充满热情。

所以，那些让你感兴趣、让你着迷的事，你越是喜欢它，你就越愿意投入。你投入得越多，获得知识就会越丰富，能力提升得就越快，解决问题的能力就越高，自然就越容易成功。所以当你喜欢上自己所做的工作时，金钱作为副产品也会源源不断。稍微研究一下那些成功人士的经历，你就会发现一个共性，就是他们对自己所做的事情都极为投入。比如，金

① 郝蓉．兴趣直通成功[J]．陕西教育(高教),2010(6).

② 罗金远．美术高考生应当思考什么[J]．中国高等教育,2011(3).

③ 熊小琴．浅谈语文学习兴趣的培养[J]．新西部(下旬·理论版),2011(3).

牌编剧、少将朱苏进在谈到个人职业生涯成功的关键时是这么说的："我在做事的时候，喜欢寻找一种快乐，跟玩似的快乐。"

可以想象，当你所从事的职业就是自己的兴趣时，会是多么令人振奋的事情啊！

3.2.1 测测你的职业兴趣

为更快捷地识别自己的职业兴趣，下面我先邀请你做一个测试。这就是非常著名的霍兰德职业兴趣测试。请扫一扫右边的二维码，做一下职业兴趣测试。

扫码测试：霍兰德职业兴趣测试

需要提示的是，做这个测试目的是帮助受测者增进对自我及工作世界的认识，拓宽受测者在职业前景上的思路，为未来的职业生涯发展提供方向性的指导，而不是设置限定。

根据量表第六部分的各个类型分别统计分值，将分数从高到低排序，列出三个得分最高的字母。这就是你的霍兰德职业兴趣代码：

____。

这组代码表示了你的职业兴趣组合状况。你将在下文中具体了解到每个字母所表示的含义，你还可从测评报告或《霍兰德职业代码检索表》查找出组合后的结果。

考虑到当前职业种类和职业环境的发展变化情况，我们在实践中会同时使用工作世界地图（见图3-5）来指导你们的职业选择。

下面让我们来动手操作一下，找出你的**职业版图**。

以上测评结果中各类型最大分值为10分，你可以将图的中间点视为0点，在0点与RIASEC各个类型的顶点连接线上，进行等分，标出相应的数值，接着就可把各个维度上标出的点邻边相连，画出个六边形来。图中包括的职业群就是根据职业兴趣判断出的比较适合你的职业选择。

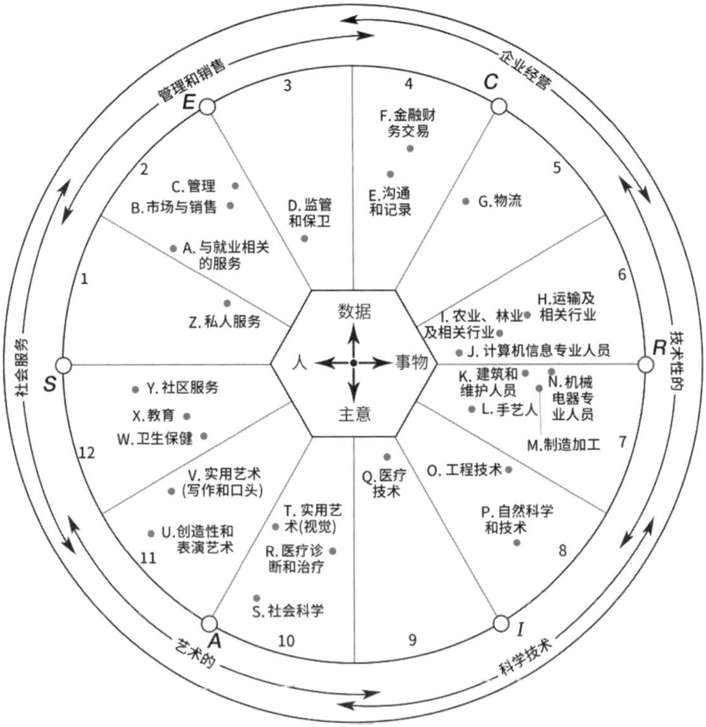

图3-5 工作世界地图

通过测评及对职业兴趣类型的了解，可以在职业规划及咨询方面帮助你：

(1) 进行职业兴趣测定，能够简洁明了地获取个人职业倾向的情报。

(2) 根据测定的数据，能帮助了解所测对象适合哪一类职业领域的工作。

(3) 能促进个人职业的发展。对测定对象存在的职业发展不成熟等问题，可以通过职业咨询解决。

3.2.2 六种职业兴趣类型

个人职业兴趣会直接影响到人们的职业选择。

在对职业兴趣的研究中，以霍兰德的职业兴趣理论最为著名，并被广泛应用。我们借助该理论来探索你的职业兴趣和可能的职业方向。

霍兰德提出了一系列的假设：

（1）在当代文化中，大多数人都能被归类为六种人格类型中的一种：现实型（Realistic Type，简称 R）、研究型（Investigative Type，简称 I）、艺术型（Artistic Type，简称 A）、社会型（Social Type，简称 S）、事业型（Enterprising Type，简称 E）和常规型（Conventional Type，简称 C），这六种类型按照一个固定的顺序可排成一个六边形（RIASEC）。每一特定类型人格的人，便会对相应职业类型中的内容感兴趣。因此，人的职业兴趣倾向就是其人格的反映。

（2）在当代社会中，职业环境和人格一样，也能区分为六种类型：现实型、研究型、艺术型、社会型、事业型、常规型。

（3）人总是寻找适合个人人格类型的环境，锻炼相应的技巧与能力，从而表现出各自的态度及价值观，面对相似问题的人群，扮演相似的角色。

（4）个人的行为取决于人格与环境特征之间的相互作用。

在上述理论假设的基础上，霍兰德提出了人格类型和职业类型模式，不同类型人格的人需要不同的生活或工作环境，例如现实型的人需要现实型的环境或职业，因为这种环境或职业才能给予其所需的机会和奖励，这种情况即称为“和谐”。[①] 霍兰德在其所著的《职业决策》中描述了六种人格类型的相应职业。这六种类型所代表的具体含义下文会有详细介绍。由于不同类型的人格决定了不同类型的职业兴趣，并且霍兰德对职业兴趣的类型划分与其对人格类型的划分是基本相同的，通常将霍兰德的人格类型理解为职业兴趣类型论。

① 司伟森，郜攀峰．人职匹配与大学毕业生择业[J]．出国与就业(就业版)，2010(17)．

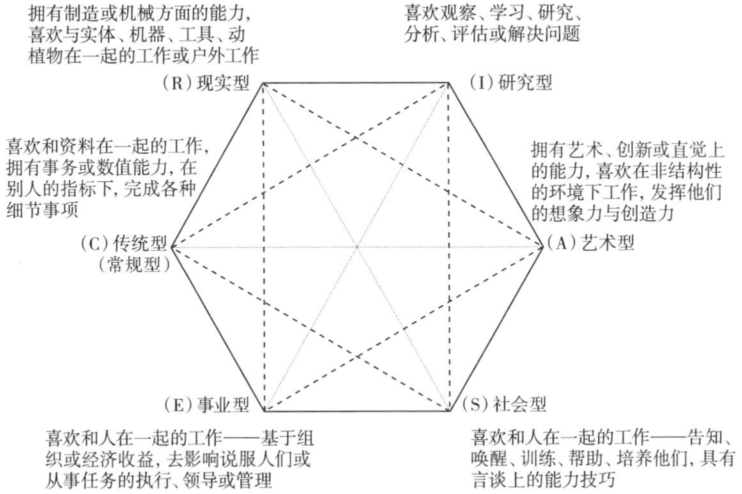

图3－6　霍兰德职业兴趣六边形

每种类型的关键词

现实型：干吧！

研究型：好好想想！

艺术型：创造！

社会型：分享吧！

事业型：开始吧！

常规型：坚持就是胜利！

从霍兰德的职业兴趣六边形图上我们可以看到，各个类型之间的距离有长有短，这从一定程度上说明了类型之间关系的远近。一般说来，距离越近，说明两个类型之间的相关程度越高；反之就越低。此外，现实生活中个人往往表现为某个类型倾向，或是偏向于某个类型，或是置于某两个类型之间。职业环境也是如此。

自该理论诞生以来，数十年来，已经得到了广泛应用，研究者众多。下面我们分别对每种类型从性格类型、工作态度、工作兴趣、工作技能、学习范畴、职业环境及职业领域等七个方面用列表形式进行介绍。

表3－8　R现实型分析

性格类型	富有技术能力，喜爱具体的行动。处理人际关系或与人交涉的技能较弱。重视权利、金钱的价值，性格上有内向、顺应等倾向。 他们认为自己讲求实际、好动、注重现实、可靠、表现稳定、有耐力、不喜欢拐弯抹角、做事态度诚实及价值观偏向保守
工作态度	他们喜欢直接，不喜欢花太多时间用于讨论，宁愿亲身去尝试，只要他们有足够的信息，他们会偏向实时动手，不介意单独工作，但他们需要清晰的指引及稳定的工作环境
工作兴趣	这类型的人喜欢技术性和体力性的工作，喜欢运用工具或操作机器，或从事与动物有关的工作。 一般来说，他们都避免教学、辅导、护理及提供数据等社交活动。 他们重视眼看得见、手摸得到、有实际用途的东西，像可以养的动物、可以种的植物或一些可以建造或改良的东西，亦偏向户外的工作
工作技能	手工艺技能、维修技能、操作机器技能、体力性强
学习范畴	建筑、工程、农务管理、手艺有关的学习
职业环境	机械性、技术性、实际操作性、解决具体问题的
职业领域	代表性的职业有：需要熟练技能的职业、动物管理方面的职业、机械管理方面的职业、生产技术方面的职业、手工艺技能方面的职业、机械装置与运转方面的职业等。 如：领航员、生态导游、机器工程师、飞机机械师、木匠、农民、鱼类和野生动物学家、面包师傅、自动化技师、机械工（车工、钳工等）、电工、火车司机、长途客车司机、机械制图员、修理机器、器械维修员、文员

表3－9　I研究型分析

性格类型	他们认为自己思想精密、逻辑思维能力强、看重理性、对事物好奇、有很强的分析能力，独立处事、善于抽象思考，自信，谨慎，偏爱对事物构成的理解，是一个实际解决问题的人。 在回避社交性方面与现实型有质的区别。性格上具有分析性、深思熟虑、合理、内省等倾向
工作态度	比较喜欢独自工作，工作前一定要掌握足够资料才会作出决定，亦十分重视决定的原因及思考方法。厌恶需要劝说和缺乏挑战性的活动

续表

工作兴趣	以调查研究为主的研究性、探索性的工作，这一领域的职业兴趣倾向表现为：对抽象概念具有强烈兴趣，喜欢理论思维或偏爱数理统计工作，有明显的科学倾向，喜欢对各种现象进行观察、分析和推理，进行系统的和创造性的探究，以求能发现新的事实或提出新的理论。① 一般来说他们都避免去领导人、说服人买他的东西或接纳他的想法
工作技能	数据重整的技能、阅读能力、研究技能、公开演说技能、概念性具体化技能、分析能力、复杂的计算技能。他们擅长理解和解答科学和数学的问题
学习范畴	生物科学、计算机科学、物理、化学、地理学、数学、经济、统计学
职业环境	需要用缜密、理性研究的能力与智力解决问题的
职业领域	代表性的职业领域：自然科学研究、情报处理、社会调查、医学及数理统计的职业等。 如：数据分析员、科学家、经济学家、统计员、牙医、实验室技术员、验光师、气象学者、生物学者、天文学者、药剂师、化学家、科学报刊编辑、地质学者、植物学者、物理学者、数学家、科技人员、科技工作者

表3-10　A艺术型分析

性格类型	想象力丰富，具有独创性，有优秀的艺术能力与感受力，追求美的价值。 性格上有强烈地彰显自我主张的倾向，不喜欢规则性、组织性的约束，自我制约能力稍差，情绪表现趋向自由等倾向。 很重感觉、创意、表达、想象、直觉性思考、独立，可能会有点完美主义，思想包容性强人、前卫，易于接受新的事物
工作态度	他们做事不会墨守成规，往往喜欢以新的角度、新的方法思考，喜欢转变及挑战冒险，倚重直觉及想象力办事，不喜欢受束缚，追求足够的自我空间去发挥创作
工作兴趣	以文化艺术为对象的创造性的工作活动，这一领域的职业兴趣倾向表现为：对艺术、戏剧、工艺、美术、舞蹈、音乐或文学创作等有强烈的兴趣，独创性、想象力倾向明显，重视自己的感性。 他们一般来说都避免一些很有条理和重复性的活动
工作技能	创意能力、艺术天分、表演能力、色彩的敏感力、线条的掌握、审美能力、能紧贴潮流趋势
学习范畴	设计、与艺术有关的科目、文学、新闻传媒、建筑、摄影

① 李永鑫. Holland职业兴趣理论及其中国化研究[J]. 华北水利水电学院学报(社科版), 2003,19(3).

续表

职业环境	没有束缚的、能发挥创造力的空间
职业领域	代表性的职业有：美术雕刻以及工艺设计、舞蹈演出、文学创作、音乐等方面的职业。 如：建筑师、舞蹈家、艺人、摄影师、设计师、音乐家、室内装饰专家、图书管理专家、音乐教师、作家、演员、记者、诗人、作曲家、编剧、雕刻家、漫画家

表 3－11　S 社会型分析

性格类型	有说服教育人的能力，乐于接触人，能维系良好的人际关系，并具有保持这种关系的较好技术。重视社会性、道德性活动的价值。性格上有善于协调、责任感强、亲切等倾向。 开朗、友善，给人温暖的感觉，懂得关心别人，易与人合作，社交生活很好，富有同情心，有教导能力，乐于助人，很有耐性及体谅他人
工作态度	他们比较喜欢团队性的工作，工作前要有充足数据才开始，喜欢与别人沟通之后才进行工作，希望在工作上能帮助到别人
工作兴趣	接触人、为人服务的工作活动，这一领域的职业兴趣倾向表现为：对教育人、援助人，解决社会问题、个人内心问题或教导的工作尤有兴趣。如教学、培训、教导、咨询辅导、治疗和提供数据。 喜欢参加与他人一起的活动，有理解他人、与人和睦相处的能力。 他们一般来说都避免操作机器、运用工具或利用动物来达到目的
工作技能	良好的沟通能力、聆听能力、耐性、说话技巧、教导能力、设计活动能力、领导及组织团体的能力、团队合作能力
学习范畴	教育、辅导、社会工作、幼儿发展、外语、心理学、社会学、宗教哲学、人际关系沟通
职业环境	需要服务能力的（对人、对社会）
职业领域	学校教育以及社会教育、社会福利事业、医疗保健以及各种直接为人服务的和商品营销等职业。 如：教师、幼儿护理、心理学家、咨询人员、辅导员、心理医生、社会学者、导游、福利机构工作者、社会工作者、社会科学老师、学校领导、精神病工作者

表 3－12　E 事业型分析

性格类型	富有表现力与指导力，期望权力和地位，重视政治、经济等方面成功的价值。性格上有积极的、社交性的、充满自信等倾向。 这类型的人喜欢领导和说服人，充满活力，乐观，爱冒险，活跃于社交圈子，外向，充满斗志
工作态度	喜欢领导别人工作，在工作范围中愿意承担领导的角色，他们有能力洞悉计划的全部，而能够带领队员逐步完成工作

续表

工作兴趣	提案策划、组织经营方面的工作。这一领域的职业兴趣倾向表现为：对扮演领导角色和从事冒险活动具有强烈的兴趣，喜欢从事领导他人实现组织目标或获取经济利益的活动。 喜欢制订新的工作计划、事业计划以及设立新的组织，并注意发挥组织的作用，他们喜欢说服别人买他们的东西或接纳他们的想法。 他们一般来说都避免做一些要求细心观察及动用科学性、分析性思维的活动
工作技能	公开演说技巧，行政管理能力，果断，说服技巧，管理人事的能力
学习范畴	广告设计、经济、财务、工商管理、酒店管理、公共行政
职业环境	需要计划、经营等有说服力、统率力的
职业领域	代表性的职业有：企业经营管理、广告宣传策划、新闻报道、财务管理等方面的职业。 如：政治家、推销员、采购、零售商、旅馆经理、饭店经理、行政经理、市场策划员、记者、公关、广告宣传员、调度员、律师

表3－13 C常规型分析

性格类型	具有事务性的、计算性的能力，重视形式与规则，喜欢组织与秩序，但缺乏艺术上的能力。 性格上有尊重规则、保守、慎重等倾向。现实、小心、仔细、保守、谨慎，服从性强，坚毅，做事有条理，尊重规则、按部就班
工作态度	这类型的人喜欢按着规律和秩序处理数字、记录或机器，一般来说都避免一些内容不明确和缺乏组织的活动。他们认为自己做事有条不紊，跟着既定的计划做事会做得特别好
工作兴趣	重视并遵从固定的方式、规则与习惯的工作活动。这一领域的职业兴趣倾向表现为：喜欢干事务性的工作，重视规则与习惯，习惯根据他人的指示进行活动、对各种情况都能适应，工作仔细认真有毅力。 喜欢对数据资料进行明确、有序和系统化的整理工作，他们擅长有系统和有条理地处理书面记录和数字。比较看重商业和经济方面的具体成就。 力图回避模糊、不正规、非程序化的情景或探究性的活动
工作技能	对数字计算等有高度掌握，财政预算、档案处理及一些需要非常精密谨慎的工作技巧尤能掌握
学习范畴	会计、市场学、办公室管理
职业环境	需要服从规则与传统，且反复进行事务处理的
职业领域	代表性的职业有：办公室事务、财务经理事务、警备保卫、编辑校对等方面的职业。 如：记账员、会计、银行出纳、法庭速记员、成本估算员、税务员、核算员、打字员、办公室文员、统计员、计算机操作员、秘书

霍兰德职业兴趣理论是我们进行职业选择的重要辅助工具。因为最为理想的职业选择就是个体能找到与其人格类型重合的职业环境，这称为一致性。一个人在与其人格类型相一致的环境中工作，容易感到乐趣和满足，最可能充分发挥自己的才能。

生活中有大量生动鲜活的例子，可以让我们看到霍兰德六角形理论的实用性和有效性。这里我们选了几个基于兴趣而进行职业选择和调整的范例，相信一定会对你有所启示。

范例一：以色列刚建国的时候，以色列总理本·古里安曾力邀爱因斯坦回国担任总统，结果被爱因斯坦断然拒绝了。

爱因斯坦是这样回答以色列大使的："大使先生，关于自然，我了解一点，关于人，我几乎一点也不了解。我这样的人，怎么能担任总统呢?"可见，睿智的爱因斯坦显然很清楚，自己这个典型的研究型（I型）的人并不适合从事总统这个典型的事业型（E型）职业。我们知道，事业型（E型）和研究型（I型），在霍兰德六角形上，刚好处于相对的位置。所以，尽管总统声名显赫，为众多人所瞩目和追逐，但并不适合爱因斯坦来做。

范例二：18岁时，撒切尔夫人考上了著名的牛津大学。她的志愿原本是法律，结果却被化学系所录取，和中国的很多大学生一样，她也经历了一次专业调剂的无奈。毕业后，她找到的第一份工作是在一家航空公司从事试验分析工作，后来又转做食品研究的化学师。这些研究型（I型）的职业，对撒切尔夫人这个典型的事业型（E型）的人来说，无疑也是非常不合适的。如果她一直做化学师的话，很可能终生碌碌无为、一事无成。幸运的是，两年后，年轻的撒切尔夫人果断转身，参加了议员竞选，1959年她当选为保守党下院议员，从此走上适合自己的从政之路，并最终成为英国历史上第一位女首相、叱咤政坛的"铁娘子"。

范例三：好莱坞著名的性感女神玛丽莲·梦露，婚后找到的第一份工作，是在一家军工厂的降落伞包装车间从事折叠、包装降落伞的机械劳动。对于她这个典型的艺术型（A型）的人来说，干这种刻板、机械的常规型（C型）工作，实在是一件很痛苦的事。

1946年，玛丽莲·梦露毅然辞职，到20世纪福克斯影片公司去应聘。福克斯公司的大老板达里尔·弗叶纳克对她的评语是：“简直妙不可言！”马上拍板雇用。玛丽莲·梦露从此走上了适合自己的演艺之路，并最终红遍全世界，直至今日依然是许多男人的梦中偶像。

3.2.3 发现你的兴趣

最重要的就是去做你真正想做的事情，跟着兴趣走。

——姚明（中国篮协主席，世界篮球巨星）

我们探讨职业上的兴趣，不仅职业兴趣本身可直接帮助到我们，很多时候，生活中的兴趣也可直接作用于我们的职业生涯。所以我们要进一步发现你生活中的兴趣都有哪些。

一种兴趣的形成，本身是有一个过程的。兴趣的发展一般会经历有趣、乐趣、志趣三阶段。对于职业活动，往往从感到有趣的职业活动开始，在实践中逐渐产生工作乐趣，进而与自己的奋斗目标和志向相结合，发展成为志趣。到了志趣阶段，兴趣就会表现出方向性和意志性的特点，使人坚定地追求某种职业，并为之尽心尽力。

了解了兴趣及其对我们的巨大价值后，我想你一定很迫不及待地希望把自己的兴趣找出来了。下面我们就来从几个方面一起寻找一下你的兴趣。

从生活兴趣到职业兴趣

好好想一下以下问题：

·你平时把时间都花在哪里了？

·在你做过的所有事情中，你认为做什么事情最有乐趣？

·什么事情最能让你集中精神，或者说是激发你的想象力？

·平时你最喜欢学习什么？

这些事可能表现在日常生活中，也可能表现在工作学习中。对于这些问题，通常不同的人会有不同的回答。你只需要倾听你自己最自然的声音就好。

表3－14　生活中的兴趣分析表

序号	兴趣	表现与事件

表3－15　工作或学习中的兴趣分析表

序号	兴趣	表现与事件

兴趣，会让我们的生活很美好。我们知道，我们的职业生活要占到整个人生的一半以上时间，所以，能把兴趣转化为职业兴趣，是一件极具价值的事。但从一般兴趣到职业兴趣，这需要一个转化过程。并不是每个人都能了解其中的对应关系，或者是一些兴趣表面上看起来与职业毫无关联，但通过深入分析也还是可以找到其中的关联的。

和很多人一样，小莉对看电影很有兴趣。你可能会想，看电影只是很普通的兴趣，与什么职业有关系吗？如果非要关联的话，很多人会很自然地由看电影想到演员、导演或是编剧什么的。不过事实上，电影可涉及的职业要比你想的多得多。比如影评人，当然这意味着你要看很多部电影。

也可能是研究员（尤其是历史片）、室内设计师（设计拍摄场地）、土木工程师（建造拍摄场景）、美工（布景）、服装师、发型师、摄影师、灯光师、混音师或是音乐合成、作曲、特技、剧务、私人助理（为导演或演员服务）、秘书、宣传等。这些都可能会构成职业上的关联，而且如果条件合适的话，很有可能由兴趣转化为一种职业活动。

小莉很喜欢动物，驯养宠物很有一手。这样，如果我们把小莉的看电影和驯养宠物两个兴趣结合起来考虑，那么小莉可能通过职业规划师的辅导，在电影业做一名动物训练员。在很多需要动物的电影中，都可以看到她的杰作。她工作得很有乐趣，很有成就感。

或许，你也对看电影很有兴趣，但却对上面所提的都不感兴趣，怎么办？噢，请先别急。再想一下，什么样的电影会吸引你？从电影中你都得到了什么？当我们不断地深度挖掘时，就可能会看到让人欣喜的结果。

下面我们就按上述思路来整理一下你的兴趣。请你按兴趣度由高到低依次列出三个兴趣点，然后想一想，这些兴趣可以和哪些职业关联，它们是什么，请填写到表3－16中。

表3－16 兴趣向职业的转化

序号	兴趣	关联职业

职业兴趣不清晰怎么办

在我们的职业规划咨询实践中，经常有客户会说，我也不知道对什么有兴趣，好像就没什么兴趣。怎么办？

需要明确的是，在我们国内当前的教育体制下，这种情况其实很正常，也比较普遍。所以不用担忧——其实很多人都和你一样。当然，从事你有兴趣的职业，工作起来自然很轻松，也很愉悦。但并不是说没发现明确的兴趣工作就做不好。任何兴趣都有一个养成的过程。所以，如果没什么特别有兴趣的，或是兴趣不明确的，我们可以有意识地逐渐培养出自己的兴趣来。

首先要有浓厚的好奇心。对于未知的事物应该付诸行动去接触它，像是电脑游戏很好玩，是怎么设计出来的呢？有的人对待工作得过且过，有的人却很努力负责，这是为什么呢？要消解这些疑问，只要一步步深入钻研，搞不好兴趣就这么产生了。

其次要主动学习。兴趣与个人的认识和情感密切相连。如果一个人对某项事物没有认识，也就不会产生情感，因而也就不会对它发生兴趣。相反，认识越深刻，情感越丰富，兴趣也就越深厚。例如集邮，有的人对集邮很入迷，认为邮票既有收藏价值又有观赏价值，它既能丰富知识又能陶冶情操，而且收藏得越多，越丰富，就越投入，情感越专注，越有兴趣，慢慢就会发展成为一种爱好。而当你对整个集邮活动理解很深刻后，很有可能就成为集邮方面的专家。要想对某种事物认识深刻，就必须深入学习。随着社会分工越来越细，知识门类越来越多，知识掌握也越来越专门化。各类培训班的存在为我们有效养成某种兴趣提供了便捷的途径。

最后要持之以恒。有人吉他弹得很好，但若半年不弹，技巧肯定退步。同样的道理，要培养一份兴趣，也要不断去熟悉它，渐渐地让它成为生活的一部分，每天碰一点，久了自然会成为一种习惯，如果只是选择性偶尔玩一下，那是很难变成兴趣的；许多男生喜欢打篮球，只要一天没打，就会全身不得劲，那是因为篮球已经是他们生活中的一部分，戒不掉了。有的人对公众演讲很感兴趣，那就需要不断练习，久而久之水平就上来了。当然你可能会说平时工作很忙，没时间练，慢慢淡下来，结果就是只能停留在欣赏别人或是羡慕别人的份儿上了。

深入研究也是培养兴趣的要素之一，假使你每天固定一小时玩计算机，但只是随便消磨时间，没有设定一个目标来研究，也是引不出兴趣来的，不过是不断地重复动作罢了。但如果你锁定一个主题，譬如计算机绘图软件的认识，有了深入研究的方向，不怕问题难，越难越便于鼓起勇气，一层一层地往前追，一定就像倒吃甘蔗般，滋味越来越甜美。

除此之外，找朋友也是很重要的。一些行业性的沙龙、校园的一些社团，都为志趣相投的人们共同学习创造了很好的条件。因为一个人即使对某样活动兴致满满，也会有停摆的时候，此时，朋友就可从旁鼓励协助，而且，如果朋友是比你厉害的角色，还可能激励你更上一层楼。

关于兴趣的底线

美国石油大王洛克菲勒给儿子的信里提到了“天堂与地狱比邻”的比喻，在信中，他告诫自己的儿子：“如果你视工作为一种乐趣，人生就是天堂；如果你视工作为一种义务，人生就是地狱！”

西门子公司有这样一句格言：请愉快地工作，哪怕是假装的。

与其把工作当成痛苦，不如当作兴趣，尝试着去快乐地工作，同样一件事情，当你换一种心态面对的时候，也许情形就有天壤之别了。

今日思考

系统要素	思考要点
性格	我是什么样的性格，我的性格适合什么工作，不适合什么工作？ MBTI 类型及其关联职业有哪些？
兴趣	我曾经感到最愉悦的工作是什么？ 在我所经历过的工作和事情中，最吸引我的是什么？ SDS 结果及最适合的职业是什么？

第4天

倾听心声 “谋”出伟大使命

一个人生命中最大的幸运，莫过于在他人生途中，即年富力强时发现自己生活的使命。

——斯蒂芬·茨威格（奥地利著名作家）

我们了解了性格、兴趣，同时需要探索你的价值取向，思考真实的需求，进而发现你的人生使命，这些会与我们在社会中所扮演的角色相互作用。今天我们将带着大家立足现实的生活，来透视未来的自己。

4.1 人生需求：你为什么而工作

我们时常听到这样的声音：我要加薪，我要买房，我要安全感，我要升职，我要实现自我的价值……每个人都有自己的需求，为了满足种种需求而工作，而奋斗。

一个人为什么要工作？有的人是为了通过工作获得某种实际的奖赏，如金钱和声望；也有人会为了乐趣而工作；还有人会为了实现自我价值而工作。比如在社交场合，人们在互报姓名和来自哪里后，往往会特地告诉对方自己所从事的职业。很显然，人们工作是因为工作可以满足特定的需求，而且每个人的动机是不一样的。

4.1.1 人生需求的八个层次

人的需求多种多样，不同的需求又是有层次结构的。美国社会心理学家亚伯拉罕·马斯洛曾经将人的需求划分为五个层次，依次是生理的需求、安全的需求、情感的需求、尊重的需求和自我实现的需求。马斯洛在晚年对这个理论进行了扩展研究，在他去世后，他的学生将这些研究成果发表出来，即人生需求八层次理论。这个理论将人的需求层次从低到高分为：生理需求、安全需求、爱与归属的需求、尊重需求、认知需求、审美需求、自我实现的需求以及天人合一的需求。这个理论在心理学和管理学界广为传播并占据着重要地位。

现在我们通过对这八个层次的了解来帮助你探索内在需求。

（1）生理需求

人刚出生时需要呼吸、食物、睡眠，也需要被抚摸、照护、休息等，长大以后还有性的需求等，这些都是人正常的生理需求和生存需求，是人类维持自身生存的最基本要求。如果这些需要（除性以外）任何一项得不

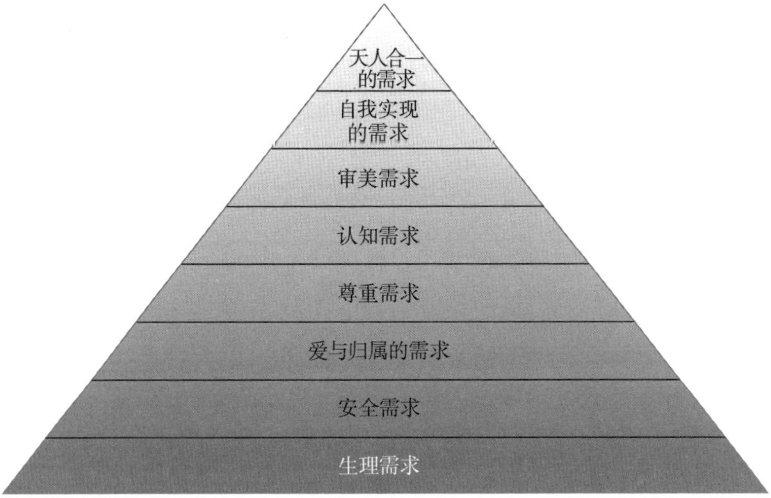

图4－1 马斯洛人生需求八层次理论

到满足，人类个人的生理机能就无法正常运转。换而言之，生理需求得不到满足，人类的生命就会因此受到威胁。在这个意义上说，生理需求是推动人们行动最首要的动力。

（2）安全需求

人在安全方面的需求包括人身安全、健康保障、资源所有性、财产所有性、道德保障、工作职位保障、家庭安全。马斯洛认为，整个有机体是一个追求安全的机制，人的感受器官、效应器官、智力和其他能量都是寻求安全的工具，甚至可以把科学观和人生观都看作满足安全需要的一部分。当然，当这种需要得到相对满足后，也就不再成为激励因素了。

以上两个需求通常是大部分人工作的最基本动机。人们需要通过某种职业或工作获得物质上的报酬，来满足生存的基本需求。人们需要高薪，独立的工作空间，少加班，独立的住房；人们也需要医疗保险、安稳的工作环境、基本的生活保障等。

在当前就业形势比较严峻的背景下，一些人倡导先就业再择业，一些求职者也会抱着先找份工作再说的心理尽快找到一份工作，这很大程度上都是因为这两个层次的需求需要率先得到解决。

(3) 爱与归属的需求

这一层次包括友情、爱情、性亲密。人人都希望得到关心和照顾，需要找到认同自己的团体。在工作场所，人们需要能与同事融洽相处，经常搞些聚会、活动，使公司内部气氛和谐。如果一个人在企业内经常被排挤，同事间的活动没他的事，公司内部的很多消息他是最后一个知道或是不知道，那么情感与归属感就很差，这样的工作也不容易长久。

(4) 尊重需求

人人都希望自己有稳定的社会地位，能得到社会的承认。尊重的需要包括自我尊重、信心、成就、对他人尊重、被他人尊重。又可分为内部尊重和外部尊重。内部尊重是指一个人希望在各种不同情境中有实力、充满信心、能独立自主。总之，内部尊重就是人的自尊。外部尊重是指一个人希望有地位、有威信，受到别人的尊重、信赖和高度评价。尊重需要得到满足，能使人对自己充满信心，对社会满腔热情，体现自己活着的用处和价值。

在职场，真正的尊重来自你在工作上的优秀表现。通常只有你对自己的工作感到满意，并做出显著成绩来，尊重的需求才会得到满足。

(5) 认知需求

人有着要弄清楚事情的前因后果、来龙去脉，了解历程、方法和答案的欲望。人不但要做事，还要弄明白为什么要去做，如何做好；如果结果不好，原因是什么，到底怎样做才能做好；等等。这时候，我们会产生非常强烈的认知愿望。

通过认知，人们会更了解所从事工作的性质、特点及流程，同时也会在对工作的认知中，形成对自己职业的认知，也会让人们更加清晰地了解自己的职业定位和职业需求。

(6) 审美需求

人不但要做事，还要做得漂亮和完美。在满足基本需要的情况下，人们在完成一项工作后，都希望得到他人的赞赏，从而产生一种愉悦的心理体验。对美的需求不仅是穿漂亮得体的衣服、脸上化些妆等这些表层的需求，还有更深层的需求。比如，作曲家希望别人听完他创作的曲子之后说：“这是谁的曲子？这么好听，简直是余音绕梁三日不绝！”建筑设计师希望别人看到自己设计的高楼大厦时发出感叹：“啊！真是经典之作！”普通员工也是如此，当他完成一项工作后，希望他的上级和同事对他的工作成果给予认可，并欣赏他在工作中所表现出来的专业能力和合作精神。如果一个人对审美需求很强烈，这种需求也会转化为对文学艺术类职业的倾向，如音乐、作曲、表演、绘画、艺术设计等。

（7）自我实现的需求

自我实现是指充分发挥自己的潜能，实现自己的理想目标。自我实现就是把美好的理想变成现实。它是实现个人理想、抱负，发挥个人的能力到最大程度。达到自我实现境界的人，接受自己也接受他人，自觉性强，解决问题能力增强，善于独立处事，完成与自己的能力相称的一切事情。

也就是说，人必须干称心的工作，这样才会使他们感到最大的快乐。人们需要在工作中体现自己的责任感，与上下级充分沟通，充分参与重要的决策。自我实现的需要是在努力发挥自己的潜力基础上，使自己越来越成为自己所期望的人物。

（8）天人合一的需求

人生需求的最高层次是达到天人合一的境界。“天人合一”指的是认识客观规律、遵循客观规律、利用客观规律、按照客观规律去做事。唯有如此才能随心所欲、不逾矩。“天人合一”的境界如同老子形容大地一样，大地养育万物但不据为己有，不为己生、不为己灭，天地之所以长久。当达到“天人合一”的精神境界时，人会有一种复归自然或与自然合一的欢乐情绪。

在自我实现和天人合一的阶段，人们会体验到“高峰经验”（Peak Experience），它是属于超个人或灵性的经验。处于高峰经验时，个体能够超越自我，进入忘我、无我的境界，超越时空，达到天人合一、遍及宇宙的神圣、愉悦、满足感，并能改变个体的人生观。如果一个人在从事某种工作或职业时，能够体会到“高峰经验”，那无疑他是幸福的。

各种需求层次之间存在以下的关系和特点：

（1）各层需求之间不但有高低之分，而且有前后顺序之别；通常只有低一层需求获得满足之后，高一层的需求才会产生，也有例外情况。例如：创造思维强烈的人的创造需求比任何其他需求都更为强烈，也有些人的价值观和期待值特别强烈，以致他们宁愿死也不放弃理想。

（2）一般来说，某一层次的需要得到相对满足后，就会向高一层次发展，更高的追求就成为驱使行为的动力。相应地，获得基本满足的需要就不再是一股激励力量。

（3）同一时期，一个人可能有几种需要，但每一时期总有一种需要占支配地位，对行为起决定作用。任何一种需要都不会因为有更高层次需要而消失。各层次的需要相互依赖和重叠，高层次的需要发展后，低层次的需要仍然存在，只是对行为影响的程度大大减小。

（4）八个层次的需求中，较低的前四层称为基本需求（Primary Need），都是由于生理上或心理上有某些欠缺而产生，故又称匮乏性需求。较高的后四层称为成长需求（Growth Needs）。两类需求交互作用。

那么，你的主要需求是什么呢？

4.1.2 最底层的动机

与马斯洛所提的以探寻自我实现为最高需求动机不同，荣格《心理类型学》的出现，为人们对需求和行为动机的理解提供了一种全新视野。荣格认为，人与人之间存在着本质的差异。人有多种本能——荣格将这些本能称为“原型”——这些本能就是鞭策人们各种行为的内在驱动力，而各项本能之间是一种完全平等的关系，没有哪种本能比其他本能更重要。而真正重要的就是我们对于“内向”和“外向”两种心理态度的一种天生的倾向性，以及我们在面对思考、情感、实感、直觉“四种基础心理功能”时所表现出来的对某一功能的偏好。

回顾一下人格的16种类型，你就会发现，每一种类型都有其独特的追求和根本需求。如ISFP型人需要通过行动（而非语言）来表达炽烈的情感；ESFJ类型的人需要通过直接合作以切实帮助别人。可以说，16种性格类型就是16种动机模式。

4.1.3 探索更具体的需求

现代人的生活太忙碌了，忙得我们都没时间思考自己在忙什么，到底什么才是自己真正想要的生活。下面这些问题进一步帮助你认清你的需求。

（1）我当前的薪水________，我期望的薪资水平是________

（2）我理想的职级是________

职位层级反映你在一个机构中承担的责任大小。

□老板/董事长（这意味着你需要自己创业）

□CEO/CFO/CTO……（有强烈的管理欲望，也有较高的管理能力）

□经理或中层管理人员

□部门负责人

□部门成员

□与其他人进行团队合作的人

□独立工作的人

□技术专家

□基层工作者

（3）我当前的需求有________

（4）以上需求中最重要的是哪些？在哪些职业领域可能实现它？

4.2 职业与生命主题的价值排序

生命有限，人们想要的很多，但你无法兼顾。有限的时间需要放在最重要的事情上。那么什么才是你真正重要的事呢？

一位患心脏病的公司老板谈起他的感受。因为病情突变，他住进了医院的病危观察室。脱险后朋友问他，一个人孤独地住在病房里，想了些什么？他沉吟了一会儿说，想得最多的是，要把人生中最重要的事儿和一般的事儿分开，先做那些重要的事情。朋友追问，你生命中最重要的事是什么呢？这位老总答道：和我的家人在一起。

什么是生命中最重要的事呢？也许是事业有成，也许是周游世界，也许是孝顺父母，也许是舍己为人，也许是永远探索，也许是安分守己……每个人都会有自己的答案。[①]

4.2.1 价值观的含义

价值观是指个人对客观事物（包括人、物、事）及对自己的行为结果的意义、作用、效果和重要性的总体评价，是对什么是好的、是应该的总看法，是推动并指引一个人采取决定和行动的原则和标准。简单来说，价值观是人用于区别好坏、分辨是非及其重要性的心理倾向体系。人们的价值观一旦形成，便是相对稳定的。它使人的行为具有稳定的倾向性。由于环境的改变、经验的积累、知识的增长，人们的价值观也有可能发生变化。人不同于动物，动物只能被动适应环境，人不仅能认识环境，还能改变环境。这些都是受每个人的价值观支配的。

价值观是一种内心尺度。它凌驾于整个人性之上，支配着人的行为、态度、信念、理解、生活目标和追求方向等，支配着人认识世界、认识自我、自我定向、自我规划等；也为自认为正当的行为提供充足的理由。价值观决定、调节、制约个性倾向中的低层次需要、动机和愿望等，它是人的动机和行为模式的统帅。人的价值观建立在需求的基础上，一旦确定则反过来影响人进一步的需求活动。[②] 人们对各种事物，如学习、劳动、享受、贡献、成就等，在心目中存在主次之分，对这些事物的排序构成一个人的价值观体系。

价值观在职业生涯上的作用表现为职业价值观。舒伯认为，职业价值观是个人追求的与工作有关的目标，从事满足自己内在需求的活动时所追求的工作特质或属性。价值观在人们的生涯发展中往往起到极其重要的决定性作用。一个人越清楚自己的价值观，越了解自己在工作和生活中想要

---

① 毕淑敏．梳理生命之序[J]．中学生读写，2005(4)．

② 王世凤．党的群众路线教育实践的积极心理学视角[J]．中共四川省委省级机关党校学报，2014(1)．

寻求什么、什么对自己来说是最重要的，他的生涯发展目标也就越清晰。

由于个人的身心条件、年龄阅历、家庭影响、教育状况、兴趣爱好等方面的不同，人们对各种职业有着不同的主观评价。各种职业在劳动内容、难度、强度、条件待遇、所有制形式和稳定性等诸多问题上，都存在着差别。再加上传统的思想观念等的影响，各类职业在人们心目中的声望地位便也有好坏高低之分，这些评价形成了人的职业价值观，并影响着人们对就业方向和具体职业岗位的选择。

价值观决定了哪些因素对你是重要的，哪些是不重要的；哪些是你优先考虑和选择的，哪些不是。哪个职业好，哪个职位适合自己，从事某一项具体工作的目的是什么，这些是职业价值观的具体表现。在许多场合，我们往往要在一些得失中作出选择，例如，是要舒适但挣得少的工作还是要忙碌但高薪的工作，是要成就一番事业还是要平平安安地生活，当两者发生矛盾冲突时，最终影响我们决策的关键因素是职业价值观。

4.2.2 十三种职业价值观

对职业价值观种类的划分有多种方式。这里我们基于舒伯的价值观分类法将人的职业价值观分为13种类型，各类型及其基本含义见表4－1。

表4－1 舒伯十三种职业价值观

利他主义	总是为他人着想，把直接为大众的幸福和利益服务作为自己的追求
审美主义	不断地追求美的东西，得到美感的享受
智力刺激	不断进行智力开发、动脑思考、学习和探索新事物，解决新问题
成就动机	不断创新、不断取得成就、不断得到领导和同事的赞扬或不断实现自己想要做的事
自主独立	能够充分发挥自己的独立性和主动性，按自己的方式、想法去做，不受他人干扰
社会地位	所从事的工作在人们的心目中有较高的社会地位，从而使自己得到他人的重视与尊敬
权力控制	获得对他人或某事的管理权，能指挥和调遣一定范围内的人或事物
经济报酬	获得优厚的报酬，使自己有足够的财力去获得自己想要的东西，使生活过得较为富足
社会交往	能和各种人交往，建立比较广泛的社会关系网，甚至能和知名人物结识

续表

安全稳定	希望不管自己能力怎样，在工作中要有一个安稳的局面，不会因为经济环境、行业更迭、领导调换等而经常提心吊胆、心烦意乱
轻松舒适	希望将工作作为一种消遣、休息或享受的形式，追求比较舒适、轻松、自由、优越的工作条件和环境
人际关系	希望一起工作的大多数同事和领导为人随和，相处在一起感到愉快、自然
追求新意	希望工作的内容经常变换，不断有新挑战，使工作和生活显得丰富多彩，不单调枯燥

在第3天中，我们在进行霍兰德职业兴趣测试时，也有涉及职业价值观，在这个量表中，我们把职业价值观分为了9种更加精简的类别。

（1）工资待遇高、福利好；

（2）工作环境（物质方面）舒适；

（3）人际关系良好；

（4）工作稳定有保障；

（5）能提供较好的受教育机会；

（6）有较高的社会地位；

（7）工作节奏宽松、外部压力小；

（8）能充分发挥自己的能力特长；

（9）社会需要与社会贡献大。

为更好地理解我们的职业价值观，我们可以把不同职业价值观的内容加以归结，根据它们所体现的主要方面，来确定自己的职业价值观中主要的因素是什么。我们可以把这些因素总结为三类：

第一，发展因素。包括符合兴趣爱好、机会均等、公平竞争、有挑战性、能发挥自身才能、工作自主性大、能提供培训平台、晋升机会多、专业对口、发展空间大等，这些职业要素都与个人发展有关，因此称之为发展因素。

第二，保健因素。包括工资高、福利好、保险全、职位稳定、工作环境舒适、交通便捷、生活方便等，这些职业要素与福利待遇和生活有关，因此称之为保健因素。

第三，声望因素。包括单位知名度、单位规模和权力范畴、行政级别和社会地位等，这些职业要素都与职业声望地位有关，因此称之为声望因素。①

职业价值观是一个复杂的多维度的心理因素，对职业的选择和衡量需要综合考虑多种要素，但各要素起的作用大小是不同的。从当前的实际来看，白领阶层的职业价值观越来越重视发展因素，而对保健因素和声望因素的重视程度则因人而异，差别较大。

4.2.3 给你的价值观排序

通过以上的梳理，我们可以小结一下了，请在上述13种职业价值观中找出你认为最重要、次重要、次不重要和最不重要的项目。

最重要	
次重要	
次不重要	
最不重要	

4.3 发现你人生的伟大使命

现代管理学之父彼得·德鲁克每次对某一组织或个人进行辅导时，都会提出五个最基本的问题，这也是五个伟大的问题，甚至有人评论“即便是苏格拉底也没有提出过像德鲁克那样的问题”。其中第一个问题就是：你的使命是什么？德鲁克认为如果你不能把自己的最终目的表述清楚，那你就无法知道自己该往何处去或者如何到达目的地，这是一个前提。这个概念非常简单，但令人惊异的是，很多人从来都没有对自己或向他人表述过他们的使命。

① 凌文辁，方俐洛，白立刚．我国大学生的职业价值观研究［J］．心理学报，1999（3）．

德鲁克提出的五个伟大的问题

一、我们的使命是什么?	这是首要问题
二、我们的客户是谁?	客户包括公司的客户，你的老板，内部服务对象等
三、客户重视的是什么?	换位思考
四、我们追求的成果是什么?	阶段性成果，人生成果
五、我们的计划是什么?	系统的计划帮你达成目标

毋庸置疑，我们每个人来到这个世界上都是与众不同的，都担负着自己特定的人生使命。只是有的人觉悟得早，有的人发现得晚，甚至有的人一生也没摸清。

使命是我们存在于这个世界的理由和价值，即：想要成为什么样的人，为谁创造价值，以及创造什么样的价值。简单说，使命就是必须做的大事、一定要完成的任务。它是一个人灵魂中代表希望的灯塔，照亮了他去追寻实现目标的独特道路。

找到人生的使命，就仿佛启动了内心的核动力，你将充满激情和动力；你将孜孜不倦，无悔无怨地做着你所喜欢的事情；你将清晰洞见你的未来，并深信自己将迎来健康、快乐、富足、成功的一生，并且每天都享受着这种喜悦，因为你知道它必定属于你。

4.3.1 伟大使命成就伟大之人

人生的目的绝不只是“活着”。为活着而活着的人实际上只具有生物学上的价值。这样的人活在世上，只是在完成新陈代谢、生老病死的自然规律，与自然界的花开花落、草枯草荣没有什么区别。① 一个具有价值和

① 王运登，蒯凤枝. 当代大学生应该具有什么样的职业观[J]. 资治文摘(管理版),2009(1).

尊严的人就必须要知道他存在的意义，他工作与生活的目的和使命。如果人的一生完全不知道自己的使命就死去，那么就应该质疑他到底是谁，他来到世间是要做什么。

没有使命作为防护，人们会更容易受到外界的诱惑，常会把金钱作为终极目标，选择那些象征着身份和地位的目标。比如：“我想要成为CEO，拥有一座别墅，我还要一辆豪华型的跑车。”这些外在的东西，会让人沉沦堕落。这些是人们最初想要追求的东西吗？

当你已不再为生活所迫时，再让你为金钱去奋斗，你遇到挫败可能会后退，可能会放弃。而当你为了一个城市、一个国家甚至一个社会去背负起一份责任，带着一种使命真正去创一番伟大事业时，你会产生一种强大的内驱力。想到你要成就的事情，想到你所要服务的大众，你会为之振奋！不知疲倦，无视挫败，忘我工作，直到成功！你会发现，这个世界上那些伟大的人物，都有着明确的使命。让我们来看看，世界上最杰出的人，他们的使命是什么。

毛泽东的使命：铲除所有的不平等，让社会进入一个新时代。

袁隆平的使命：让所有人远离饥饿。

比尔·盖茨的使命：年轻时，以“让每一个家庭，每一张桌子上都有一台计算机”为自己使命，并为此而奋斗了几十年。2008年退休后，比尔·盖茨转而投入慈善事业，因为他要实现人生的另一个使命——“改善人类的生活”。

史蒂夫·乔布斯的使命：我们来到世间，就是为了在宇宙间留下不朽的印记。

零售业巨头沃尔玛公司总裁山姆·沃尔顿的使命：以最低的价格为社会大众提供最优质的生活用品。

软件银行集团董事长孙正义的使命：就像汽车的出现改变了交通工具一样，要让互联网改变人们的生活方式，让越来越多的人可以通过互联网，在世界上任何一个角落办公。

阿里巴巴马云的使命：让天下没有难做的生意。

百度李彦宏的使命：让人们最便捷地获取信息，找到所求。

……

如果你愿意的话，你可以列出更多成功人士的使命清单。你可能会发现，很多伟大人物的使命最终都成了一个团队的使命，那是因为伟大的使命可以号召人们、带领人们一起去追寻！正是因为他们的伟大使命才成就了他们生命的伟大。

4.3.2 找到人生使命

董仲舒说："天地之精所以生物者，莫贵于人。"人为万物之灵，集天地之精华、五行之灵气。每个人都带着特定的使命来到这个世界上。当我们找到了身为一个人的真正意义和使命后，我们的生命便不再是一场偶然，而是上天最伟大的创造和献给这个世间最美好的礼物！找到这个使命，你就可以把平凡的一生过得伟大。

当人们找到自己的人生使命的时候，与某种最基本的认同感、宗旨以及福祉相连，就会得到一种自我启示：真正的我是什么？我的一生真正想做的是什么？这也是许多成功的人都将找到使命的过程描述成一种顿悟的原因。

中国工程院院士、美国科学院外籍院士、联合国粮农组织首席顾问、全国政协十二届全国委员会常务委员……先后获得"国家特等发明奖""首届国家最高科学技术奖""共和国勋章"等多项国内奖项和联合国"科学奖"、"世界粮食奖"、马哈蒂尔科学奖等十多项国际大奖，80多年来，作为享誉世界的"杂交水稻之父"，袁隆平获得了无数荣誉与尊敬。而这都是因为他坚定不移地践行"让所有人远离饥饿"的伟大使命。人们不禁要问，袁隆平的使命是从何而来呢？他是如何找到自己的人生使命的呢？

其实和很多伟大的使命一样，袁隆平的人生使命，映照一个苦难的曾经。

袁隆平常常会想起1960年那场饥荒，他亲眼看到5个死人，有的是活活饿死的，有的是吃了观音土不消化撑死的。袁隆平说："那样的场景，我一辈子都不可能忘记，这也促使我不遗余力地研究杂交水稻。”

1962 年的春天，正值三年困难时期，袁隆平带着 40 多个农校的学生到黔阳县硖州公社秀建大队参加生产劳动。一天，正好碰到房东老向冒雨从另一个村子换回一担稻种。袁隆平从老向那儿了解到，那里是高坡敞阳田，谷粒饱满，产量高。1961 年用了从那里换来的稻种，田里的产量提高了，今年就没有吃国家的返销粮了。

面对饥荒，老乡们不是坐等国家救济，而是主动想办法提高产量，袁隆平很受感动。从这件事上，袁隆平得到很大启发：改良品种，提高产量，对于战胜饥饿有重大意义。他想，自己除了教好课，还要在农业科研上做出些成绩来，为老乡们培育出高产量的好种子。①

饥荒给袁隆平留下了刻骨铭心的印象，加上老乡的期待、祖国的需要促使袁隆平下定决心，拼尽毕生精力要用农业科技战胜饥饿。这时，袁隆平已经明确了自己的人生使命——让所有人远离饥饿。

多年来，不管是在培训课堂上，还是私下交流中，很多接触我的人都会好奇地问，为什么会选择职业规划这个事业，并且一干就是这么多年。仔细想来，可能几个字就能概括：使命使然！但我人生使命的发现也经历了一段特别的历程。

还在中学时代时，我就开始探寻人生的价值。开始时，和大多数同学一样，只知道我的一生应该做些对社会有益的事。但具体做什么，却说不出个子丑寅卯来。记得在高一时，每天中午在学校大门外都有位老先生在那儿摆旧书摊。我每天午餐前后都会去老先生那儿翻看旧书，然后有喜欢的就买下，那是一种乐趣。我对职业兴趣以及人生使命的理解，也就是在这期间得到启蒙。

旧书摊有旧书摊的好处，可以说五花八门、各时期的书都可能看到，而且你可以随意翻看。在所有书中，有两类书最能激发我的兴趣。一类是探索生命奥秘的；另一类是探索人生发展的。二者本质上都是探索人的奥

① 黄朝武．守望世界的“饭碗”[N]．农民日报，2008－11－13.

秘的。值得庆幸的是，20 世纪 80 年代的气功热留下了很多研究生命奥秘的好书，这些书在90 年代初都还能看到。所以很早我就照着书上介绍的方法练功了。对生命奥秘的探索兴趣，给我的中学和大学生活带来了特别的印记。偶然一次对人生发展的探索注定对我一生的发展产生巨大影响。

记得那是一个阳光明媚的中午，和往常一样，我吃完午饭后跑到书摊前，快速扫视眼前的一大片图书杂志，这时一本非常不起眼的薄薄的小开本图书跳入眼帘，书名叫《人性的弱点》。这个书名击中了我。老板还特别介绍说，这是80 年代的经典之作，上海出版的《五角丛书》，书虽然很薄，但内容绝对经典，非常值得一看的。老板说得没错，那是20 世纪最伟大的心灵导师、美国现代成人教育之父戴尔·卡耐基的著作。正是这本书，把我的人生指向了一个越来越清晰的方向。戴尔·卡耐基所从事的事业深深地吸引了我，原来世间还有这样的工作，在帮助他人成长的同时又成就了自己，这是多么神圣而伟大的事业！脑海中似乎有个声音在呼唤自己：我要成为像卡耐基那样的人。

虽然对卡耐基的事业充满向往，但在填报大学志愿时，对生命奥秘的探索兴趣仍然占了上风。苏州大学生命科学专业的描述吸引了我，我幻想着在这里能接触到我感兴趣的那类东西。可现实很无情，此“生命科学”非彼“生命科学”！面对高分子、基因、遗传等专业术语，再想想自己理解的像气功那样探索生命奥秘的东西，显然完全是两码事。很自然地，我将业余时间几乎全部投入了探索人生发展的兴趣上来。我学习了当时所有能接触到的戴尔·卡耐基的著作，选修了应用心理学，阅读了很多相关的书籍，梦想着能像卡耐基那样帮助很多人。为了追寻卡耐基的助人之路，我在职业生涯起步阶段，曾尝试着像卡耐基一样开设一个培训班来开始个人发展教育之路。但同时也感觉到美国式的助人方式对于中国人未必适用，应该有一种更适合中国人的方式来帮助人们成长。

大学毕业后，遵循着内心探索人生发展、希望助人成长的那条线，我分别从事了人事、培训、销售工作，工作地点也从苏州调到了上海。直到有一天，从报上看到有这样一种工作，人们可以凭着自己的兴趣和职场阅历为职场迷茫者指明方向、化解困惑，我立即眼前一亮，心中大喜，这或许就是我苦苦寻觅的东西！那时叫职业顾问，应该算是我国职业规划事业的萌芽吧。但现实让人激动，更让人失望。激动的是，我清楚地感到像这样通过个别辅导的方式为人指明方向、化解困惑是非常有意义的事，它应该比卡耐基的方式更适合中国人。我的兴趣领域和一直追寻的东西找到了具体的落脚点，而且我知道在发达国家在这方面已有很多的理论研究和实践。失望的是，纯粹的经验和说教产生的后遗症很多，而且一些从业者对利润的追求远远超过对助人本质的关注。这也激发了我对这个领域的本质的思考。

2002年，我非常幸运，先后结识了马士斌和王一敏等专家。马士斌老师是国内最早从事组织生涯管理的大学教授。王一敏老师是我国20世纪80年代出国学习职业咨询的仅有的三位专家之一，她是日本生涯教育学会（原日本进路指导协会）会长竹内教授的首位研究生，我国职业咨询领域的泰斗、奠基人，在日本和中国有深入的研究和实践成果。之后又陆续结识了一批很有实力的相关领域专家。在他们的帮助下，我充分认识到这个领域的本质——这是一门选择与形成个人自身的职业与生活模式的技术。其核心在于选定一个值得长期甚至是一生发展的职业领域，并通过有系统有组织地计划达成最终职业目标，这就是对职业生涯的规划过程，简称职业规划。我们发现，做好职业规划后，各种职场问题迎刃而解。

至此，我终于找到了人生发展这个兴趣的最佳落脚点——职业规划事业，虽然那时几乎还没人知道那是什么。这也让我越发感到基于中国的大环境，科学发展及推广这门学问的必要性和紧迫性。相对于英美日等发达国家从小学就开始的生涯教育，我们在从小学到大学的整个教育阶段对于进入职场后的生存和发展方面的教育几乎是空白。更重要的是在中国经济和社会快速发展的当下，人们普遍对职场的认知不足，对前途感到迷茫。这些都让我产生一个强烈的信念：我要把职业规划这个全新的事业做起来，并让每一个中国人从中受益。我知道，大学生需要它，职场人需要它，中国的发展需要它，这是现实赋予我的独特使命。于是我几乎把所有的精力都投入了职业规划技术的研究、实践和推广中。

多年的学习和研究让我深刻理解这是个专家型行业，从业者的专业化程度直接影响着行业的发展水平。于是我们组织了王一敏等一批实力派专家研发课程体系，希望通过系统的课程培养一批合格的职业规划师。我们的努力也得到政府有关部门的重视和大力支持，职业规划师培训项目被列入了上海市紧缺人才培训工程重点项目。再后来我们的培训体系被作为行业性标准，面向全国培养最优秀的职业规划专业人才。正如大家看到的，在向阳生涯所有同仁的多年努力下，我们已为全国包括海外华人培养了数以千计的职业规划师专业人才，他们接受了系统的专业训练，成长为真正实战型的专业人才，辐射全国，为数以百万计的职场人及在校学生提供专业帮助。

今天，职业规划的理念得到了更广泛的认可和传播，教育部也已把职业规划课程列入了大学生必修课，越来越多的人因职业规划而受益。但这仅仅是开始，社会各界的理解层次参差不齐，真正能掌握职业规划技术并做好的还很少。我坚信，会有越来越多优秀人士加入这个领域，为中国职业规划事业的发展壮大共同努力。本书也正是基于职业规划事业的推广考虑而诞生。对我个人而言，把职业规划事业传播开来，并发扬光大，让每一个中国人从中受益，这就是我的人生使命。如果我在有生之年把这件事做好，也就不枉此生了。

每个人找到自己人生使命的方式及时机都不相同。重要的是，你需要一颗积极探寻的心。当你努力做好眼前的工作，并探寻它能给这个社会带来什么的时候，或许这就是你人生使命的开始。

我们强调使命的价值，但并不是说一定要有人生使命才能做成一番事业。只要你能认定一件事，并全力以赴去为之努力，这就是走在了迈向成功的康庄大道上。

4.3.3 厘清使命的三个步骤

如何找到自己的人生使命呢？有两种方法：一是去发现，二是去创造。每个人来到这个世间都有其特殊的使命，就像史蒂夫·乔布斯所说的那样：“你的心知道方向和希望之所在。”关键就在于去发现。如果发现不了，就去主动创造出你的使命来！相信很多人的使命都是因人因事因时而创造出来的。比如马云提出的“让天下没有难做的生意，通过互联网让中小企业的生意变得越来越简单”，这个使命有可能是马云个人“心的方向”，也有可能是马云深刻理解了时代趋势，从而自主创造出来的。所谓时势造英雄。

我们分为三个步骤，来帮助你找到自己的使命：

步骤一：想一想，在你的生命中有哪些事情是你特别想做的，是你发自内心地想要实现的，只要一想到它们，你就会感到热血沸腾、兴奋无比。将它们逐一记录下来。

如果这些都不明显的话，那么思考一下我们的国家最需要的是什么。当你把个人的生命与祖国的盛衰联系在一起时，你会发现你有很多事情是需要做的。把国家的需要作为我们的使命，这是很有价值的想法。如在饥荒年代，战胜饥饿就是国家的需要。袁隆平发现改良品种，达到增产增收，就满足了战胜饥饿的国家需要。老一辈的很多人当年就是这么看待自己的使命的。

步骤二：回想一下，你的人生经历中，有什么事情让你有过高峰体验，你非常享受那件事取得的成果，并受到身边人的赞扬。

步骤三：明确你对世界的贡献和影响力。

请想象一下，你已经到了不得不退休的年龄。你已经不再年轻，你的白发越来越多了，皱纹也爬满了额头，腿脚也已经不再灵便。此刻你正坐在公园的长椅上慢慢回顾自己的一生。

- 在这一生中你都做了哪些事情？令你感到骄傲的事情是什么？
- 你对这个世界的贡献有多大？在这一生中，你帮助了多少人？影响了多少人？改变了多少人？
- 有多少人认识你，知道你的名字？他们怎样评价你？你的同事、朋友、家人又是怎样评价你的？

现在，时光流转，生命继续向前推进，你就要离开人世了。

- 现在的你有什么成就？你一生中引以为傲的事情是什么？人们会怎

样评价你？有多少人会愿意在你离世时为你送行？有多少人会觉得你的离开是这个世间莫大的损失？

· 在你死后有多少人会怀念你？他们为什么会怀念你？

· 时光继续向前推进，现在，你离开人世已经有50年了，还有多少人会记得你、怀念你？他们会怎样评价你？

经过以上三个步骤，你现在应该可以找到自己的使命了，懂得了生命的意义。可以想象得到，当你找到自己的使命时，该是怎样的喜悦与兴奋啊！这时，你会清楚地看到自己的未来，并清楚地知道自己所期待的结果就在那里！

我的使命是：______________________________。

今日思考

现在我们把第一系统中五大要素的分析结果再次梳理一下，看看这些结果中比较清晰的内在一致性有哪些，是否都指向了某一个职业方向，那是什么？

职业取向系统小结

系统要素	指向结果
性格	
兴趣	
价值观	
需要	
使命	

第一系统的整合结果：______________________________。

第 5 天

价值盘点
“谋”出商业价值

尽管我们常常谴责人类不了解自己的缺点，但恐怕也很少有人了解自己的长处。就像在泥土中埋藏着一罐金子，土地的主人却不知道一样。

——斯蒂芬·茨威格（奥地利著名作家）

每一种职业都是依托于特定的组织平台或特定的市场环境产生的。每一个职业人都需要思考一个问题——老板为什么要雇用你，为什么选择的是你而不是别人？为什么总会有一些人被动地离开那个熟悉的团队和环境？核心的原因在于，选择你是因为你可以帮助老板或团队创造相应的商业价值，放弃你是因为你所能创造的商业价值太低，或是因为你的存在而影响了整个团队的商业价值创造。**所谓商业价值，是指人在生产、消费、交易中的经济价值，通常以货币为单位来衡量。**我们的职业活动过程就是直接地或是间接地创造商业价值的过程。

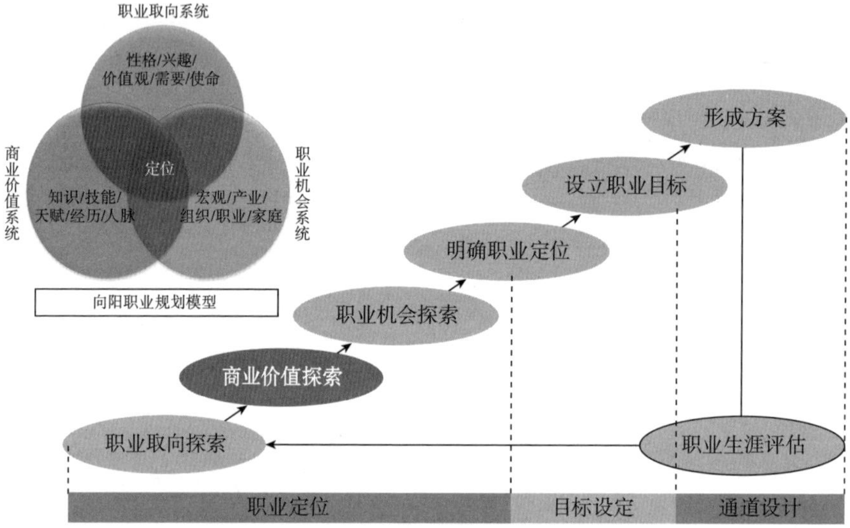

图5－1　向阳职业规划模型——商业价值系统

商业价值系统所分析评估的，是你是否有“能力”，并运用它为企业、为社会创造相应的商业价值。这个能力，就是才能和办事的本领。能力是我们能否胜任某个职位的关键所在。“能力”的大小直接影响活动效率的高低，关系活动能否顺利完成。它总是和人完成一定的活动联系在一起的。离开了具体的工作、具体的活动就没办法判断能力的大小，当然能力也得不到发展，体现不了商业价值。我们这里讨论的整个商业价值系统都属于这个范畴。

5.1 企业最关切的商业价值系统

一个科学可靠的职业规划，绝不能只是考虑你自己的内心取向，由着自己的爱好、心性来选择职业。在职场中，职业活动的本质是一种交换行为。你获得一份工作，并通过工作获得报酬、满足归属和个人发展等个人需求，同样，你也要满足用人单位所需，帮其创造商业价值。接下来我们就从用人单位的角度来探讨职业规划的第二个系统。

一个组织，特别是企业组织，之所以会聘用一个人，根本原因是你可以为它解决特定的问题，创造相应的商业价值，帮助它实现组织整体目标。所以，从企业的角度，在考虑一个人是否适合某个职位（职业）时，最关切的就是你解决问题的能力。我们把那些能帮助你在职业上直接创造价值的东西，称为商业价值系统。那么，构成商业价值的要素主要有哪些呢？下面我们通过企业的招聘实例来了解一下。

招聘实例1 这是DJI大疆创新官网上发布的一个职位招聘启事，工作地点在深圳。

职位	高级交互设计师
职责	1. 根据业务需求，提供完善的解决方案，交付高保真交互原型和交互文档； 2. 深入了解业务、用户、市场、趋势等信息，进行现有产品的调研测试和评估，提出改进方案，持续提升产品用户体验； 3. 与其他设计师、产品经理、运营、开发、测试等紧密协作，跟进方案执行落地； 4. 参与交互规范的制定，参与团队的专业化建设，提升团队专业水准
要求	1. 本科及以上学历，工业设计、人机交互、数字媒体、计算机、心理学等相关专业； 2. 3年以上交互设计工作经验，熟悉交互工作方法和流程，有用户研究相关经验与知识者优先； 3. 熟练掌握专业的设计原型工具，比如Axure、Principle、Flinto等，熟悉各大平台的设计规范； 4. 具有严谨清晰的逻辑思维和较好的沟通能力，做事认真细心

招聘实例2 阿里巴巴集团阿里云智能事业群的一则招聘启事，工作地点为北京/杭州/上海。

职位	WEB 音视频技术专家
职责	1. 负责 WEB 端 SDK、体验馆的开发和维护。 2. 负责阿里云播放器、云剪辑、云导播、直播推流等 SDK 的开发维护、性能优化，解决跨平台的兼容性问题。 3. Web 前端深度学习等前沿技术探索
要求	1. 扎实的 JavaScript 基础，熟悉原生 JS、HRML、CSS，熟悉 ES6 语法和面向对象编程。 2. 能独立开发高质量组件，至少掌握 REASTeact、VUE 等一种主流框架。 3. 熟悉 GRUNT、WEBPACK 等前端工程工具。 4. 广阔的技术视野以及对新技术的持续热情，良好的沟通和团队合作能力。 5. 具有 H5 VIDEO/AUDIO/CANVAS 等方面的经验，熟悉 MSE，熟悉 HLS、MP4、RTMP、FLV、DASH 等视频协议的优先。 6. 熟悉播放器、非编/视频剪辑、云导播/备播/播控等音视频技术者优先。 7. 熟悉 WEBASSEMBLY，有 C++经验者优先

你还可以在招聘网站上任意搜索你感兴趣的职位要求来进行对比研究。通过对职位说明书及招聘启事的分析，我们可以发现一些规律：

第一，大多数职位都有着深深的行业性烙印。如大疆招聘高级交互设计师会明确要求“3 年以上交互设计工作经验，熟悉交互工作方法和流程，有用户研究相关经验与知识者优先”。

第二，企业用人秉持实用性原则。那些能直接帮助企业解决问题、创造价值的因素最被关注。

技能：需要任职者具备某种技能，如“能独立进行 HTML、CSS 的页面制作”“较强的组织协调能力、人际沟通能力”。

知识：要求你达到某种学历、学位，具备某种专业背景，掌握某种知识，如“本科及以上学历，工业设计、人机交互、数字媒体、计算机、心理学等相关专业”。同时大多数职位都要求你具有某种经验，以证明你真的具备某种知识或能力，如“具有 H5 VIDEO/AUDIO/CANVAS 方面的经验，熟悉 MSE 等”。

天赋：如果你有某种特别的才干，而这种才干正是企业所要的，那就必须得恭喜你，你中奖啦！因为天赋是未学先懂，与生俱来的。所以有这样的机会也可称得上是天赐良机了。

身体条件也是基本的要求。对于大多数职位而言，不管是否标明，对年龄、相貌、体力、身心健康等都是有一定的限定的。有个段子流传很广：“他，20 年以前大学毕业，应聘过 30 份工作，全部被拒绝；他，想当警察，5 个同学一起去，4 个被录取，只有他没有被录取；他，杭州第一个五星级宾馆开业的时候去应聘服务员，也没有被录取；他，和 24 个人一起应聘杭州肯德基，23 个人被录取，没有被录取的那个还是他——他就是马云。”阿里巴巴集团创始人，福布斯终身成就奖的身份与曾经落魄的求职生涯形成了非常戏剧化的效果，产生这种结果，马云独特的相貌毫无疑问是重要原因之一。

第三，一些特别的经历和人脉资源同样可以帮助你创造价值。虽然职位要求上没说，名牌大学的学历，特别是同行业中特别优秀企业的工作经历是很有价值的。著名音乐人高晓松在一次访谈节目中就说过，清华大学的背景，让他一生受益良多。只要人家一听是清华的，事情就好办多了。同样，如果你认识很多企业家，或是和很多媒体关系都很好，和有关领导能说上话等，这些都是可以为你直接创造价值的资源。

第四，关注潜规则。显然，写给你看的要求并不是全部的要求。有些潜在或是不便讲明的要求是不会直接告诉你的，比如很多企业或职位都会有明确年龄、性别限制等，还会有一些行业性或企业性的潜规则。

第五，隐性要求。人与人之间会讲求气味相投，人与企业也一样。每家企业都有其独特的企业文化和价值观，每个人也都有鲜明的个性、独特的价值观。这些东西在初级职位上表现还不太明显，越是高级的、重要的职位，对这方面的匹配性上要求就会越高。很多企业老板及经理人员在招聘时都会不自觉地聘用那些在气质、价值观、兴趣爱好等方面与自己契合的候选人。

对个人来说，能直接解决问题、创造价值的因素有很多，通过我们多年的研究，最终提炼出了五个最重要的要素，即知识、技能、天赋、经历和人脉，这五项构成商业价值系统的核心要素。

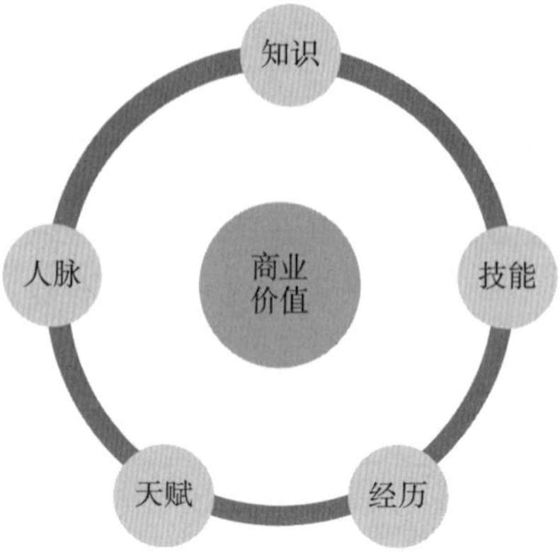

图5－2　商业价值系统的核心要素

5.1.1　知识就是力量

对于职场而言，懂行就是非常重要的商业价值表现。所谓懂行，就是说你在某个领域要有丰富的知识，这些知识或是从别的地方学来的，或是根据自己实践经验总结出的。知识就是经验的固化，是人类的认识成果。归根结底，知识来自社会实践，其初级形态是经验知识，高级形态是科学理论。

正是因为知识来自实践，有明确的作用领域，我们弄清楚自己所掌握的知识有哪些，也就等于弄清楚自己具备哪些领域、行业的商业价值了。

我们所了解和掌握的知识及对其兴趣大小可作为选定职业领域的一个重要参考指标。那么，当前世界的知识领域有哪些呢？参考学科设置和图书分类，我们可以快速梳理出当今世界的知识领域。你可以用彩笔在你掌握、了解及感兴趣的领域上分别作上不同的标记。当然这些领域中大都还有细分领域，在你选中的领域上，需要进一步明确细分。

哪里的知识

从科学性和实用性的角度，在对各类知识进行分类的系统中，中国图书馆分类法[1]对我们划分知识领域起到很好的指引作用。表5－1是参考中国图书馆分类法列出的各类知识领域。你可以直接对照一下，看看你的知识领域在哪里，可以用彩笔直接圈起来。要了解更细分的领域，你可登录有关网址查看。

表5－1 当今世界的主要知识领域

马列毛邓	哲学、宗教	社会科学	政治
法律	军事	经济	文化、科学
教育	体育	语言、文字	文学
艺术	历史、地理	自然科学	数理科学和化学
天文学、地球科学	生物科学	医药、卫生	农业科学
工业技术	交通运输	航空、航天	环境科学、安全科学

作为我国当前主要的就业领域，工业技术包括17个细分领域：一般工业技术，矿业工程，石油、天然气工业，冶金工业，金属学与金属工艺，机械、仪表工业，武器工业，能源与动力工业，原子能技术，电工技术，无线电电子学，电信技术，自动化技术、计算机技术，化学工业，轻工业、手工业，建筑科学，水利工程。

为帮助你更好地了解你的知识存储情况，我们进一步从工作与生活应用的角度列出一系列专业知识词汇，制成《专业知识词汇表》。它们可能是你大学或培训中系统学习的知识、自学的知识、感兴趣的知识以及对应的领域，通过它可以帮助你思考哪些领域和行业是可选择的。你也可以用一个更具体的词来表达相应的内容。比如，如果你圈出了“外语”这个词，根据你所掌握的外语方面的知识，可以把它替换成“意大利语”“德语”或是“粤语”等具体国家或区域性语言。显然，这并非专业知识的全部，但这个清单可以激发你的记忆和思考。

① 中国图书馆分类法第五版简表[EB/OL]. http://clc. nlc. gov. cn/ztfdsb. jsp.

你可以扫码查看，把这些词作为线索来回顾你所积累的各类知识。

扫码查看：专业知识词汇表

基于职业发展的知识认知

在具体职业活动中，知识的概念包括技术性、专业性、管理性的知识。

不同性质的职业对知识的要求是不同的。在企业中，按不同职位对知识的广度及深度要求的高低，可以分为5个层次。见表5－2。

表5－2　知识的5个层次

层次	知识各层级定义	解释
1	有限的工作知识 掌握基本工作惯例和标准的基础知识，以履行狭小范围内的工作任务	岗位要求任职者在具备初级教育水平后，仅需要通过短期的入职培训（几个星期或1个月到2个月），就可以掌握岗位需要的知识
2	基本的工作知识 需要掌握岗位特定的业务知识和技能或者需要精通某种特定技术或操作	岗位要求任职者具备专科以上的教育背景，或者在缺乏专业教育背景的情形下，拥有该方面3年以上从业经验，才可以掌握岗位特有的技能
3	宽泛的工作知识 需要在一个专业领域内，具有不同方面的广泛的知识和理论	岗位要求任职者具备本科以上的教育背景后，需要在一段时间（1～3年）的实践之后，广泛了解本领域内多个方面的知识，才可以胜任此岗位。或者，在接受中级教育之后通过长时间的实践，掌握特定的技巧或操作方法
4	专业的领域知识 在某个特定领域具备精通的专业技能和知识，并能够基于理论结合公司实际进行创新应用	岗位要求任职者具备本科以上的教育背景后，通过长期实践（一般是3～5年），在某个特定领域达到精通，可以在实际工作中灵活应用理论，或者岗位要求任职者对一个领域内多个方面的知识原理具有宽泛了解，并具备创新和指导他人的能力，可作为企业专家
5	宽广的职能领域知识/资深的专业知识 在一个职能内各个方面具备既深且广的知识和应用能力；对特定专业领域具备行业专家的素质	岗位要求任职者具备本科以上的教育背景后，进行长期实践（一般是5～8年）。胜任此岗位需要在一个职能内多个不同方面具备深广的专业知识、实践经验，可以指导本职能内各方面的工作。或者岗位要求任职者在一个职能范围内特定方面具备精深的专业知识，能成为行业专家

根据对知识的掌握程度及应用方向，你可以选择往专才或是通才的方向发展，如图5－3所示。

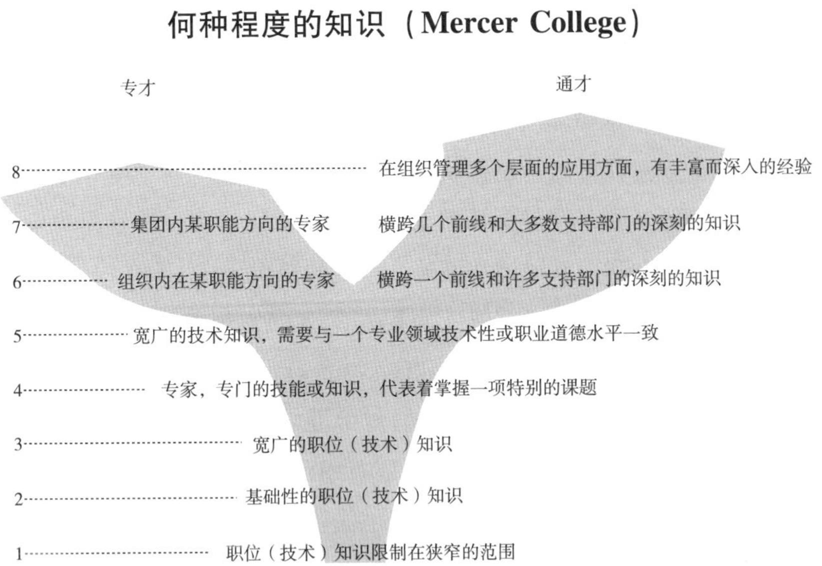

图5－3 通才与专才

不同职业类别对知识的深度和广度的要求也是不同的。如管理类职业一般要求知识更加广博，而研究及技术类职业则需要精深的专业知识与适当的广博知识，如图5－4所示。

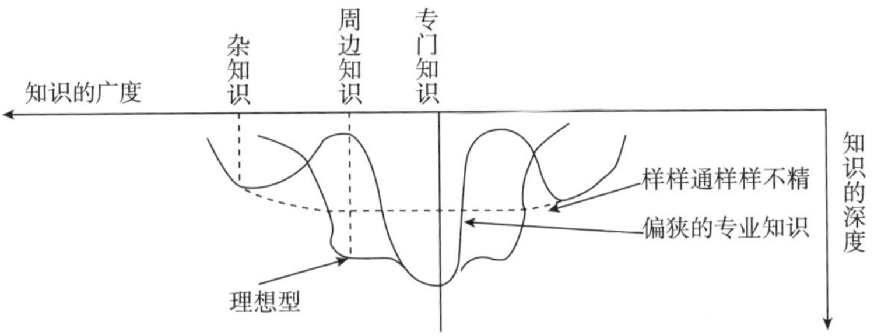

图5－4 研究/技术人员的知识结构

盘点你的知识领域

职业生涯的发展与知识的积累是同步的。那么你的知识在哪里呢？哪些知识会更有价值呢？

要盘点出自己的知识领域，从知识是如何获得的这个角度会比较容易。知识并非只能通过正式的专业教育才能获得，除了学校课程，通过课外培训、专业会议、讲座或研讨会、自学、就职单位上岗培训等都可以学到。因此如果你想从事本专业之外的工作而又不能够重新读一个专业的话，仍然有许多途径可以帮助你获得相关的专业知识。对于本书的大部分读者来说，都曾经或正在接受某类专业知识的专门学习，特别是大学的专业学习，可以帮助我们系统地掌握某一门类的知识。

我们常说“学以致用”，但并非我们学到的知识都是以后用得上的。美国心理学之父威廉·詹姆斯（William James）说：“不实用的知识，就不是好知识。”对于一个人的职业规划与生涯发展而言，那些能帮助你在工作中达到目标和创造价值的知识就是有用的知识，就是好知识。所以，从这个角度来看，对你掌握的各种知识也需要重新做一下评估。

需要注意的是，参加学习后所获得的各种各样的证书并不能代表你获得了什么知识，只能证明你参加过某种培训，至多知道考试成绩如何，但具体掌握到什么程度还是要经过实践检验才能算数。

请通过表5－3知识清单来思考一下，你的知识主要集中在哪些领域，你希望往专才还是通才方向发展。

表5－3　知识清单

A	B	C	D	E
在高中、大学或研究生院学习到的	在工作中学习到的	从会议、辅导班、培训班、研讨会中学到的	在家通过阅读、看电视、学习课程等学到的	在志愿工作、兴趣爱好等社会实践中学到的

接下来我们再从掌握程度和个人喜欢度两个维度进行组合分析。这样可以帮你区分开哪些知识是你在工作中最愿意强调的，哪些是你避免或者试图弱化的。你需要把你的知识识别结果与其他的自我评估结果进行整

合，来明确你的职业定位。如表 5－4 所示。

表 5－4 基于职业选择的知识分类表

	精通	了解	缺乏未掌握
最喜欢			
喜欢			
最不喜欢			

显而易见，你越是精通某一领域的知识，求职就越顺利；而越是喜欢某一方面知识，职业满意度也就会越高。表 5－4 中越是位于左上角的知识就越是对你最佳的知识领域。

通常喜欢度较高而不太了解或未掌握的知识领域，就是需要进一步发展的知识领域。

5.1.2 天赋和技能

请留意一下我们身边那些知名度很高的成功人物：

周杰伦（1979—），2000 年后亚洲流行乐坛最具革命性与指标性的创作歌手，有“亚洲流行天王”之称。身兼流行歌手、音乐人、制作人、导演多种身份。

姚明（1980—），中国篮球的标志和骄傲，前中国职业篮球运动员，曾效力 NBA 的休斯敦火箭队。2016 年入选篮球名人堂，2017 年当选中国篮球协会主席，2019 年 6 月任亚洲篮球联合会主席。[①] 改革先锋奖章获得者。

① 中国篮球协会主席姚明当选为亚篮联主席［EB/OL］. http://www.sport.gov.cn/n318/n10508/c912162/content.html,2019－06－12.

郎朗（1982—），世界古典音乐新一代领军人物，被誉为“当今世界最年轻的钢琴大师”、一位“将改变世界的年轻人”，德国《世界报》称他为“当今世界最成功的钢琴家”，他是“中国腾飞的符号”，“世界的郎朗，华人的骄傲”。17 岁就获《芝加哥论坛报》极度赞赏：“郎朗是世界上最伟大、最令人激动的钢琴天才。”

韩寒（1982—），中国作家、导演、职业拉力赛及场地赛车手，《独唱团》杂志主编，并涉足音乐创作。1998 年在“新概念”作文大赛中，以《杯中窥人》获一等奖。1999 年 3 月开始写作小说《三重门》，出版后至今销量已逾 200 万册。2010 年 4 月入选美国《时代周刊》“全球最具影响力 100 人”。2004 年以来，在国内外赛场上取得了一系列赛车奖项。2014 年，韩寒导演、编剧的《后会无期》《乘风破浪》《飞驰人生》等电影取得了不俗的票房。① 2019 年，福布斯中国名人榜排第 20 名。

马克·扎克伯格（1984—），美国社交网站 Facebook 的创办人兼首席执行官。这位哈佛大学计算机和心理学专业的辍学生，被人们誉为“盖茨第二”。2019 年 10 月，福布斯美国 400 富豪榜位列第 4。2020 年 3 月 9 日，以 5900 亿元人民币财富列《2020 胡润全球少壮派白手起家富豪榜》第 1 位。② 2019 年 4 月 18 日，荣登美国《时代》杂志 2019 年度全球百位最具影响力人物榜单。③

叮当（1990—），著名童星。父母都是工人。是有多年戏龄的“老演员”了，在十几部影视剧中扮演过重要角色。

…………

有很多人在与你相仿的年龄，甚至比你还小的时候，就已经取得了世人瞩目的成就。我们必须要思考一下，到底是什么原因造就了他们的卓越呢？我想仅仅靠努力和幸运是无论如何也解释不通的。

---

① 《飞驰人生》：韩寒，像少年啦飞驰[EB/OL]. 澎湃新闻，2019－02－08.

② 胡润研究院发布《2020 胡润全球少壮派白手起家富豪榜》[EB/OL]. 胡润百富，2020－03－09.

③ 《时代》杂志 2019 年度全球百大最具影响力人物：任正非上榜[EB/OL]. 新浪科技，2019－04－18.

我们会说他们有某方面的天赋，至少说，他们有特别的能耐。他们这些特别的能耐正是企业、市场所需要的，这些能耐能为企业创造商业价值，为社会创造公益价值，为人们带来精神财富。这种能耐可分为"天赋"和"技能"两大类。而每个人所突出的能耐又是不尽相同的。下面就让我们来了解一下这种差异。

乌鸦学老鹰

鹰从高岩上飞下来，以非常优美的姿势俯冲而下，把一只羊羔抓走了。一只乌鸦看见了，非常羡慕，心想：要是我也能这样去抓一只羊，就不用天天吃腐烂的食物了，那该多好呀。于是乌鸦凭借着对鹰动作的记忆，反复练习俯冲的姿势，也希望像鹰一样去抓一只羊。

一天，它觉得练习得差不多了，呼啦啦地从山崖上俯冲而下，猛扑到一只公羊身上，狠命地想把它带走，然而它的脚爪却被羊毛缠住了，怎么拔也拔不出来。尽管它不断地使劲拍打翅膀，但仍然飞不起来。牧羊人看到后，跑过去将它一把抓住，剪去了它翅膀上的羽毛。傍晚，牧羊人带着乌鸦回家，交给了他的孩子们。孩子们问是什么鸟，牧羊人回答说："这确确实实是一只乌鸦，却非要充当老鹰。"

显然，老鹰有老鹰的天赋，并发展出自己的独特技能；乌鸦也有乌鸦的天赋，也可以发展出自己的特别技能，但搞清楚自己是老鹰还是乌鸦是非常重要的事。

善用你的天资禀赋

天赋就是天分，是出生之前就已经具备的成长特性。它是与生俱来的一种潜能。上天赋予每个人的特殊才能（如音乐、运动能力等）、特别的体质（如巨大的爆发力、浑厚的嗓音等）、与众不同的相貌（如姣好或英俊的面容，高大或矮小的身材等），这些都是人的天赋。在职业规划中所有可被识别到的天赋都是有意义的。

狭义的天赋是指人的能力倾向，主要表现为人对一些事物或在一些领域具备天生擅长的能力或者天生执念（极大的热情），也可能两者都有，进而使其可以在同样经验甚至没有经验的情况下，以明显优先于其他人的速度成长起来。天赋是对某种事情的一种先天本能，拥有某种天赋的人对于这种事情究竟是什么、如何运行以及如何做好有一种超乎寻常的直觉和领悟能力。我们的天赋都是高度个人化的，你会发现，很多名人不是擅长所有的事情，只是特别针对某些领域，比如周杰伦很有音乐天赋和音乐才华，而在其他方面的才华远没在音乐领域那样出色。

韩国小女孩刘艺恩双目失明，却拥有非凡的音乐天赋。她从未受过任何音乐训练，却能用钢琴演绎莫扎特、贝多芬、肖邦等大师的名作，而且新曲子听过一遍即可弹奏。小艺恩 3 岁时，邻居送给她一架旧钢琴，她的音乐天赋随后展露。养父母称，小艺恩过耳不忘，新曲子听过一遍就能弹奏出来。2007 年 3 月，养母带她参加了韩国电视综艺节目“Star King”。刚登上舞台，小艺恩就迫不及待地寻找钢琴。主持人把她抱到琴凳上。当她摸索着找准琴键，自弹自唱出歌曲《你是为接受爱而生》时，许多观众感动落泪。小艺恩最终赢得 300 万韩元（约合 3900 美元）奖金，同时获得“5 岁天才莫扎特”的美誉。刘艺恩从此脱颖而出，如今她已成为韩国家喻户晓的明星。

天赋是有倾向性的，并可测验，这种倾向性的测验只能预测一个人将来在某方面的“可能”成就，并不保证他在该方面的“必然”成就。因为一个人的天赋能否获得充分的发展与他的性格、兴趣、学习态度、技巧、机会等相关。天赋经过训练后，只是更容易获得某种知识和技能。一个人可能因为发挥了天赋而成绩卓著，也有可能因埋没了天赋而默默无闻。

人的天赋表现在不同的方面，从而呈现出多元化的智能结构。与传统对智力的理解不同，世界著名教育心理学家霍华德·加德纳（Howard Gardner）在《智能的结构》一书中首次提出了人类有着完整的智能“光谱”，而不只是传统的“智力”或“能力倾向”，并提出“智力是在某种社会或文化环境的价值标准下，个体用以解决自己遇到的真正的难题或生产及创造出有效产品所需要的能力”。加德纳认为，智力的基本性质是多元的——不是一种能力而是一组能力，其基本结构也是多元的——各种能力不是以整合的形式存在，而是以相对独立的形式存在。经过多年的研

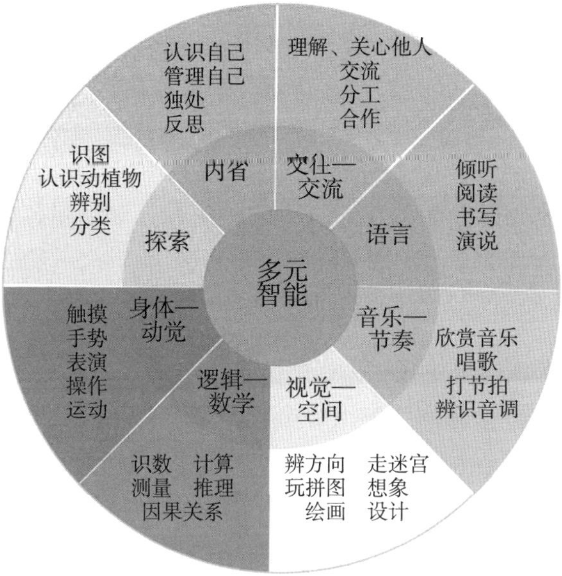

图5-5 多元智能

究，加德纳逐渐完善了自己的理论，明确提出人类存在多种不同的思维方式，他将人类的智能类型分成八种，分别是：语言智能、逻辑—数学智能、视觉—空间智能、身体—动觉智能、音乐—节奏智能、交往—交流智能、内省智能、探索智能。这一理论被称为多元智能理论（Multiple Intelligences）（见图5-5）。① 后来有学者在加德纳的研究基础上又进一步发展出一种存在智能，这样共有九种智能结构。

他认为这些智能都是相互独立的，没有哪一个比其他的更为重要，尽管有可能某些是主导的，某些是从属的。不同的智能代表了不同的潜能和天赋，如果给予恰当的教育和训练，都可能发展到一个很高的水平。

（1）语言智能

语言智能主要是指有效地运用口头语言及文字的能力，即指听说读写能力，表现为个人能够顺利而高效地利用语言描述事件、表达思想并与人交流的能力。

① 霍力岩，等．多元智力理论与多元智力课程研究［M］．教育科学出版社，2003.

这种智能在作家、演说家、记者、编辑、节目主持人、播音员、律师等职业上有更加突出的表现。例如由记者转变为演说家、作家和政治领袖的丘吉尔，央视名嘴白岩松。

（2）逻辑—数学智能

数学智能是指运算和推理的能力，表现为对事物间各种关系如类比、对比、因果和逻辑等关系敏感，以及通过数理运算和逻辑推理等进行思维分析的能力。

这种智能在侦探、律师、工程师、科学家、数学家和会计身上有比较突出的表现。例如相对论的提出者爱因斯坦，Facebook 创始人兼 CEO 马克·扎克伯格，股神巴菲特。

（3）视觉—空间智能

视觉—空间智能是指感受、辨别、记忆、改变物体的空间关系并借此表达思想和情感的能力，表现为对线条、形状、结构、色彩和空间关系的敏感，以及通过平面图形和立体造型将它们表现出来的能力。

这种智能在画家、雕刻家、建筑师、航海家、博物学家和军事战略家、牙科医生、内外科医生，以及裁缝、电工、木工、无线电修理工、机床工的身上有比较突出的表现。例如画家毕加索，上海世博会中国馆总设计师、中国工程院院士何镜堂。

（4）身体—动觉智能

身体—动觉智能是指善于运用身体动作来表达想法和感觉，以及运用双手灵巧地生产或改造事物的能力。这类人很难长时间坐着不动，喜欢动手建造东西，喜欢户外活动，与人谈话时常用手势或其他肢体语言。他们学习时是透过身体感觉来思考。

这种智能在运动员、舞蹈家、外科医生、手艺人、赛车手和发明家身上有比较突出的表现，例如跨栏冠军刘翔，篮球明星姚明、迈克尔·乔丹。

（5）音乐—节奏智能

音乐—节奏智能是指感受、辨别、记忆、改变和表达音乐的能力，表现为个人对音乐，包括节奏、音调、音色和旋律的敏感，以及通过作曲、演奏和歌唱等表达音乐的能力。

这种智能在作曲家、指挥家、歌唱家、演奏家、乐器制造者和乐器调音师身上有比较突出的表现。例如国际著名钢琴家郎朗，音乐天才莫扎特、贝多芬。

（6）交往—交流智能

交往—交流智能是指与人相处和交往的能力，表现为觉察、体验他人情绪、情感和意图并据此做出适宜反应的能力。

这种智能在教师、律师、销售员、公关人员、谈话节目主持人、管理者和政治家等人身上有比较突出的表现，例如美国黑人领袖、社会活动家马丁·路德·金。

（7）内省智能

内省智能是指认识洞察和反省自身的能力，表现为能够正确地意识和评价自身的情感、动机、欲望、个性、意志，并在正确的自我意识和自我评价的基础上形成自尊、自律和自制的能力。能正确认识自己的长处和短处，把握自己的情绪、意向、动机、欲望，对自己的生活有规划，会吸收他人的长处，会从各种回馈管道中了解自己的优劣，常静思以规划自己的人生目标，爱独处，以深入自我的方式来思考。

这种智能在政治家、哲学家、心理学家、教师、小说家、律师等人身上有比较突出的表现，例如哲学家柏拉图。

（8）探索智能

探索智能包括对于社会的探索和对于自然的探索两个方面。社会探索指关注社会变迁、历史发展，关注社会最新动态的能力，在文化、历史、社会科学等方面表现较为突出。自然探索方面指能认识植物、动物和其他自然环境（如云和石头）的能力。探索智能强的人，在打猎、耕作、生物科学上的表现较为突出。

（9）存在智能

存在智能是指陈述、思考有关生与死和终极世界的倾向性，即人们的生存方式及其潜在的能力。如人为何要到地球上来，在人类出现之前，地球是怎样的，在另外的星球上生命是怎样的，以及动物之间是否能相互理解，等等。

最新研究

能力又称为能块。能块包括思块（思维）、行块（行为）和语块（语言）。

思块分为：思块组合能力、组合速度、思维行为沟通能力、思维语言沟通能力、语言行为沟通能力、理解力、判断力、分析能力、综合能力、记忆力、观察力、想象力等。

行块分为：模仿能力、灵敏度、力度、耐力、速度、听力、注意力、感知力等。

语块分为：语言速度、语言运用、字词组合、场合运用、概括能力等。

发现你的天赋

没有合适的机会，你可能永远也不知道自己的天赋是什么或者它将带你走多远。就像南极不会有多少驾驭野马的人，撒哈拉大沙漠也不会有太多捕鱼能手一样。如果没有机会展示，天赋是很难被发现的，这也就意味着我们可能永远不会发现真正的天赋。天赋能否被发现在很大程度上取决于我们所拥有的机会，这就需要我们创造机会，以及考虑抓住机会后如何去利用它。不可否认，我们可以主动去探寻自己的天赋，但天赋发现也具有很大的偶然性。

英国有一位叫理查德·弗思的画家，就是因为一次偶然的机缘迷上了绘画，结果从一名屠夫变身为国际顶尖画家。理查德·弗思13岁时作为一名学徒在肉铺打工，16岁时辍学成为一名全职屠夫。25岁时，在给一位海洋画家送货时，意外地被对方画作深深吸引，于是开始自学绘画。到40岁时，他每幅画作价值4万英镑（约合40万元人民币）。如今理查德·弗思被喻为全球排名前三的顶尖海洋画家。

生活中，你可以在不同的领域，积极地寻找机会开发你的潜能和天赋。可以有意识地去做一些你从来没做过的事，挑战一些你不敢想象的难度。没有尝试过，你就不能说自己不能！

你可以在他人的帮助下加快认清自身真正的天赋。你的父母可能就比较了解你的天赋在哪里，他们从小看着你长大，直接问一下他们，可能就会得到满意的答案。另外，合格的导师可以看清你的长处，并适时激发出来；一些特别的评估手段可以辨识人的天赋领域；职业规划师通过系统的咨询，也可以快速识别出很有价值的结果。

天赋可以通过专门训练得到很大的提升。比如游泳、体操、绘画、武功等既是一种能力的专业训练，也是一种提高训练。会绘画的人模仿能力非常好，懂音乐的听力非常好，会武功的灵敏度非常强，长期处于官场的人语言概括能力很强，主持人的语言速度可以得到很好的控制，拳击手的力度和耐力要强于常人。对能力的研究，可以大大增加人类个体在现实社会中的各种表现方式，从而达到表现自己价值的目的。

人类智能的发展随年龄增长而变化，在开发个人能力过程中，有几条规律是必须要注意的：

（1）童年期和少年期是某些能力发展最重要的时期。从三岁到十三岁，智力的发展与年龄的增长几乎等速。以后随着年龄的增长，智力的发展呈负加速增长并逐渐趋于缓和。

（2）人的智力在十八岁到二十五岁间达到顶峰（也有人说是四十岁）。智力的不同成分达到顶峰的时间是不同的。

（3）成年是人生最漫长的时期，也是能力发展最稳定的时期。成年期又是职业生涯的主要时期。在二十五岁至四十岁之间，人们常出现富有创造性的活动。①

① 蒋金星，肖夫元．清代举子中式的平均年龄研究[J]．北京理工大学学报（社会科学版），2005(3)．

解决问题的技能组合

《心理学大词典》把技能（Skill）定义为“个体运用已有的知识经验，通过练习而形成的智力活动方式和肢体动作方式的复杂系统”。它是一种有效解决问题的能力，是经过后天学习和连续培训而形成的能够完成一定任务的**动作系统**。如阅读、人际交往、语言表达等。技能可以很简单，如修理水龙头这样的生活技能，也可以是研发高精尖设备这样的复杂技能。

技能是你实际用于解决问题的能力，有时也被称为“功能性”技能，如收集信息、数据，与人合作，使用某物等。比如，你喜欢玩滑板，你就需要使用某“物”（滑板），这样才能玩起来。那么，这说明你具备了哪些技能呢？手眼脚协调能力、肢体的灵活性、出色的平衡力、瞬时决断与敢冒险的勇气，少了哪一样都不行。在冲浪教练、杂技演员、体操运动员等职业中，这些都是被推崇的技能。

技能与知识不同，知识可以通过语言文字等形式传授，而**技能必须亲自学习，并坚持练习才能掌握其中的技巧**。而一旦停止练习，技能将很快变得生疏，所谓“熟能生巧”说的就是技能的发展过程。正如卖油翁的话“无它，唯手熟尔”。技能根据熟练程度可分为水平较低的初级技能和水平较高的技巧性技能。技能的初级阶段，只是“会做”某件事，而未达到熟练的程度。初级技能如果经过有目的、有组织地反复练习，动作就会趋向自动化、完善化，而达到技巧性技能水平。

美国学者辛迪·梵和理查德·鲍利斯（Sidney Fine and Richard Bolles）将技能分为三种类型：①专业技能；②自我管理技能；③可迁移技能（或称通用技能）。在该理论中，专业技能是指对各类专业知识的应用能力。一般用名词来表示，如电脑制图、绘画、摄影等（具体请参照本书关于“知识”的有关内容）。自我管理技能是指那些用来描述或说明人具有的某些个性品质的特征性词语。这些特征或自我管理技能能够帮助个人更好地适应周围的环境。它们以形容词和副词的形式出现。可迁移技能也被称为通用技能，就是你会做的事。其特征是它们可以从生活中的方方面面特别是工作之外得到发展，却可以迁移应用于工作之中，通常用行为动词来表达。专业技能适用特定岗位要求，可迁移性小。多数通用技能可以从生活中得到发展，同时可以被迁移运用到工作之中，并且在不同的工作之间具有较大的通融性和可迁移性。比如很小的时候，你就能够说服父母亲延迟你就寝的时间；你在大学时能够为所在学生社团募集资金，金额打破了历史纪录。这就说明了你具有说服的技能，并且这种说服技能是可迁移到很多工作上的，比如销售、谈判、管理、咨询等，能够在工作中广泛使用。因此我们将重点讨论通用技能。

通用技能对于你能否找到理想工作至关重要。通用技能是灵活的，它能从一个地方转换到另一个地方，从一个行业或一份工作中转换到其他行业的工作中去，与你从哪里获得这些技能、运用多久没有直接关系。比如，游泳这种技能就可以转换到或者说运用于救生员、游泳教练、夏令营教师等工作中。

通用技能是工作或职业活动的基石。你在工作中运用最佳技能的机会越多，你就会越热爱那份工作。通常情况下，一种工作用到的主要技能不过4~7种（亦称为“技能组合”）。只有做到对自己最擅长的技能了如指掌，你才能很好地把你的技能做比较，帮你找到你真正喜欢的职业。技能加上兴趣，就比较容易判定出你喜欢什么工作。

通用技能可分为三个层面：肢体技能、心智技能与社交技能（见图5-6）。

肢体技能——你如何与物件打交道？主要指用手或整个身体使用某物（如材料、设备、物体，就像上文提到的滑板，当然也包括自然界的动植物）。如处理、喂养、照管、操纵、驾驶、操作、控制、建立、装配等。

心智技能——你如何处理数据？指运用大脑，通常与数据、信息、意念相联系。如比较、复制、计算、汇编、分析、调整和综合数据等。

社交技能——你如何与人打交道？主要指与人合作（有时也包括动物），替人分忧解难。如指示、执行、服务、说服、管理、教导、商讨、督导、组织、协调、劝慰等。

如果玩滑板是你的一项技能的话，那么你的通用技能就包括肢体技能（手、眼、脚协调能力、肢体的灵活性、平衡力以及操控滑板的能力）与心智技能（瞬时决断力）。社交技能在某些场合也能派上用场，如传授滑板知识、展示滑板技巧。

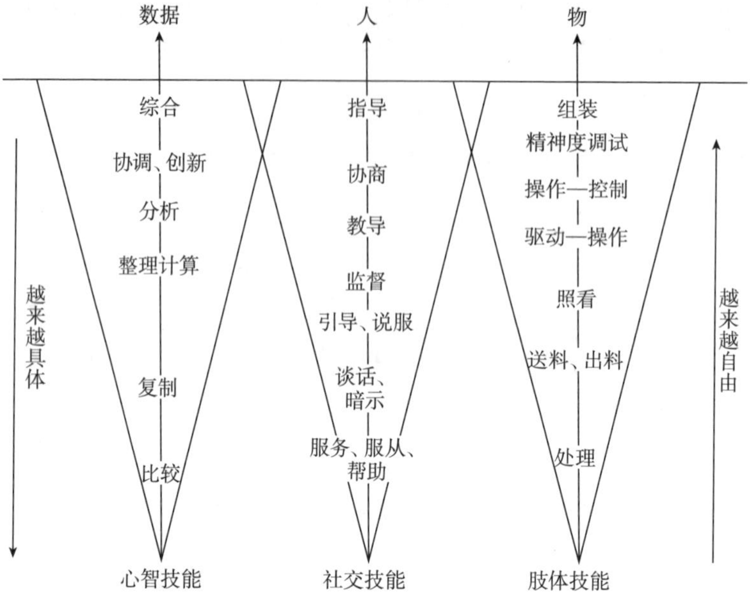

图5－6　三类技能

技能是你直接解决问题的能力。因此在职业规划和求职过程中，如何充分展现你的技能会显得尤为重要。

5.1.3　经历与人脉的价值

知识可以帮助我们创造商业价值，而知识的积累过程本身也是有价值的。这就是经历的价值。人脉在整个商业价值系统中的作用是比较特殊的。除了本身特定的商业价值外，人脉在知识的积累、技能的掌握、天赋的激发和丰富经历的过程中，都起到了催化剂和放大器的作用。

独特的人生经历

著名电影《贫民窟的百万富翁》讲述了这样的一个故事：在孟买贫民窟长大的少年贾马尔参加一个名叫“谁想成为百万富翁”的节目，过五关斩六将，最终获得了2000万卢比的大奖和他心爱的姑娘。贾马尔没有受过什么教育，他怎么可能回答对这么多问题呢？原来这些问题贾马尔不是“学习”而来的，而是“经历”而来的。可见，经历是有其特殊的商业价值的。

经历就是亲身见过、做过或遭遇过的事，是一个人的成长历史。职业规划中所强调的经历，主要包括学习经历、工作经历，以及独特的社会和家庭生活经历。经历的商业价值，不仅在于经历本身的价值，还包括因为经历的特别而产生的月晕效应。

1992年1月，一艘货船装载着一批玩具鸭从中国香港出发驶往美国。货船在太平洋遭遇风暴，约3万只玩具鸭散落海面，很快形成了一支传奇的“玩具鸭舰队”，将大洋变成了一只超级大浴盆，并就此展开了漫长的漂游征程。

这些玩具鸭兵分两路。在最初3年中，其中一批1.9万只鸭子完成了总长1.1万公里的太平洋副热带环流漂流，沿途经过印度尼西亚、澳大利亚、南美洲和夏威夷等地洋面，平均每天漂流11公里。另一批大约1万只鸭子被甩出了洋流，向北漂去。1993年，当它们漂流到俄罗斯和美国阿拉斯加之间的白令海峡时，“鸭子舰队”遇到浮冰，只能缓慢地向北极方向漂流3200公里。随后，这支“鸭子舰队”又开始南下，在北冰洋漂流6400公里后，到达加拿大新斯科舍省。当浮冰开始融化后，这些鸭子终于得以解脱，向美国东海岸漂流。科学家通过对其漂流路线进行研究，了解海洋洋流和北极冰帽的奥秘。

虽然，这些玩具鸭没有成为孩子们的玩物，没能尽到玩具的职责，但它们却因其独特的经历，而产生了巨大的商业价值。

美国海洋学家柯蒂斯·艾伯斯梅耶十多年来一直追踪玩具鸭。他认为，了解玩具鸭的漂流路线能为有关洋流及地球气候变化的研究提供帮助。英国国家海洋学中心科学家西蒙·博克索尔说：“它们是一群很好的追踪器，能够清楚地反映出洋流当前的运动情况，而洋流是影响气候的因素之一。”①

更有趣的是，这支“鸭子舰队”在全世界范围引发“鸭子热”。一批

① “小鸭舰队”漂流15年后抵达英国[J]. 海洋世界,2007(8).

海洋爱好者自发组成了“追鸭族”，专门监视“鸭子舰队”的行踪。每当“鸭子舰队”即将抵达某个海岸时，“追鸭族”们就会疯狂地涌向海滩，争抢这些著名的鸭子。最初从中国进口这批鸭子的美国公司曾表示，愿意以每只100美元（54英镑）的高价将鸭子收回，但却根本没人理睬——因为在收藏家手中，每只鸭子的价格已经爆炒至1000英镑，是公司开价的近20倍。现在，这批玩具鸭已成传奇。

此外，这批玩具鸭的传奇故事还被改编成两本儿童书籍。玩具鸭在漂流过程中可谓历尽艰辛。一些玩具鸭在经过白令海峡时“搁浅”，而到达北冰洋后，它们又变成了“冻鸭”，只能以每天1.6公里的速度在冰天雪地中缓缓前行。玩具鸭的这些经历被写入书中，以另一种方式为孩子们带来欢乐。

不仅如此，玩具鸭还为人类作出了另一项“贡献”。专业人员根据玩具鸭的着陆地点绘制出一份名为“海面洋流模拟”的电脑模型图。这份图表能为捕鱼活动和海上救援工作提供帮助。①

你看，这样一段特别的经历，创造出了多少的价值来。

经历的价值表现为几个方面：①表明你有这个阅历。阅历就是指一个人对社会、对事件、对生活中所发生的事的经历及理解方式。阅历的价值是显著的。②特别的经历通常就是相应的知识和技能的习得过程，有这个经历，你更有可能具备相应的知识和技能。③信号作用，特定的经历起到背书的功能——你的实力和商业价值获得了背书人的肯定和推介。如前文所提著名音乐人高晓松的故事就充分说明了经历的独特价值。有位年轻人曾给某位著名教育家当过秘书，在他后来的十多年职业生涯中这段经历都在帮助他创造价值。因为每当合作对象听说他曾给某位著名教育家做过秘书，潜意识中就自然认为此人有能力，并值得信赖。

在职场中，具备显著价值的经历主要有：

· 名牌大学或某领域顶尖院校的学习经历；

· 著名企业的工作经历；

① 袁海．在大洋上漂流14年的中国“鸭子舰队”[J]．百姓生活，2006(12)．

· 为行业开创者的工作经历；

· 国外留学或工作经历；

· 与著名人物或是业内标杆人物的合作经历；

另外，像独立生活经历等这样能够发展职场综合素质的经历也是很有价值的。

让商业价值倍增的人脉价值

美国前总统西奥多·罗斯福曾说过：“成功的第一要素是懂得如何搞好人际关系。”美国现代成人教育之父、西方现代人际关系教育的奠基人戴尔·卡耐基经过长期研究得出结论说：“专业知识在一个人成功中的作用只占15%，而其余的85%则取决于人际关系。”在中国社会，人脉对于整个职业生涯成功的影响更是不言而喻的。所以说，无论你从事什么职业，拥有广泛的人脉以及扩展人脉的能力，你就在成功路上走出了重要的一步。你的专业本领可以给你带来一个机会，而广泛的人脉却可能带给你成百上千机会，从而让你的商业价值倍增。

人脉就是经由人际关系而形成的人际脉络。生活中人与人之间相识相处，建立各种关系，关系相互传递，就形成了人脉。它是以自己为中心，向外围辐射的人际感情、利益关系网络。对你的人脉资源进行系统的归类并开发利用，不仅能凸显出你的商业价值，更能使你的生涯发展空间大幅拓展。一名销售员，广泛的人脉可以帮他销售出更多的产品，而如果能与采购方的高层或是关键决策者有着良好的关系，销售就会非常轻松。一个求职者，依靠广泛的人脉则可以快速拓宽视野，见识很多从未考虑过的职业领域和机会。而如果有关键人物的推荐，获得 Offer 就更加轻而易举了。

在人脉资源的开拓和利用上，有着“一个传奇的中国女人”之誉的邓文迪可谓是这方面的高手。

1996 年，邓文迪从耶鲁大学商学院毕业，获得 MBA 学位，准备谋求到香港发展。在飞往香港的飞机上，邓文迪恰好坐在了默多克新闻集团的一位董事旁边，当时这位先生正准备前往香港。飞机还没到香港，她就已经轻而易举地谋到了卫星电视公司总部实习生的工作。1998 年初，邓文迪以默多克上海、北京之行的随行译员身份第一次出现在这位传媒大王的身边之后，后者便被她所吸引。1998 年 5 月，默多克与他结婚 31 年的妻子安娜分手。1999 年 6 月，默多克在泊于纽约港的私人游艇 Morning Glory 号上与邓文迪举行了婚礼。于是邓文迪顺利变身为传媒大亨——新闻集团总裁鲁伯特·默多克的第三任妻子。到 2013 年 6 月与默多克离婚时，邓文迪早已是中国最富有女人之一。

2011 年，邓文迪与马来西亚华裔弗洛伦斯·斯隆组建了一个小电影公司，找演员，建班底，筹资金，没有花丈夫一分钱完成了电影《雪花秘扇》。好莱坞人脉，是邓文迪的优势。正因如此，作为制片人的她，为《雪花秘扇》带来了前所未有的国际关注度。著名演员李冰冰说：“邓文迪有能力把演员推到国际舞台上去。”①

这种与关键人物取得联系的有利条件，就是人脉的力量。谁能拥有强大的关系网络，谁就拥有了世界上最宝贵的资源。人脉网络的涉及面很广，为了获得这种宝贵资源，我们有必要去了解人脉关系的大致分类及作用。

人脉资源根据其形成的过程大致可以分为：血缘人脉、地缘人脉、学缘人脉、信缘人脉、兵缘人脉、事缘人脉、客缘人脉、行缘人脉、好缘人脉、随缘人脉等。②

血缘人脉：由家族、宗族、种族形成的血缘人脉关系。血缘人脉是比较稳定而有力的。

地缘人脉：因居住地域形成的人脉关系，最典型的就是“两眼泪汪汪”的老乡关系。老乡关系是相对的，出了乡同乡的是老乡，出了县同县的是老乡，出了省同省的是老乡，出了国全中国的人都是老乡。

学缘人脉：因共同学习而产生的人脉关系。学缘人脉不仅局限于时间较长的小学、中学、大学的同学关系，随着人们现代交际意识的提高，各

---

① 孙宏伟. 邓文迪的自我营销之旅[J]. 现代企业教育,2013(13).

② 赵纳,姜增国. 一种新的激励形式——人脉激励[J]. 商场现代化,2009(2).

种各样的短期培训班甚至会议中，都蕴含着十分丰富的人脉关系资源。

信缘人脉：因有共同的信仰而结缘。信仰包括宗教信仰和政治认同。特别是在宗教团体中，这种人脉有着极强的延展性。

兵缘人脉：因在一个军营当兵，摸爬滚打出的人脉关系，特别是经历过生死战役的战友。

事缘人脉：因一起共事而产生的人脉关系。事缘人脉不仅仅局限于工作中的同事、上司、下属，一段短暂的共事经历也能形成良好的人脉关系。比如一个单位或多家单位为完成一项任务或项目，而临时抽调人员组成团队，任务完成后各自归队，但共同工作与生活的友谊则会留在每一个人的心中。

客缘人脉：因工作中与各类客户打交道而形成的人脉关系。比如厂家、供应商、零售商、加盟商、合作商、消费者等，在进行商务交易和往来的过程中，其实是互为顾客关系。

行缘人脉：它和事缘人脉很接近，只是也许你们在同一产业，但未必是同一公司，或者该产业范围较广，因此会有些许不同。例如，网页设计和平面设计都算得上设计圈的人，但是这两位设计师若没有在同一家公司工作，就不会是同事；然而，因为同属“设计”圈，故两人碰面时仍会有话聊，是有共识的“同行”关系。

好缘人脉：好缘即为因有共同的爱好而结缘。这包含了休闲兴趣及专长技能等。像公园晨练、健身房、烹饪班这样的团体活动中，或者在网络上的“粉丝团”都是一种建立好缘关系的桥梁。

随缘人脉：“有缘千里来相会”，人与人是有缘分的。缘分的建立除了上述各种情况，也可能在旅途、公园、病房、聚会或是其他任意的情境。一次短暂的聚会，一次偶然的邂逅，这都是上天给我们安排的随缘机会，只要我们抢抓机遇，善于表现自己，而又能理解他人，“一见钟情”的缘分就会降临，你的人生或事业可能从此就会与众不同。

另外，根据所起作用的不同，人脉资源可以分为：政府人脉资源、金融人脉资源、行业人脉资源、技术人脉资源、思想智慧人脉资源、媒体人脉资源、客户人脉资源、高层人脉资源、低层人脉资源等。

还可以按重要程度划分为核心层人脉资源、紧密层人脉资源、松散备用层人脉资源。

（1）核心层人脉资源是指对职业生涯和事业能起到核心、关键、重要、决定作用的人脉资源。这些资源根据个人目前所处的职业位置、事业阶段和未来的发展方向不同而不同。比如对于一个销售经理来说，他的核心人脉资源可能是他的顶头上司、公司老板（高层），比较得力的销售骨干（下属），大客户，以及其他可能影响到他的职业与事业发展的重要人物，也就是人们常说的“后台”。

（2）紧密层人脉资源是指在核心层人脉资源基础上的适当扩展。对一个销售经理来说，搞好和顶头上司和公司大老板的关系固然很重要，但也要注意搞好和自己同级别的其他部门领导的关系，还有，一般下属，次重点客户，对自己有影响的老师、同学、朋友等也不可忽视。只有这样才能更好地协调工作。

（3）松散备用层人脉资源是指根据自己的工作与职业规划，在将来可能对自己有重大或一定影响的人脉资源。比如公司未来可能的接班人选，有发展潜力的同事、下属、同学、朋友等。

人脉划分之后，要根据不同人脉群体的不同特点进行管理，有些人脉关系需要多一点现实投入来维持，有些人脉则需要通过感情维持关系，有些人脉需要通过共同完成一些事情来培养默契，有些人脉需要帮助其拓展人脉来产生价值。每个人都有必要建立起一套适合自己的积累人脉的方式。

人脉资源盘点工具见表 5 –5。

表 5 –5　人脉资源盘点一览表

类别	核心层人脉资源	紧密层人脉资源	松散备用层人脉资源
血缘人脉			
地缘人脉			
学缘人脉			

续表

类别	核心层人脉资源	紧密层人脉资源	松散备用层人脉资源
信缘人脉			
兵缘人脉			
事缘人脉			
客缘人脉			
行缘人脉			
好缘人脉			
随缘人脉			

5.2 识别你的天赋和技能

我们已经系统地了解了商业价值系统的各个要素。鉴于天赋和技能的重要地位和复杂性，我们进一步来学习一些更加有效的识别方法。在技能方面，我们需要在各种技能中，识别哪些是你做得最好的，以及找到哪些是你使用最愉快的。

5.2.1 发现你的天赋

其实每个人都是带着成为天才的潜力降生在这个世界上的，可惜很多人穷极一生也不知道自己有什么天赋和特长，更谈不上发挥和利用它们了。

法国有一个贫困潦倒的年轻人，流浪到巴黎，找到父亲的好友，期望他能为自己找一个谋生的差事。父亲的好友问他有什么专长，比如说会数学、物理、历史什么的。年轻人窘迫地低下头，羞愧地说，自己似乎一无所长。父亲的好友想了想说：“那你先写下你的地址，我总得给你找个活做啊。”年轻人不好意思地把自己的住址写下，刚想转身离去，却被父亲的朋友一把拉住说：“年轻人，你怎么说你没有特长呢，你的名字写得多好啊……”“能写好自己的名字也叫特长？”年轻人不解地转过身疑惑地看着父亲的好友。

“当然，字反映了一个人的文化修养，一个人的内涵……”父亲的好友意味深长地说，“人要有自信心，找工作之前，首先要找到自己的特长，并要把自己的特长发挥到极致……”听了父亲好友的一席话，年轻人使劲地点点头，后来他结合自己的特长找了一所中学教授法文，也就是从那时开始，这位年轻人认识到了自己在文学方面的天赋和特长，并开始发挥这个特长，他就是法国18世纪著名作家大仲马。①

世间有很多平凡之辈，都拥有一些诸如“能把名字写好”这类小小的特长，但由于自卑等常常被忽略了，这实在是让人遗憾。

每个人都不同程度地具有某个方面的天赋和潜力，只不过有的人天分高些，也就是人们常说的天资更聪明些而已。其实人们的天赋很早就会表现出来，有经验而细心的父母不难观察到，有的孩子在一岁左右就会明显地表现出某方面的天赋和才干。那么，如何才能发现我们的天赋呢？别急，看完下面介绍的几条线索，你就会比较清楚了。

（1）回顾一下，你有什么与众不同的地方，有什么是别人做不来或做不好，而你能做得很好的。

（2）仔细询问一下你的父母（养育你的亲人），你在小时候有什么与众不同的表现。下面列几条寻找的线索可以参考。②

· 是否在某些方面比同龄的孩子起步早。你是否比别人更早学会对人微笑或自己坐起来？是否比别人更早开始咿呀学语或拣了东西就往嘴里塞？尽管也有一些人小时候“开窍”得较晚，日后却成了知名的科学家或语言学家。但是不可否认，早期的这些表现预示着一个人在某些方面很特别、很不寻常，具备某方面的天赋和潜质。

· 在许多同龄的孩子还“混沌未开”，没有任何记忆的表现的时候，你是否已能记得见过的一些人和事物？

· 你的创造力和想象力是否很丰富？你是否经常会有些让父母大跌眼

---

① 用特长致富[J]. 家庭科技，2008(12).

② 高智商孩子独有的六大特征[J]. 科学大观园，2013(1).

镜的惊人表现？

·是否很早就成为大家的开心果？是否喜欢做一些搞笑的动作逗大家玩？是否经常会因一些事情笑得手舞足蹈？比如看到爸爸今天戴了只帽子扮酷，就笑得手舞足蹈。

·是否有强烈的好奇心和探索欲？尽管所有的孩子都具有极强的好奇心，但大多数人的注意力是极容易分散的，只要大人一打岔，他们马上就会把刚才自己坚持想要得到的东西抛在脑后。但是，一个具有强烈好奇心和探索欲的孩子则不然。当他想要弄清楚那东西究竟是怎么一回事的时候，他会倾注全力的。例如，当他看到爸爸弹吉他的时候，他会坚持要弹，大人只是哄一下让他象征性地弹弹是没有用的，一定要学着爸爸的样子抱着吉他敲打，还会一个劲地问："是不是这样？是不是这样？"爸爸想要取回吉他，没门，我还没尽兴呢！

·是否很懂事而敏感？天赋突出的孩子通常比较敏感，例如，妈妈现在不高兴了，爸爸在发怒呢，等等，他都能敏感地感觉到并会想办法安慰。一家人一起爬楼梯的时候，如果是妈妈抱着，走着走着，他就会对爸爸说："爸爸抱宝宝，妈妈累了。"

（3）通过你的老师（导师），以及比较熟悉你的同学、朋友来发现你的天赋。他们会有很多机会发现你与众不同的表现。

（4）是否有一些事是你一直不敢做的？找个合适的时机，主动去挑战一下，你或许就会有惊人的发现。

通过以上分析，我发现我的天赋表现在这些方面：

1	
2	
3	
4	
5	
…	

5.2.2 识别你的最佳技能

识别最佳技能的过程中有三个步骤要做：

(1) 理清哪些是你能做的事；

(2) 识别哪些是你做得最好的；

(3) 从这里面找到哪些是你使用得最愉快的。

下面我们将提供三种视角帮助你识别自己的技能。首先请参照下面的几组**词汇表**，把你在工作或学习及日常生活中用到的那些技能找出来。这里列出的都是可迁移的通用技能，可以在任何环境、任何工作中使用。①你也可以把这张图复印一份，不但以后用得上，而且还方便拿给朋友看。

在使用过的技能上做个你喜欢的标记，如打个“√”。比如你用过“制作”这种技能（做冷菜、捏泥人），就在技能贴图“物品使用技能”中“制作”项下面的方框里打“√”。

选择好后，请再分别选出你最擅长和最愿意使用的10种技能。同时请回顾一下你在过去是如何使用这些技能的。

请在相应的技能名称上分别做好标记。建议你用至少三种颜色的彩笔按能做、擅长和最喜欢的三个顺序分别标记，这样会更突出，便于操作。

表5－6　物品使用技能（55项）

肢体使用技能	材料使用技能（黏土、木头、布料、金属、石头）	物品使用技能（包括食品、工具、器具）	设备、机械、车辆使用技能	楼宇、房屋建设技能	动植物培育技能
动手能力（打手势、按摩）	加工、缝制 纺织、锻造	清洗、清洁 清理、筹备	组装	建设重建	花草养护
手指灵巧（如操作键盘）	切、雕、凿	处理、举起、存放	操作、控制、启动	仿建	饲养、训练动物

① ［美］鲍利斯．你的降落伞是什么颜色［M］．陈玮等译．中信出版社，2002.

续表

肢体使用技能	材料使用技能（黏土、木头、布料、金属、石头）	物品使用技能（包括食品、工具、器具）	设备、机械、车辆使用技能	楼宇、房屋建设技能	动植物培育技能
手眼配合	精加工、塑造、塑形、雕塑	制作、生产、大量生产、烹饪	维护、清理、修理		照料、喂养
全身运动或身体协调能力	制成、喷绘、翻新、修复	维护、保养、修理	拆解、组装		
灵敏、速度、力量、耐力	高精度手工制作	熟练使用工具			

表5－7　信息使用技能（50项）

收集与创造	管理		存储与检索	应用
	分步骤进行	整体统筹		
编辑、查找、研究	复制或比较相似性与差异性	改变、转化（如计算机编辑、开发与改进）	保存记录（如录像、影片、录入电脑）	人际交往能力
通过走访或观察人收集信息	计算、数字运算、算账	视像化、描绘、绘画、编剧、制作视频、开发软件	存储、归档（文件柜、视频、音频、电脑）	物品使用技能
通过研究或观察事物收集信息	分析、分解	合成、将不同部分合为一体	信息、数据检索	
具有敏锐的听觉、嗅觉、味觉、视觉	组织、分类、系统化、划分优先次序	解决问题、洞察本质	帮助他人查找或检索信息	
想象力丰富、善于发明创造	为达成某一目标，制定策略、步骤	决策、评估、估价、评价	灵敏、速度、力量、耐力	

表5-8 人际交往技能(55项)

与个人(一对一)		与群体、组织、大众(一对多)		
听取指导,为他人提供服务、协助	诊断、治疗、治愈	有效地与群体沟通	玩游戏、组织群体活动	管理、监督、经营(企业、基金会等)
对话与电话沟通	关联,将两个不同的人关联起来	口语表达、书面表达	传授知识、培训,策划学习活动	坚持到底、使命必达、创造力
书面沟通(报告、电邮等)	评测、评估、筛查、挑选	电视、电影中当众演讲	引导集体讨论、调节气氛	领导者、开拓者
私人教练、家教	劝说、激励、招募、兜售	表演性、娱乐性、创新性	说服、辩论、激励、兜售	发起、建立、创建
咨询、辅导、指导、教授	代表他人,解读他人思想或翻译	"手势表演"、哑剧、歌唱、乐器演奏	为群体提供专业咨询	中间协调、解决冲突

通用技能词汇表

这里列举了290项通用技能词汇,用来帮助你进一步梳理你的通用技能情况。请根据你的实际情况,圈出任何你所拥有的功能性技能,在这个技能的后面试着用"什么"和"谁"来回答。如果需要,可以使用字典。如果某项技能使你回想起你的成就,在你的成就表中写下这项成就的名字。

表5-9 通用技能词汇表

建设	洞察	适应	制图	联系	发现
管理	选择	控制	拆除	做广告	分类
烹调	展示	劝告	打扫	协调	证明
开玩笑	攀登	复制	草拟	分析	训练
达到	照顾	巩固	指导	执行	运送
纠正	绘制	预测	收集	联络	申请
着色	咨询	驾驶	评价	交流	计数
编辑	安排	比较	创造	授予	声称

续表

装配	比赛	培养	鼓励	排版	决定
忍耐	评估	完成	定义	加强	调和
协助	构成	代表	提高	参加	领会
运送	娱乐	审核	计算	证明	建立
权衡	集中	设计	估计	讨价还价	概念化
详述	美化	探测	膨胀	预算	面对
发展	解释	购买	联结	发明	探索
计算	保存	诊断	表达	促进	领导
生产	分享	喂养	学习	编程	运送
感受	搬运	提升	演出	填充	倾听
校对	简化	融资	装载	保护	唱歌
调整	定位	提供	绘图	装配	维修
证明	交际	追随	制造	宣扬	分类
预见	管理	推/拉	演讲	伪造	操纵
提问	拼写	构成	最大化	阅读	驾驶
阐述	测量	推理	激励	募捐	调停
推荐	精简	收集	会见	调解	研究
测量	记忆	记录	建议	给予	指导
招聘	总结	统治	最小化	减少	监督
研磨	示范	仲裁	支持	种植/喂养	现代化
恢复	审视	引导	修改	讲述	合成
处理	教导	记起/回忆	系统化	收获	激发
回忆	列表	前进	移动	呈递	遵守指示
治愈	航行	修理	交谈	帮助	商讨
报告	传授/指导	识别	养育	描绘	趋向
举例	观察	研究	测验	想象	获得
改造	适时	执行	操作	解决	贸易

续表

改进	组织	修复	培训	即兴表演	创造
找回	翻译	增加	战胜	回顾	旅行
影响	包装	修改	治疗	通知	绘画
改写	解决问题	发起	参加	冒险	教导
革新/发明	感觉	航行	打字	检查	坚持
打磨	理解	鼓舞	说服	节省	统一
安装	摄影	安排	更新	互动	倡导
拍摄	升级	解释	放置	雕塑	使用
面试	计划	挑选	描述	介绍	种植/播种
销售	证实	发明	玩耍	理解	设想
记录	精确化	招待	做志愿者	调查	准备
建立	洗涤	判断	展示	安顿	纺织
保存	印刷	缝纫	工作	编织	加工
塑造	写作				

以上是从一般的工作和职业角度帮助大家理解的技能性词汇。下面我们再从人力资源描述职务时所涉及的常用动词的视角来做了解。

(1) **针对制度、方案、计划等文件：**编制、制定、拟定、起草、审定、审核、审查、转呈、转交、提交、呈报、下达、备案、存档、提出意见；

(2) **针对信息、资料：**调查、研究、整理、分析、归纳、总结、提供、汇报、反馈、转达、通知、发布、维护、管理；

(3) **关于某项工作（上级）：**主持、组织、指导、安排、协调、指示、监督、管理、分配、控制、牵头负责、审批、审定、签发、批准、评估；

(4) **思考行为：**研究、分析、评估、发展、建议、倡议、参与、推荐、计划；

(5) **直接行动：**组织、实行、执行、指导、带领、控制、监管、采用、生产、参加、阐明、解释、提供、协助；

(6) **上级行为：**许可、批准、定义、确定、指导、确立、规划、监督、决定；

(7) **管理行为：**达到、评估、控制、协调、确保、鉴定、保持、监督；

(8) **专家行为：**分析、协助、促使、联络、建议、推荐、支持、评估；

(9) **下级行为：**检查、核对、收集、获得、提交、制作；

(10) **其他：**维持、保持、建立、开发、准备、处理、招待、接待、安排、汇报、计划、经营、确认、概念化、合作、协作、主持、获得、核对、检查、联系、设计、带领、指导、评估、测试、执笔、起草、拟定、引导、传递、翻译、组织、控制、操作、保证、预防、解决、推荐、介绍、支付、计算、修订、承担、支持、谈判、商议、面谈、拒绝、否决、监视、预测、比较、删除、运用。

最有成就感的事件和领域

在职业规划中，成就事件的分析有着很重要的意义。大多数时候，我们可能通过最具成就感的事件看出你的兴趣点、擅长领域、天赋、主要技能等多种重要信息。

现在，就让我们一起回顾一下吧，并把它们写下来，至少写出5个，然后看看你在其中使用了哪些技能、体现了你什么样的天赋（如果下面的空间不够，你可以另备纸张作详细记录）。这些成就事件可以是工作或学习上的，也可以是课外活动或家庭生活中的，比如同学聚会，一次美好而难忘的旅游，等等。它们不必是惊天动地的大事，只要符合以下两条标准，就可以被视为“成就”：

(1) 你喜欢做这件事时体验到的感受；

(2) 你为完成它所带来的结果感到自豪。

如果你还获得了他人的认可和表扬那就更好了，不过这并不重要。

在撰写成就故事时，每一个故事都应当包含以下要素：

(1) 你想实现的目标，即需要完成的事情。

(2) 你面临的障碍、限制或困难。

(3) 你的具体行动步骤，即你是如何克服障碍、达成目标的。

(4) 对结果的描述，即你取得了什么成就。最好能够量化评估（用某种方法衡量或以数据说明）。

如果有条件的话，请和两三个同伴一起结合本章所学内容及上面的图表逐一进行分析讨论，在其中你都使用了一些什么样的技能。你会发现，每次你都会用到很多不同的技能，有的在“物品使用技能”方面，有的在“信息使用技能”方面，有的在“人际交往能力”方面。

成就事件1：

成就事件2：

成就事件3：

最佳技能识别卡

下面我们再从熟练度和喜好度（个人意愿度）两个维度进行组合分析。这样做，可以帮你区分开哪些技能是你在工作中最愿意强调的，哪些是你避免或者试图最小化的。你需要把你的技能识别结果与其他的自我评估结果进行整合，来明确你的职业定位。

显而易见，技能的熟练度越高，求职越顺利；而意愿度越高，该技能的成长潜力越大。表5-10中位于左上角的技能就是你最佳的技能。

表 5－10 最佳技能识别卡

	非常熟练	能胜任	缺乏/未掌握
非常喜欢			
喜欢			
不喜欢			

识别出了天赋和最佳技能，再结合职业的适应性及成长性就很容易判断适合自己的较可行的职业发展方向了。比如说，管理者的主要技能为信息传达、分配、监控、计划、解决问题、授权、影响他人、认可、奖励、支持、指导、建立关系、团队建设；财务的主要技能为运用财务系统的知识、使用分析技巧、有效使用计算机、建立关系、影响他人、有效沟通、平衡工作重点；律师的主要技能为写作能力、口头交流、处理细节、分析性逻辑性的思维能力、思维敏捷、处事得体、善解他人、聆听技巧、协商、独立工作、承受压力。

5.2.3 为你的技能增色

人的个性特质是一种特殊的能力表现，它可以让你的技能表现得更加出色。这些特质一般以形容词或副词的形式出现，如友好的、谨慎的、爽快的、机敏的、活跃的、认真地、生动地、负责任地等。它们可以体现出一个人的自我管理能力。这些能力或素质的获得同样需要练习，并且可以从非工作领域转换到工作领域。事实上，用人单位解雇一个人更多是因为员工缺乏必要的自我管理能力而不是因为缺乏专业技能。

实际上，越是优秀的公司，越是看重个人的综合素质，这种综合素质的核心内容即是“自我管理能力”。其实，就像人一样，每个职位也都有它自身的“主题特征”，即职位本身所具备的特质，当一个人达到了该职位的基本要求，而其身上所具备的“主题特征”又与职位吻合，就能充分发挥个人的价值，更高效地完成任务。如今，不少外企在校园招聘时都已不再区分学生的专业背景，就是因为良好的自我管理能力能够帮助个体更好地适应周围的环境、应对工作中出现的问题，因此它也被称为“适应性能力”。

将这些特征性词汇与知识或技能性语言有机地结合，可以有效地强化人们在某些方面的技能，使其显得更有说服力。如李老师是个“很努力的”人，他系统学习过职业规划方面的知识，接受过职业规划“咨询与辅导”技能的系统训练，并获得了中国职业规划师执业资格。他观察力“敏锐”，很擅长给人提供职业规划咨询，他的话很“有说服力”，很懂得“关心”来访客户，常常给人一种非常“自信的”感觉。通过这么简单的描述，人们就会知道李老师的“咨询和辅导”能力很强，是个很棒的职业规划师了。

扫码查看：自我管理特质清单

请根据你的分析（可使用“自我管理特质清单”），在表5－11中写下你拥有的特质和表现得最为显著的特质。这些都是你与众不同的职场资本。

表5－11　个人特质分析表

你拥有的特质	
你最显著的特质	
你最喜欢的特质	

5.3　营销你的商业价值

通过对商业价值系统的分析，你已经可以初步了解你的商业价值所在了。现在我们要做的就是进一步把它们提炼出来，并营销出去。让老板们看到，你对他们是多么有价值！

5.3.1　企业需要什么样的人才

正如前面已经提到过的，企业用你是因为你可以为其创造商业价值，就是你具备企业所需求的综合能力。在五项商业价值指标中，不同的行业、不同的企业对这种能力的理解是不同的，但其中又有共性。为更清晰区分这种不同，我们再从当前人力资源管理领域较为流行的能力素质模型理论（Competency Model）来理解这些商业价值指标。该理论将能力素质界定为：能明确区分在特定工作岗位和组织环境中杰出绩效水平和一般绩效水平的个人特征。并分五个层次：

· 知识（Knowledge）

· 技能（Skill）

· 自我概念（Self - Concept）

· 特质（Traits）

· 动机（Motives）

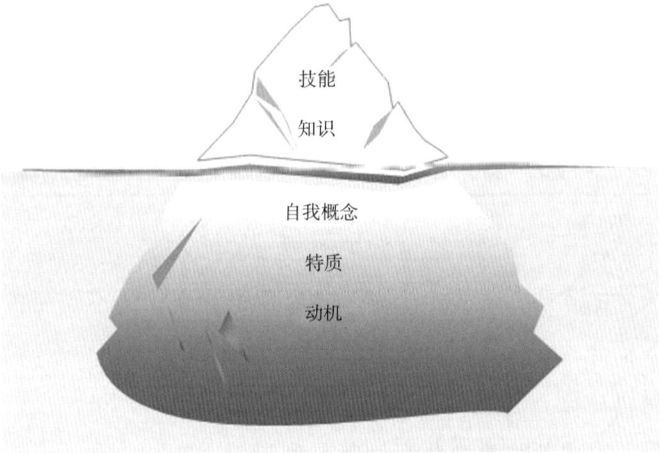

图5－7　冰山模型

著名的心理学家，哈佛大学教授麦克里兰（McClelland）博士应用冰山模型，把能力素质模型中属于海平面上的知识和技能称为通用性素质。而真正能区分优秀者与一般人的深层次因素，是潜伏在海平面以下的自我概念、特质、动机，这些被称为鉴别性素质。这种鉴别性素质与我们前文所述的自我管理能力基本一致。能力素质模型为我们找到这种共性与差异提供了另一种理论解释。

各阶层管理人员必备的重要素质

在不同的行业和企业中间，有一些素质要求的共同性会很大，如表5－12总结了多数企业管理人员的胜任素质结构。

表5－12　企业管理人员的胜任素质结构

顺位	初级管理人员必备能力	中级管理人员必备能力	高级管理人员必备能力
1	业务知识，技能	领导统御力	领导统御力
2	统御力	企划力	先见性
3	积极性（行动力）	业务知识，技能	谈判力
4	谈判力	谈判力	领导魅力
5	企划力	先见力	企划力
6	部属指导培养能力	判断力	决断力
7	创造力	创造力	创造力
8	理解判断力	积极性	管理知识能力
9	管理实践能力	对外，调整力	组织革新力
10	发掘、解决问题能力	领导魅力	判断力

知名企业之优秀人才观

对于人才的素质需求，由于行业差异及企业文化的不同而各有其独特性。下面我们介绍一些知名企业所需要的人才标准。

米其林（中国）投资有限公司：能力是多层次的

米其林的人才能力模型共有9个方面：

（1）基于个人的能力：主动性、适应性和创新性；

（2）基于团队的能力：沟通能力、团队合作能力和个人学习能力；

（3）基于与公司关系的能力：客户服务能力，运作功效即工作效率，以及对公司策略的承诺。①

麦肯锡：用人五大原则，注重个人素质

在招聘咨询人员时，麦肯锡更加注重员工个人的素质，而不是专业或者其他方面，这些素质包括：

(1) 思考和解决问题的能力。这些能力基本上是在工作实践中学到的，所以多数咨询人员在加入麦肯锡之前，已具有相当的业务经验，甚至是某一领域的专家。

(2) 良好的沟通和交往的能力。只有这样才能面对不同行业、不同文化背景的客户，做到游刃有余。

(3) 具有超前意识的创新精神。麦肯锡需要的是领导者，而不是追随者，员工要有自己的思想，善于接受新事物，并敢于实践，迎接挑战。

(4) 远大的志向和坚韧的毅力。咨询顾问的工作很辛苦，平均一周有三天是在外出差，每天工作时间都在10小时以上，没有顽强的进取精神是很难胜任的。

(5) 严格奉行“不进则退”的人事原则。凡未能达到公司晋升标准的人员，公司会妥善劝其退出公司。即使升到董事也并不意味着一劳永逸，董事也会被考核，如果干不好，同样会被请走。这种激励机制被麦肯锡称为“uporout”。②

综合来看，雇主们最为重视的技能和个人品质主要有：沟通能力；积极主动性；团队合作精神；责任心；学习能力；适应能力；专业技术；诚实正直；职业道德；分析和解决问题的能力；等等。

以上介绍这些企业对人才的素质要求或是企业的人才观，只能供你参考。现在，该是你行动的时候了。切实调查与你相关的目标企业到底需要你具备什么样的素质是直接有效的事。请把调研结果写在下面：

---

① 知名企业之优秀人才观[EB/OL]. http://arts.51job.com/arts/79/319630.html.

② 麦肯锡用人五大原则[J]. 企业研究,2003(4).

表 5－13　目标企业能力素质分析表

序位	企业名称	主要能力素质要求
1		
2		
3		

人生十大基本能力

我国台湾在《国民中小学九年一贯课程纲要》中，从人与自己、人与社会环境、人与自然环境三个方面，明确规定了要培养台湾民众具备的10项基本能力，即：了解自我与发展潜能，欣赏、表现与创新，职业规划与终身学习，表达、沟通与分享，尊重、关怀与团队合作，文化学习与国际了解，规划、组织与实践，运用科技与信息，主动探索与研究，独立思考与解决问题等（见表5－14）。这十大能力，不仅是职场发展所必需的重要能力，更是人的一生发展所需要的基本能力。其中职业规划被排在第三位，其重要性可见一斑。

表 5－14　十大基本能力①

课程目标	基本能力	能力说明
人与自己：强调个体身心发展	1. 了解自我与发展潜能	充分了解自己的身体、能力、情绪、需求与个性，爱护自我，养成自省、自律的习惯、乐观进取的态度及良好的品德；并能表现个人特质，积极开发自己的潜能，形成正确的价值观
	2. 欣赏、表现与创新	培养感受、想象、鉴赏、审美、表现与创新的能力，具有积极创新的精神，表现自我特质，提升日常生活的品质
	3. 职业规划与终身学习	积极运用社会资源与个人潜能，使其适应发展，建立人生方向，并应社会与环境变迁，培养终身学习的能力

① 潘国青．台湾“九年一贯课程”展望与分析[J]．教育发展研究，2002(2).

续表

课程目标	基本能力	能力说明
人与社会环境：强调社会与文化的结合	4. 表达、沟通与分享	有效利用各种符号（例如语言、文字、声音、动作、图像或艺术等）和工具（例如各种媒体、科技等），表达个人的思想或观念、情感，善于倾听和与他人沟通，并能与他人分享不同的见解或信息
	5. 尊重、关怀与团队合作	具有民主素养，包容不同意见，平等对待他人与各族群；尊重生命，积极主动关怀社会、环境与自然，并遵守法治与团体规范，发挥团队合作的精神
	6. 文化学习与国际了解	认识并尊重不同族群文化，了解与欣赏本国及世界各地历史文化，并承认世界为一整体的地球村，培养相互依赖、互信互助的世界观
	7. 规划、组织与实践	具备规划、组织的能力，且能在日常生活中实践，增强手脑并用、群策群力的做事方法，积极服务人群与国家
人与自然环境：强调自然与环境	8. 运用科技与信息	正确、安全和有效地利用科技手段，搜集、分析、研判、整合与运用信息，提升学习效率与生活品质
	9. 主动探索与研究	激发好奇心及观察力，主动探索和发现问题，并积极运用所学的知识和技能于生活中
	10. 独立思考与解决问题	养成独立思考及反省的能力与习惯，有系统地研判问题，并能有效解决问题和冲突

5.3.2 更全面地了解你自己

要把自己的商业价值营销出去，除了要了解雇主们（你的客户）的需求外，另一件最重要的事就是充分地了解你自己（你就是自己的产品）了。在自我了解这方面，前面我们已经做了很多工作了，但是这些还不够。要想透彻了解自己并不容易，甚至这是我们一生都要做的一门功课。要知道人们对自己的水平常常不是估值过高就是估值过低。所以我们需要更加客观全面地了解自己。这样才能真正做到知己知彼，百战不殆。

认识自我的几个层面

了解自己，就是对自我的认知，即自我意识。是对自己及自己与周围环境关系的认识，包括对自己存在的认识，以及对个体身体、心理、社会特征等方面的认识。这种认识是个体通过观察、分析外部活动及情境、社会比较等途径获得的，是一个多维度、多层次的心理系统。由于人是多层次多维度的，我们可以从很多个视角来了解自己。

从形式上看，自我意识可表现为认识、情感、意志三种形式，即自我认知、自我体验、自我控制。

自我认知是指人对自己的生理、社会、心理等方面的意识。它包括自我感觉、自我观察、自我概念、自我评价等。自我认知解决的是“我是一个什么样的人”的问题。其中自我概念是自我认识中非常重要的一块内容，是指一个人关于自己的观点和看法。

自我体验是主观自我对客观自我产生的情绪体验，是在自我认知基础之上产生的。自我认知决定自我体验，而自我体验又强化着自我认知，主要集中在“能否悦纳自己”“对自我是否满意”等方面。自我体验的内容十分丰富，包括义务感、责任感、优越感、荣誉感、羞耻感等。

自我控制是对自己行为和思想、言语的控制，以达到自我期望的目标。包括自我激励、自我暗示、自强自律，核心内容是“我将如何规划自己的人生”。自我控制是自我中最高阶段，其核心是“我应该做什么?”“我应该成为什么样的人?”“我可以选择如何做?”

从内容上看，自我意识主要有生理自我、心理自我、社会自我及职业自我四个方面。

生理自我：对自己身体、生理状态（如身高、体重、容貌）的认识和体验。如健康、英俊、漂亮、有吸引力、风度、迷人、自我悦纳，追求身体的外表、物质欲望的满足等。

心理自我：对自己的心理活动、个性特点、心理品质的认识、体验和愿望，包括对自己的智力、性格、气质、兴趣、能力、记忆、思维、感知、情绪、信仰等的认识和体验。如有能力、聪明、优雅、敏感、迟钝、感情丰富、细腻。

社会自我：对自身与外界客观事物关系的认识、体验和愿望，包括个人对自己在客观环境及各种社会关系中的角色（包括姓名、性别、年龄、籍贯、民族、生源地等）、地位、家庭背景、名望、权利、义务、责任、力量等的意识。如自尊、自信、自爱、自豪、自卑、自怜、自恋。

职业自我：就是自我概念在职业上的表现。指个人对自己的职业方面的兴趣、能力、价值观及人格特征等方面的综合认识。职业自我概念从青年期以前就开始形成，进入青年期后进一步明确，逐步成为职业语言上的自我概念。

个人能否从工作中获得满足感，取决于他是否找到了适合于自己的能力、兴趣、价值观、性格特性等的职业。从工作中获得满足感的程度，与个人自我概念的实现程度是成正比的。

关于职业上的自我概念，舒伯提出过三条非常著名的论断：

（1）人通过选择能自我实现的职业来表现自己与自我概念；

（2）人通过职业表现自身的自我概念，并在现实生活中反复推敲与不断探索，不同的人生阶段有不同的自我概念的表现；

（3）这样不断适应的过程，构成了人在职业上的自我实现，随着职业经历的成熟，职业的行为也将趋于安定，但是由于职业的差异，自我概念的实现还将受到外界环境的制约。

可见，对自我的认识有着非常丰富的内容。进行客观、正确的自我评价是一个复杂、毕生的任务，人的自我发展也是一个连续的终生的过程，对自我的认识将是人类永恒的话题。“认识你自己”也将是我们每一个人的终生课题。

一个介绍自我和相互了解的模型

人对自己到底能有多了解？著名心理学家约瑟夫·勒夫（Joseph Luft）和哈里·英格拉姆（Harry Ingram）在20世纪50年代共同研究开发出了约哈里之窗（Johari Window，亦译为乔哈里之窗），向人们展示了人类认识自身的新视野。下面让我们来借助这种全新的视野再重新了解一下自己。

约哈里之窗也被称为“自我意识的发现—反馈模型”，是一个介绍自我和相互了解的模型。它实际上包含的交流信息有：情感、经验、观点、态度、技能、目的、动机等，作为这些信息主体的个人往往和某个组织有一定的联系。现在，约哈里之窗已经成了一个广泛使用的管理模型，用来分析以及训练个人发展的自我意识，增强自我理解、信息沟通、人际关系、团队发展、组织动力以及组织间关系。

根据我们对自己的了解、不了解和别人对我们的了解和不了解，约哈里之窗将对一个人的认知分成四个窗口，分别为第 1 窗口——开放我、第 2 窗口——隐藏我、第 3 窗口——盲目我、第 4 窗口——未知我[①]（见图 5 –8）。

由图 5 –8 可知，第 1 窗口称为开放我（Open self)，这个部分指的是我们自己知道，别人也知道的部分，即内外认识都一致的透明的自我侧面。比如我们的长相、身高、体重，以及某些公开性的统计资料，如学历、性别、籍贯等，还包括一些个性成分。

	自己知道	自己未知
他人知道	1 开放我（公开）	3 盲目我（盲点）
他人未知	2 隐藏我（隐私）	4 未知我（潜能）

图 5 –8　约哈里之窗

第 2 窗口称为隐藏我（Hidden self)，这个部分指的是我们自己知道，而别人不知道的部分。这部分包括自己的真正面目，没有传达给他人的自己认识中无意识部分，包括依靠自己的表现方法和技巧自我掩饰的部分。比如一些童年往事、痛苦辛酸的经历、身体上隐疾等，这些东西我们可能不愿意让别人知道，而成为隐藏我。要缩小隐藏我是一件很不容易的事，一个人可能会因此而丧失自己原本拥有的自尊、荣誉以及公共形象。

第 3 窗口称为盲目我（Blind self)，这个部分指的是我们自己不知道，而别人了解的部分。例如我们自己的一些习惯动作、一些口头禅等。这些

① 王一敏．当代社会成人的职业再开发与指导[M]．上海教育出版社,2000.

习惯性的东西，我们平时自己并不觉察，直到有人告诉我们。盲目我的大小与一个人的自我觉察能力有关，有些人具有内省特质（Bntra Eption Trait），则可能他的盲目我会比较小。一般人总以为自己对自己最了解，事实上并非如此，有些人并没有认识到自己的长处与短处，别人却非常清楚地看到了。

第4窗口称为未知我（Unknow self），这个部分指的是我们自己不知道且别人也不知道的部分。这是一个大小难以确定的潜在知识。而自己不知道别人也不知道的关于自己的事实，称为未知之事，即为隐藏潜能。比如我们如果没有某种因缘际会的经验，可能从来不知道自己是一个演讲专家或者一个好的演员，艾森豪威尔如果没有在“二战”时被派往欧洲战场做指挥，也许他永远不知道自己是个好的将军。这个部分通常指的是某些尚待开发的能力、特性；如果我们把弗洛伊德的潜意识观念带进来，那么，未知我还包括许多深层欲望、痛苦、罪恶感等一切在潜意识的内容。

前面三个窗口不管自己或他人能看到多少，但总有曝光的一部分，只有第4窗口不同，是尚未曝光还处于黑暗之中、“自己和别人都不清楚的隐秘部分”。这部分就是我们通常所说的人的潜在意识与潜在能力。

应当说，以上四个部分的总和才构成一个完整的自我。第1窗口表现了自己和他人共同承认的性格、态度、思考方法、能力等，是向外界直观传达的自我形象。第2、第3窗口则表现了人类的多面性以及人可以从多种角度认识、洞察自己，表明了人不断深化认识与洞察自己的可能性。第4窗口表明在我们遭遇危机或变故时可能迸发出来的从未显露出来的自我认识。

约哈里之窗是动态的，我们可以通过内、外部的努力改变约哈里之窗四个区域的分布。也就是当我们公开的、隐私的事实放大了，那么我们的盲点和隐藏潜能相对就变小了。

四个窗口在每个人身上的构成比例是有差异的。这种差异通过每个人的个性差异反映出来。但总的来说，都是第1窗口的开放我最小，而第4窗口的未知我最大，也就是说人们对自己真正了解的远没有未知的部分大。那么理想的、向上发展的窗口比例应该是怎么样的呢？日本学者中川彦曾根据调查做了假设，提出了现实中的窗口和理想中的窗口模型（见图5－9）。从图上看，两个模型中的窗口比重正好相反。也就是说，人们通常都以为自己很了解自己，实际上人们对自己通常都所知甚少。第4窗口即个人潜在意识与能力的开发，还有很大的空间可以操作。

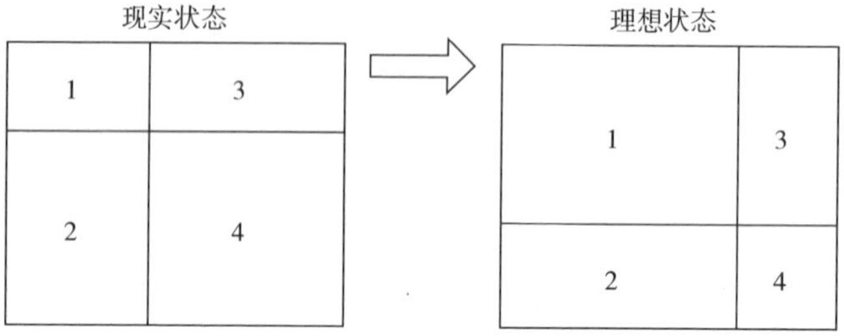

图5－9　现实与理想的比较模型

约哈里之窗的提出，是希望帮助人们更好地了解自己，清楚地掌握自己的四个部分，并且找到改变自我的方法。那么，我们该如何更充分地了解自我呢？

（1）通过对自我坦诚，我们能够更深入地了解隐藏我。通过对别人开放自我，可以帮助我们发展出更理想、更统一的自我人格。

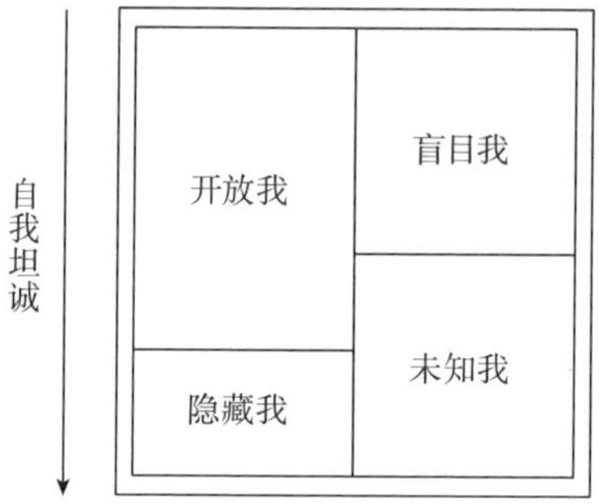

图5－10　自我坦诚

（2）通过自我坦诚，我们常能引发别人的回馈，进而更有助于减少盲目我的部分。当我们从别人那里得到某些回馈的时候，我们会更了解自己，在这种人际主动关系下，我们的友谊快速增长，我们会越来越愿意对我们的朋友述说自己的隐藏我，一个彼此分享、彼此信任的关系网就此展开了。

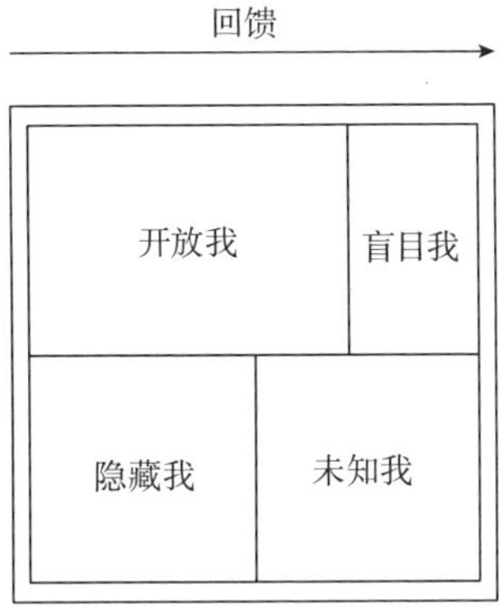

图5－11 回馈

（3）通过自我坦诚和回馈的综合作用，我们可以逐渐地缩小盲目我和隐藏我，使得开放我更加广阔，我们变得更加透明，更加容易被别人接受，我们的行为也有了很好的依靠标准。

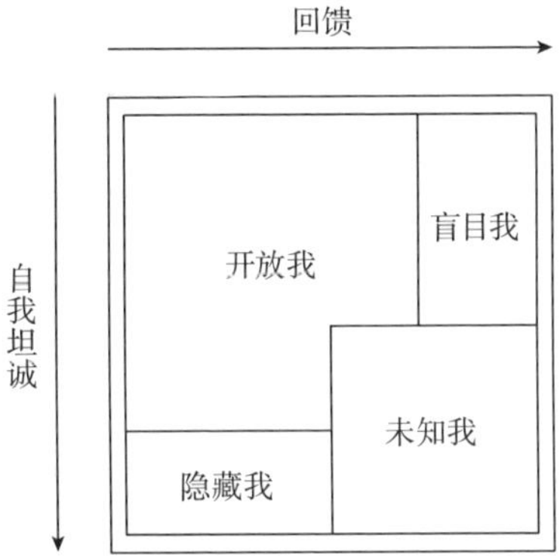

图5－12 自我坦诚＋回馈

那么，该如何缩小未知我的部分呢？可以从下面几个方法入手：

（1）多尝试新的机会。多尝试些未曾参与或具有挑战性、困难的活动、事务与历练，进而知道自己的能、不能与极限。很多时候，没有在相应的环境中，人是很难知道自己真正的反应的。我们往往会通过没有基础的臆想来构建未来可能产生的情势。由于我们的臆想缺乏基本信息，所以，这种臆想错误的概率非常大。多接触不同的环境，多尝试不同的行为，我们才能更加了解自己。对陌生的事情，我们总有一种天生的恐惧感，不要让这种恐惧感限制了我们的行动。

（2）通过自我观察获得新的了解。从婴儿开始，我们通过行动，以及行动获得的反应，来构建我们的世界模型。在不知不觉中，我们的价值观、做事模式形成了。但是，这种自发形成的模式非常地盲目，有可能仅仅是一次别人错误的反馈，而导致我们深刻的印象，并影响到相关的行为。比如，一个儿童兴致勃勃地帮助妈妈洗碗，如果恰好母亲心情不好朝他生气，就可能会让孩子得到这样的反馈：A. 洗碗弄湿了手和衣服，要生病；B. 洗碗弄脏了衣服，让妈妈更加辛苦；C. 洗碗打破了碗，越帮越忙。如果母亲情绪不好，反应激烈，就会在缺乏正确判断力的儿童心理埋下“洗碗不对”的概念，并导致未来拒绝一切类似洗碗的工作。对每个人的自我认识来说，必然有一些这样的错误的反馈导致的错误的价值观存在。作为成人，有了相当的判断能力，通过自我观察，仔细思考，逐渐增加新的了解，改变那些过去通过错误渠道获得的错误价值观和做事模式，对个人的成长和提高来说，都是十分重要的。

（3）通过自我觉察获得顿悟。这个顿悟和佛教所说的顿悟有接近的地方。通过对自我行为、自我情绪、自我思考过程的观察，来了解真正的自我，当对自我行为产生了一定的认识之后，便会形成一个顿悟——一个相对完整的自我形象就产生了。

借助约哈里之窗，我们可以更加全面和深入地了解自己的商业价值系统和职业取向系统。

了解自我的方法是多种多样的，我们可以通过约哈里之窗了解一部分，可以通过心理学、人类学、管理学、哲学等专门学科了解自我，还可以通过实践中的经验、反馈来交接自我。通过多种渠道，我们会逐渐看到真正的自己，看到我们自己的思考方式、判断问题的方式、价值观等内在的、深层的，指引我们行动的种种思维。通过改变这些内在的、深层的思维，我们可以逐渐重新构建一个更加完美的个体，朝着成功的方向前进。

对自己的360度评估

认真听取身边人对自己的反馈，即得到身边360度的信息反馈意见，这是了解自我的一条非常重要的途径。在管理中，360度评估又称多源反馈技术，是一种有效的绩效改善工具。这种方式可以全面、客观地收集当事人的表现，了解当事人的优势和不足，并可以通过对多次评价结果的连续跟踪和记录，帮助当事人进行科学的自我评价，促进其不断成长。

好的，现在我们就带你为自己做一次360度评估。

请先谈谈你对自己的理解，你是一个什么样的人？你的优点和缺点分别是什么？是什么样的具体事件让你这么认为？用具体事例说明，现在就把它写下来。

然后再诚恳地邀请一些比较了解你的人，请他们谈谈对你的想法。或许你会惊讶地发现他们对你的认识与你自己的认识会有很多不同，这些不同及差异会有效地帮助你正确客观地了解自己。不用担心被他们拒绝，表达足够的诚意，这很重要。

请在下面空白处记录下你自己及他们眼中的你。如果空白不够的话，可以另用白纸记录，然后粘贴在这里。

自己：

父母：

爱人：

朋友：

老板：

同事：

下属：

客户：

其他人：

自我小结，我是这样的一个人：______________________________

____

____

____

5.3.3 你的商业价值与核心竞争力

好了，现在你对自己的了解已经比较充分了。该是让这些了解体现出你的商业价值的时候了。现在让我们一起来梳理一下，看你的商业价值都体现在哪些方面。

个人商业价值评估

请让自己尽可能地处于放松状态，认真、深刻地思考以下问题。问题的回答要有客观的事实依据。若空间不够请另备纸张。

（1）请仔细描述你自开始工作以来，每个阶段（包括实习、正式工作、社团、志愿活动等）的主要内容，所掌握的知识、技能，所积累的经验、人脉及取得的成就。

表5-15 个人商业价值分析表

序号	时间	单位	身份	工作经验	知识	技能	经历	人脉	成就
1									
2									
3									
4									
5									
6									

（2）在你整个职业生涯中，业绩表现最佳的领域是什么？你的上司和同事最欣赏你的是什么？

（3）分别谈谈自己的优势及劣势。请至少分别列出三项以上，并用实例说明。

（4）你有哪些特别的社会关系可能会帮到你？

（5）请从以上的分析中，提炼出对于组织来说最具价值的信息。

商业价值与核心竞争力盘点

通过以上系统的分析，你已经可以梳理出自己的商业价值及职场竞争能力了。请在表5-16中按价值及重要性大小依次作好整理。这就是你最主要的商业价值点了，也是你在申请某个职位时最主要的资本。

表 5-16　商业价值点分析

序号	价值点	成功事件
1		
2		
3		
4		
5		
6		
7		
8		

哈佛 MBA 毕业生的最后一堂课

2006 年 11 月，哈佛商学院的两位助理教授史汀博格（Thomas Steenburgh）与诺顿（Michael Norton）向即将毕业的学生，出了最后一道习题。在课堂里，两位老师先要学生重新阅读过去所有学过的营销理论与知识，加以融会贯通，再以“自己”为商品，把自己卖出去（Sell Yourself）。

如何成功让自己成为职场上的抢手货？史汀博格与诺顿提示两项重点：

第一，如何将你的特长，转换为“顾客”的福利，表明为什么对方要选择你；

第二，如何将“顾客”的福利，转换为你的特长，了解顾客正在寻找什么产品，接着问，你可以为他们做什么。

他们提出三项评量重点：①我如何表现我的优势，如何将这些优势以独特的方式呈现；②如何向对方证明我有这些能力；③我的弱点是什么，要如何管理这些弱点。①

现在你要做的，除了不断增强你的商业价值外，就是用这种营销的思

① 管理文摘[J]. 中外管理,2006(1).

维去充分营销自己。

解决别人的难题成就你的财富

美国富商达瑞8岁的时候，偶然有一个和非常成功的商人谈话的机会。当他对商人讲述了自己很想挣钱的念头时，商人给了他两个重要的建议：一是尝试为别人解决一个难题；二是把精力集中在你知道的、你会做的和你所拥有的东西上。这两个建议很关键。因为对于一个8岁的孩子而言，他不会做的事情很多。于是他不停地思考：人们会有什么难题，他又如何利用这个机会呢？一天吃早饭的时候，父亲让达瑞去取报纸。美国的送报员总是把报纸从花园篱笆的一个特制的管子里塞进来。假如你想穿着睡衣舒舒服服地吃早饭和看报纸，就必须离开温暖的房间，冒着寒风，到花园去取。虽然路短，但十分麻烦。就在达瑞为父亲取报纸的时候，一个好主意诞生了。当天他就按响邻居的门铃，对他们说，每个月只需付给他1美元，他就每天早上把报纸塞到他们的房门底下。大多数人都同意了，很快他有了70多个顾客。一个月后，当他拿到自己赚的钱时，觉得自己简直是飞上了天。很快他又有了新的机会，他让他的顾客每天把垃圾袋放在门前，然后由他早上运到垃圾桶里，每个月加1美元。之后他还想出了许多孩子赚钱的办法，并把它整理成书，书名为《儿童挣钱的250个主意》。为此，达瑞12岁时就成了畅销书作家，15岁有了自己的谈话节目，17岁就拥有了几百万美元。①

读完这个小故事，能给你什么样的启发？

其实工作的实质，就是解决那些妨碍我们实现目标的各种各样的问题，普通职位解决执行和操作问题，高级职位解决战术及各种复杂问题，高层和老板解决战略问题。很显然，为别人解决难题恰恰是你创造财富的阶梯，为别人解决难题也正是成就你自己的过程。

你擅长解决什么问题，你的价值就在哪里。商场如此，职场更是如此。

---

① 博多·舍费尔. 达瑞的故事[J]. 文苑,2007(21).

充分而透彻地了解目标企业最需要解决的问题和最需要的人，并尽你所能帮到他们，你的商业价值系统就开始发挥作用了，并会为你带来源源不断的财富。

今日思考

你的商业价值集中体现在哪些方面，与职业取向系统的结合点是什么?

第 6 天

审时度势 “谋”出职业机会

如果怕热，就别进厨房。

——哈里·S. 杜鲁门（美国前总统）

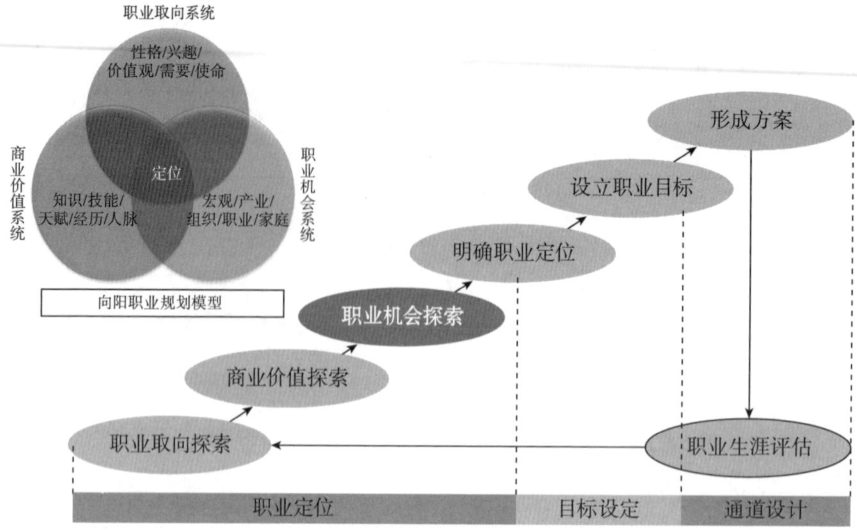

图6-1　向阳职业规划模型——职业机会系统

不管你有多么远大的理想，也不管你有多大的能耐，如果你所处的时代和环境不能给你提供有力的支持，那么想成就一番事业无疑是难上加难的。所谓时势造英雄，在不同的环境下，会产生不同的机会，造就不同的英雄。

而这个影响因素就是我们所说的职业机会系统。它由整体的宏观大环境、当下的产业环境、组织环境、职业环境及自身的家庭环境五类要素构成。它直接影响人们是否有职业机会，以及到底能有多大的职业机会，也直接决定着职业的一般发展方式和发展路径。通常这类要素要么是你职业生涯上的助力，要么就是你的阻力。

相对于职业取向系统和商业价值系统而言，职业机会系统属于外部环境性因素。或许很多人都没有意识到其中若干因素的长期存在，但这并不妨碍它们对我们每一个人职业生涯的深刻影响。本章开始之前，需要特别提示的是，完成职业机会系统的探索是需要花很多时间和精力的，但只有当你系统地了解你的各种职业机会，才可能保障你的职业生涯发展得长久。如果其中很多问题你难以处理，有两种捷径可以考虑：一是直接关注

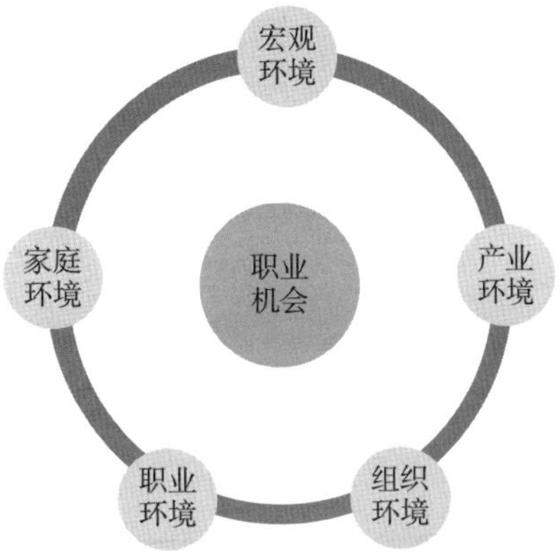

图6－2 职业机会系统

那些你最关注的部分；二是寻求职业规划咨询机构这样的外部智囊机构的帮助。对于你一生的发展来说，相信任何努力和付出都是必要的，也是值得的。

6.1 透过宏观环境找职业机会

宏观环境对整个就业环境及职业机会的影响是非常巨大的，也是不可抗、不可逆转的。个人左右不了，唯有顺应。同时，深刻理解宏观环境对你的影响就等于掌握了职场的大趋势，在一段职业生涯还没开始前，你已经能够赢在制高点了。

宏观环境（Macro－Environment）是指能影响整个职业生涯活动的广泛性因素，主要包括人口环境、经济环境、政治法律环境、社会文化环境、自然环境、科技环境及其他重大事件等七大方面。

6.1.1 从人口环境中找机会

人口环境是指人口的数量、分布、年龄和性别结构等情况。关系到人口结构、人力资源结构及人才的供给等产业及职业发展。

在收入水平和购买力大体相同的条件下，人口数量的多少直接决定了各个行业的市场规模和市场发展的空间，人口数量与市场规模成正比。对于大多数职业来说，人口越多的地方，职业机会也就越多。

人口结构包括人口的年龄结构、教育结构、家庭结构、收入结构、职业结构、性别结构、阶层结构和民族结构等多种因素。其中，人口的年龄结构最重要，直接关系到各类商品的市场需求量，关系到职业人群的主要服务对象。如：当前中国社会正加速走向老龄化社会，老年产业及老年产业的服务人才就会得到更大的发展；由于独生子女政策，人们普遍更加重视在下一代身上的投入，所以像青少年甚至幼儿教育这样的一些领域的发展机会就更多。

6.1.2 从经济环境中找机会

经济环境主要是指一个国家或地区的社会经济制度、经济发展水平、产业结构、劳动力结构、物资资源状况、消费水平、消费结构及国际经济发展动态等。

人力资源的供求不均衡、结构性失业问题突出，产业升级及产业转移，信息化、全球化时代带来国际化人才竞争等对职业机会都产生重大的影响。

以上海为例。《上海市城市总体规划（2017—2035年）》[①] 明确指出，上海的城市性质定为长江三角洲世界级城市群的核心城市，国际经济、金融、贸易、航运、科技创新中心和文化大都市。规划明确，到2035年，上海的重要发展指标将达到国际领先水平；到2050年，上海的各项发展指标要全面达到国际领先水平。上海要主动融入长三角区域协同发展，构建上海大都市圈，打造具有全球影响力的世界级城市群。上海将促进长三角进行合理分工、错位竞争，进行协同发展，进一步夯实产业基础，促进公共服务深度融合。经济增长转向创新驱动，上海建设国际金融中心和具有全球影响力的科创中心，这是国家战略。显然，规划为在上海甚至上海大都市圈发展的学生和职场人指明了在该区域最具发展前景的职业领域。

总的来说，经济环境越是开放，经济越是发达，消费水平越高，职业

---

① 上海市人民政府．上海市城市总体规划(2017—2035年)[Z]．2018.

机会就越多，选择空间就越大，职业生涯的自主性就越大；反之则机会越少，选择空间小，职业生涯的自主性就越小。所以北、上、广、深这样的大城市职业机会和发展空间总是最有吸引力的。

6.1.3 从政治法律环境中找机会

政治法律环境包括一个国家或地区的政治制度、体制、方针政策、法律法规等方面。这些因素常常制约、影响企业的经营行为，尤其是影响企业较长期的投资行为。政治环境的稳定是经济发展的根本保障，是各行各业正常发展的前提条件。

要注意国家政策的影响，要了解国家对某一行业是支持、鼓励和引导，还是限制、控制和制约。要尽量选择那些有前景、发展空间较大的行业。例如，在国家“十二五”规划中，就明确提出了加快发展现代农业、改造提升制造业、培育发展战略性新兴产业、加快发展服务业、加强现代能源产业和综合运输体系建设等一系列政策方向。如在培育发展战略性新兴产业一节明确指出“……积极有序发展新一代信息技术、节能环保、新能源、生物、高端装备制造、新材料、新能源汽车等产业，加快形成先导性、支柱性产业，切实提高产业核心竞争力和经济效益……”我国近年来狠抓环境保护，推行可持续发展战略，保护生物多样性，在农业生产中控制化学制品的使用，开发“绿色食品”等，使环境保护产业如初生朝阳，充满生机，促使环保设备生产、环保技术咨询等行业迅速发展，提供了大量职业机会。如果不了解情况，为了一时利益，盲目进入那些污染后果严重的行业谋职，必将会给自己的职业生涯造成严重的不良后果。可以说，掌握了产业政策方向，就掌握了职业发展的先机，就把握了大势，就已经开始赢了。

6.1.4 从社会文化环境中找机会

社会文化环境是指我们所处的社会结构、教育、社会风俗和习惯、信仰和价值观念、行为规范、生活方式、文化传统、人口规模与地理分布等因素。它是某一特定人类社会在其长期发展历史过程中形成的，它影响和制约着人们的职业观念、需求欲望及特点、生活方式，对职业活动产生直接影响。

受教育程度的高低，影响到人们的职业层次和职业化水平。通常文化教育水平高的国家或地区的人们的整体从业层次会比较高。所受教育的内容也直接影响着产业发展空间和职业机会。就拿我国的职业规划咨询业来说，为什么那么多的人会积极并坚定地投入这个领域呢？原因自然有多种，但我国教育体系中对生涯教育的缺失无疑是其中不可忽视的重要部分。由于生涯教育的缺失，很少有人在就业之前可以接受到如何选择职业、如何做好一份工作，以及如何更好地生活这样的教育，而这些在真实的职场上却是必须掌握的。虽然当前高校已经开展职业规划教育，但成效不大，大部分人在离开校门时都还是迷茫困惑状态。这样自然职业规划的需求就会有很多，职业机会也就多了。

不同文化背景下的社会价值观念往往有着很大的差异，人们对什么样的职业更好都有自己褒贬不一的意见和态度。它对职业声望排名有着很直接的影响。干什么最吃香？面对这些问题，每个人的回答不一样，每个时代的回答也不一样。在中华人民共和国成立初期，贫下中农最吃香，从20世纪70年代当兵、当工人受追慕，到20世纪80年代个体户流行，再到20世纪90年代“下海”经商风行，进入21世纪以来，吃香的行业和职业更趋多元化，银行、税务、工商、电信、外企……今天，在热门职业排行榜上，公务员、国企职工等赫然居前，成为一种引人注目的社会现象和择业倾向。

6.1.5　从自然环境中找机会

靠山吃山，靠水吃水。自然环境对职业机会的影响也非常明显。

鄂尔多斯曾是中国内地最富有的城市，为什么呢？因为鄂尔多斯境内地下有储量丰厚的能源矿产资源，目前，已经发现的具有工业开采价值的重要矿产资源有12类35种。已探明的天然气储量约1880亿立方米，占全国1/3。已探明的稀土高岭土储量占全国1/2。丰富的天然矿产资源造就了鄂尔多斯独特的产业和职业环境。可以说，这里的人们天生就是与这些天然资源打交道的。

所谓"上有天堂，下有苏杭"，宜人的气候和美丽、繁荣、富庶的城市，使得苏州、杭州成为非常著名的旅游胜地。自然而然这些城市旅游业就非常发达，旅游类及其关联职业机会就会更多。

每个地方都有其独特的自然环境，而这独特的自然环境也自然就给当地人提供了独特的职业机会。

6.1.6 从科技环境中找机会

科技环境对职业机会的影响是系统性的，对职业性质影响更深入。良好的科技环境可以形成产业及职业的集聚效应。比如杭州的 IT 技术环境对相关职业机会的带动。近年来，信息服务与软件业作为关联度和贡献度最大、发展前景最为广阔的产业，成为杭州现代服务业八大重点产业之一。目前，杭州的天堂硅谷建设已初具规模，形成了以通信设备、电子商务、软件、集成电路、数字电视、动漫与网游等为代表的"两强、两优、两新"高新技术产业群。对于各类 IT 人才而言，杭州无疑是国内最好的发展区域之一。

近年来，美国不断对我国科技公司、科研机构与个人实行"经济制裁"，我国 200 多家实体被美国陆续列入"实体清单"，2019—2020 年尤甚。华为、海康威视、大华科技、科大讯飞、奇虎 360，以及哈尔滨工业大学等企业和机构纷纷被列入"清单"。我国 5G、半导体、人工智能、云计算、大数据、网络安全、高端材料、精密光学元件等诸多行业的发展受到了影响。

美国的制裁，同时也刺激了我国相关领域的快速发展。如 2020 年 7 月 30 日，国务院学位委员会会议投票通过，集成电路专业升级为一级学科，从电子科学与技术一级学科中独立出来。可以预见该学科及相应的技术、产业将会发展得更快。今天，我国在移动互联网、5G、云计算、物联网、大数据、人工智能等领域的技术发展迅速，可谓一天一个样。

某种程度上，这也刷新了我们专业选择和职业选择的认识，让"实体清单"成为我们的一份职业规划行业指南。

变革性的技术对企业的经营活动和职业活动产生着巨大的影响。企业及相关从业人员要密切关注与本企业的产品有关的科学技术的现有水平、发展趋势及发展速度，对于新的硬技术，如新材料、新工艺、新设备，必须随时跟踪掌握；对于新的软技术，如现代管理思想、管理方法、管理技术等，企业要特别重视。

6.1.7 从其他重大事件中找机会

一些重大的事件同样会对职业机会产生影响。这里举两个在笔者写作期间发生的对职业机会影响重大的事件。

中国女子网球名将李娜在2011年6月4日的法国网球公开赛上，连克世界名将及上届冠军得主，取得她职业生涯首个大满贯冠军。或许很多人并不关心网球运动，或许你认为这只是李娜个人的事。但李娜夺冠是重大事件吗？从当晚CCTV新闻频道全程直播，到次日《人民日报》头版套红报道，不是国家大事，何来刻意高规格？这是中国人第一次获得这个冠军，也是亚洲第一人获此荣衔。她打破了西方人垄断网球的历史。但对于中国体育来说，我觉得更重要的是这个事件将带动中国的网球运动产业的发展。李娜夺冠后，很快就有媒体报道济南的网球运动项目日渐火热，许多家长带着孩子去接受专业教练的辅导和训练。可见这个事件为网球运动员、网球教练、网球生产商等一系列相关职业都创造了全新的机会。

2011年6月，海协会与海基会终于就大陆居民赴台“个人游”问题达成共识。双方同意在6月底前开始实施大陆居民赴台“个人游”。同时，双方同意将逐步增加组团社数量，加强市场监管和安全管理，增加特色游、深度游等。这一事件媒体评介说：大陆居民赴台个人游将引爆中国台湾旅游“黄金十年”。中国台湾方面预估，每年可以带来90亿~150亿新台币的商机。而随着“台独”势力对两岸形势的负面影响，大陆赴台旅游人数骤减，中国台湾旅游业则形势惨淡。

而在全球新冠肺炎疫情的持续影响下，几乎全球的旅游业都一度遭到了重创。

6.2 选择适合你的行业

俗话说得好“男怕入错行，女怕嫁错郎”，这几乎已是一个“铁打的定律”。可见自古以来人们对行业（职业）选择的重要性一直都是有非常深刻的认识的。

现代的职业分工已经很细，对于大多数人而言，能在一个行业里有所作为已属不易，很难在多个行业里都有杰出贡献。所以在投入之前有效地了解这个行业就显得尤为重要，不然就很容易“不听古人言，吃亏在眼前”了。

除了那些被政策限制或正衰退的行业外，其实一个行业是好还是不好，关键看是否适合你。很多案例也证明，即使一个人在一个行业非常成功，到另外一个行业，往往完全不是那么回事。“你想改变世界，还是想卖一辈子汽水?”这是乔布斯邀请百事可乐总裁约翰·斯考利加盟苹果时所说的话，结果这位在百事非常成功的约翰，到了苹果却表现平平。

下面我们从产业发展趋势的角度入手，带着你发现适合自己的行业。

6.2.1 产业进步的趋势

产业（Industry）一词，在不同的场合和不同的语言环境下存在各种不同的解释。本书基于产业经济学的范畴来理解。产业就是指国民经济的各行各业，从生产到流通、服务以至于文化、教育，大到行业，小到部门都可以称为产业。一个行业（或产业）是指从事相同性质的经济活动的所有单位的集合。[①] 行业是企业的集合。从事同类产品的生产销售企业或提供类似服务的企业达到一定的数量就可形成一个行业。可以把一个行业看作一个产业类别，也可以把一系列相互关联的行业作为一个大的产业类别。例如，家电行业，就包括生产电视机、空调、冰箱、洗衣机等不同类型具体产品的若干家企业，我们也可以把它叫作家电产业。

---

① 《国民经济行业分类》(GB/T 4754—2011)。

产业的概念介于微观经济细胞（企业和家庭消费者）与宏观经济单位（国民经济）之间的若干“集合”。现代经济社会中，存在着大大小小的，居于不同层次的经济单位，企业和家庭是最基本的，也是最小的经济单位。整个国民经济又称为最大的经济单位；介于两者之间的经济单位是大小不同、数目繁多的，因具有某种同一属性而组合到一起的企业集合，又可看作国民经济按某一标准划分的部分，这就是产业。

1935 年，美国经济学家费舍尔在其所著的《安全与进步的冲突》一书中，根据人类生产活动发展的三个阶段，把整个人类社会的产业分为三类。

第一产业是直接以自然界为对象进行生产活动，如农业、畜牧业和林业等，产品靠人类自身的体力劳动直接从自然界获得。

第二产业则是把第一产业获得的原料加工成各种物品的活动，如制造业、建筑业等，产品是通过对第一产业所获得的产品进行加工而成，产品的形态发生了显著的变化，不再保留原来的自然物质形态。

第三产业是从事产品交换和生活服务的活动，如商业、金融保险业、公用事业、文教卫生事业等。

1971 年，联合国颁布了标准产业分类法，正式将产业定为三类：第一类产业以农业为主，第二类产业是制造业，第三类产业为服务业。

1985 年 4 月，我国国家统计局根据联合国的划分标准，对我国的三次产业作了划分：第一产业为农业（包括林业、牧业、渔业等）；第二产业为工业（包括采掘业、制造业、自来水、电力、蒸汽、热水、煤气等供应业）；第三产业为上述第一、第二产业以外的其他产业。

由于科技进步尤其是第三产业中服务业的发展，三次产业之间出现了融合的趋势，各产业之间的界限逐渐模糊，同时，服务业又迅速向第一、第二产业扩张和渗透。

三个产业融合的趋势表现在两个方面：一是农业产业化的进程加快使得农业与加工工业及服务行业之间的渗透与融合出现加快的趋势，在发达国家以及我国的经济发达地区，出现了集农、工、贸与服务为一体的生产经营综合体，把农业的产前、产中和产后的各个环节连接起来，形成生产、经营和服务一条龙的农业生产体系。二是第三产业对第二产业的生产性服务的加强使第二、第三产业出现融合的趋势。在直接生产过程的前期、中期和后期，与生产有关的各种服务，如研究、设计、信息反馈等，随着生产社会化程度的提高和市场体系的不断完善，在产业中所占的份额和作用越来越大，以致生产规模和市场规模越是扩大，就越是要依靠市场的需求、市场信息的获得，就越是需要市场研究的深入以及广告宣传和企业形象设计的加强。这种趋势促进了第四产业的兴起。①

20世纪中叶以来，计算机技术、电子技术、生物技术和现代通信技术的广泛应用，使社会的产业形态极为丰富，出现了软件产业、信息咨询业、生物工程业和传播娱乐业等新的产业形式。这些新的产业形式过去仅仅依附于传统的产业形态之中，随着科学技术的迅猛发展，它们作为崭新的产业形态而独立存在。②

第四产业是知识产业，也称智慧产业，它由知识、智力密集型产业构成，包括高科技产业中的智力知识密集型了产业，如信息开发业、航天产业、生物产业、海洋产业以及服务业中的知识密集型产业等。知识产业已经成为信息社会的主导产业，知识产业的信息化是整个社会信息化的重要环节。那么知识产业具体包括哪些领域呢?

按照大多数学者的观点，知识产业分为三大部分：知识生产、知识传播、知识应用。③

美国学者马克卢普的观点是将知识产业作为与传统产业相对应的产业，是指“这样一些厂商或组织机构，在某些情况下可能还包括家庭和个人，他们生产知识，特别是信息产品与服务，无论这种生产的目的为何”。由此，他把知识产业分为5大类共30小类，主要包括5个层次：

· 所有层次的教育（家庭教育、学校教育、职业培训、教会教育、军

① 吕建国，陈小异．应用心理学专业实验室建设的思路[J]．绵阳师范学院学报，2004，23(3)．
② 隗斌贤．知识经济形态下的产业分类与计量研究[J]．统计与决策，2000(6)．
③ 科教文卫是知识产业的核心[J]．北京电子，2006(7)：30．

训、电视教育、自我教育、实践教育)；

·研究开发（基础研究、应用研究、发展研究等)；

·通信和传播媒介（书籍、期刊和报纸的印刷出版业、电影戏曲、广播电视、电报电话、通信邮电等)；

·信息设备或设施（计算机、电子数据处理、电信、办公设备或设施)；

·信息机构和组织（证券经纪业务、不动产代理业务；图书馆，信息中心，与信息相关的政府、法律、财政、工程、医学等部门)。

表6－1　产业结构与技术结构存在的对应关系

产业分类	活动方式	技术种类
第一产业	直接从自然中获取资源	农牧技术
第二产业	对获取的资源进行加工	工业技术
第三产业	产品交换和服务	管理技术
知识产业	知识和信息的生产、分配和使用	信息技术

6.2.2　产业进步对社会分工基础的影响

产业进步对社会分工的基础产生革命性的影响。随着产业技术进步与知识含量增高，社会分工的基础从以体能为主逐步发展到以脑力（智能）为主。图6－3显示了产业发展与社会分工基础的变化。

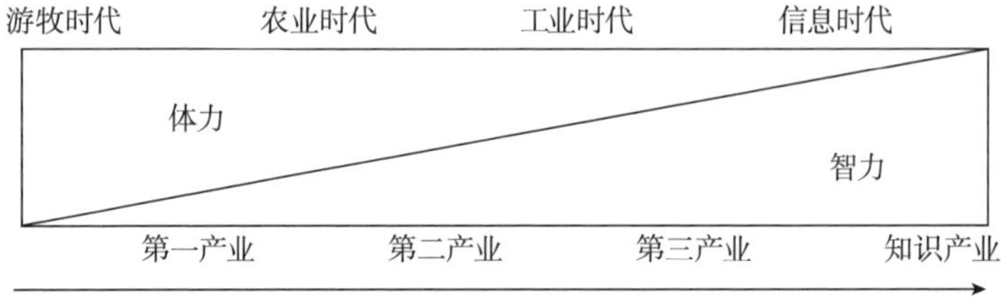

图6－3　产业发展与社会分工基础的变化

从产业发展的历程来看，每一次产业更迭，新出现的产业对原有产业的品质都会施以革命性的影响。例如，第二产业的兴起带来了农业的机械化，减轻了过去农业劳动中的劳动强度，提高了农业生产效率；第三产业的兴起带来了农业生产中的技术革命和农、工、商一体的农产品市场化；知识产业的兴起给农业带来的则是高科技、国际化的前景，几千年来靠天吃饭的粗放型农业将会变成不受气候和季节影响、深度加工与经营一体化的现代化农业。

产业的发展对行业的影响可能产生两个结果：一是使一些行业消亡；二是继续存在的行业内涵（产品和服务的内容、技术内核）发生变化，导致行业的经营和岗位分工依据发生变化，以及人员胜任素质的变化。

随着社会分工中体力主导地位的削弱，妇女在就业中与男性平等竞争的可能性提高，同时，残疾人就业与退休人员再就业也有了更大的可能性。

当然，产业进步的代价也是很大的：进步越快，技术淘汰就越快，下岗、转岗、因人员技术落后造成的失业可能性越大。从整体来看，产业的进步对人、对职业组织的综合要求都大大提高。

在行业的选择上，人们常常会用朝阳产业和夕阳产业来形象地定义一个产业总的发展趋势和机会，这是从产业未来可预期的发展前景角度来看的。朝阳产业是指未来发展前景看好的行业，它们犹如初生太阳，前景光明。如再生能源业、信息产业、文化创意产业、人力资源服务业等。在这类行业中，只要持之以恒、坚持不懈，随着行业蓬勃发展，从业者也将会有无穷的发展机会。夕阳产业是指未来发展前景不乐观的，处于停滞或萎缩状态的行业，如胶卷业、造纸业、纺织业、烟草业等。在这类行业中，从长远发展的角度来看，从业者的发展会受到相当限制。

6.2.3 有吸引力的行业长什么样？

不同的行业之间在以下几个方面有着重大的区别：经济特点、竞争环境、未来的利润前景。

行业经济特点的变化取决于下列因素：行业总需求量和市场成长率、技术变革的速度、该市场的地理边界（包括区域性：全国范围的或世界范围的）、买方和卖方的数量及规模、卖方的产品或服务统一还是具有高度差别化、规模经济对成本的影响程度、到达购买者的分销渠道类型。行业之间的差别还体现在对下列各因素的竞争重视程度：价格、产品质量、性能特色、服务、广告和促销、新产品的革新。在某些行业中，价格竞争占统治地位；而在其他行业中，竞争的核心却可能集中在质量上，或集中在产品的性能上，或集中在品牌形象与声誉上。

一个行业的经济特性和竞争环境以及它们的变化趋势往往决定了该行业未来的利润前景，在那些毫无吸引力的行业中，最好的公司也难获得满意的利润，再好的从业者也难获得大的发展；相反，颇有吸引力的行业中，弱小的公司也可以取得良好的经营业绩，从业者的发展前景也会一片光明。

一个有吸引力的行业会具备能够在整个市场上竞争成功的一些关键因素。这些关键因素能直接影响行业成员能否在市场上繁荣，如产品的属性、公司的资源、竞争能力以及与公司盈利能力直接相关的市场成就。表6－2列出了这些主要的关键成功因素。

表6－2　行业中常见的关键成功因素

与技术相关的关键成功因素	技术研究能力 在产品工艺和制造过程中进行有创造性改进的能力 产品革新能力 在既定技术上的专有技能 运用网络发布信息、承接订单、送货和提供服务的能力
与制造相关的关键成功因素	低成本、高生产效率 固定资产很高的利用率 低成本的生产工厂定位 能够获得足够的熟练劳动力 劳动生产率提高 成本低的产品设计和产品工程 能够定制化地生产一系列规格的产品
与分销相关的关键成功因素	强大的批发分销商/特约经销商网络 通过互联网建立起来电子化的分销能力 能够在零售商的货架上获得充足的空间 拥有公司自己的分销渠道和网点 分销成本低 送货速度快

续表

与市场营销相关的关键成功因素	快速准确的技术支持 礼貌的客户服务 准确地满足客户订单 产品线和可供选择的产品很宽 推销技巧 有吸引力的款式或包装 客户保修和保险 精准的广告
与技能相关的关键成功因素	劳动力拥有卓越的才能 质量控制诀窍 设计方面的专有技能 在某一项具体的技术上的专有技能 能够开发出创造性的产品和取得创造性的产品改进 能够使最近构想出来的产品快速地经过研发阶段到达市场 组织能力 卓越的信息系统 能够快速地对变化的市场环境做出反应 能够熟练地用互联网和电子商务做生意 拥有较多的经验和技术秘密
其他关键成功因素	在购买者中间拥有有利的公司形象/声誉 总成本很低 便利的选址 公司职员在与所有客户打交道时都很礼貌，态度和善可亲 专利保护

6.3 组织中的发展机会

所谓知己知彼，方能百战不殆。要想自己的职业生涯能够百战不殆，除了要选择有吸引力的行业外，进行系统的组织环境分析是我们“知彼”的核心内容，毕竟你所选择的或所在这个企业与你的好前途息息相关。

能给我们提供职业发展机会的组织，主要有企业单位、事业单位、政府机构、社会团体和其他等五类。这里我们分别做些了解。

企业单位是从事生产、流通、服务等经济活动，以生产或服务满足社会需要，实行自主经营、独立核算、依法设立的一种营利性的经济组织。①企业以营利为目的，以实现投资人、客户、员工、社会大众的利益最大化为使命，通过提供产品或服务换取收入。按不同性质区分为外资、国有、民营、集体、个体等。它们是市场经济环境下主要的职业活动场所。实质上，不管是哪种企业，都是以营利为目的的，企业单位中每个人存在的根本目的在于直接或间接地帮助企业营利。

事业单位是出于社会公益目的，由国家机关举办或者其他组织利用国有资产举办的，从事教育、科技、文化、卫生等活动的社会服务组织。事业单位不以营利为目的。比如图书馆、文化宫、研究院、公立医院等。大体可以分为“全额拨款”“参公（即参照公务员）”“财政补贴”“自收自支”四类。相对于企业而言，事业单位比较稳定，其职业发展空间也是相对有限的。

政府机构，包括中央人民政府国务院和地方各级人民政府。国务院，是最高国家权力机关的执行机关，是最高国家行政机关，由总理、副总理、国务委员、各部部长、各委员会主任、审计长、秘书长组成。地方各级人民政府是地方各级国家权力机关的执行机关，是地方各级国家行政机关。地方各级人民政府实行省长、市长、县长、区长、乡长、镇长负责制。各级政府中行使国家行政权力、执行国家公务的人员就是公务员。公务员分为综合管理类、专业技术类和行政执法类等类别。

在很多人看来，公务员职业就是铁饭碗。职业稳定、福利好等多种天生的优势让很多人趋之若鹜。近年不断升温的公务员热及非常庞大的考碗族让公务员职业热得发烫。但实际上大部分人在当上公务员之前并不太了解它到底是怎么回事，更谈不上了解这类职业是否适合自己。

社会团体包括行业性社团、学术性社团、专业性社团和联合性社团。

其他类组织，包括民办学校等非企业单位，宗教团体、外国常驻机构等各类组织。

---

① 赵敏．浅析世界各地区农民合作组织特点及绩效[J]．经济研究导刊,2011(2).

企业，是大多数人职业发展的主要平台，所以正是本书讨论的主要对象。

6.3.1 如何评估雇主企业

在诸多外部职业环境中，企业无疑是最为重要、最为直接的了。所以不管是在进入一个企业前还是已经成为一个企业的成员，我们都需要对企业进行深入的了解和分析，以发现更多适合自己的发展机会。

你有必要通过可能获得的一切渠道来了解你的目标企业。比如，可以通过公司所在地的新闻出版机构的新闻线索，来了解该企业产品及服务的详细情况和富有深度的财政经济状况；通过有关书籍和企业发展史、当地各种商业活动、企业人物获奖的细节也能了解到可供参考的资料信息；公司的网站上介绍公司价值观念的那些主页也会透露一些企业文化；另外，至少还可以通过参观或参加面试时的谈话资料和知识背景来充分了解和考虑各种因素。

深入了解一个企业可能给你带来多大的发展机会，可以从以下三大方面来探讨。让我们一起来回答下面这些问题，相信这些问题有了正确的答案后，你在这个企业会有多大的发展机会，是否非常适合你也就明确了。

(1) 企业实力

· 该企业在社会中的地位和声望如何？

· 企业目前的产品、服务和活动范畴是什么？

· 所属产业的发展趋势如何？是朝阳产业还是夕阳产业？

· 企业的发展领域在哪些方面？发展前景如何？这些领域你是否有足够的兴趣？

· 战略目标是什么？与你的职业发展方向是否紧密关联？

· 专业技术力量是否过硬？

· 硬件设施是否先进、到位？

· 竞争对手是谁？在本行业中是否具备很强的竞争力？

· 企业现状是发展扩张，还是倒退紧缩？

· 企业目前的财政状况如何？

· 是真正在“做大”“做强”，还是空有其壳？

· 是否有长久的生命力?

(2) 企业领导人

企业主要领导人的抱负及能力是企业发展的决定性因素。而且个人在职场的运气很大一部分来自你的老板。很多成功的大企业都是因为有一位出色的企业家作为掌舵领航人。当然一个和你不对味的老板可能会让你空耗青春，前途暗淡。因此，要了解企业主要领导人是什么样的人。

· 他是真心要干一番事业，还是想捞取名利?

· 他有没有战略眼光和措施?

· 他是什么样的性格类型? 是开拓进取型，还是尽责守成型?

· 管理是否先进开明?

· 他有足够的能力带领员工开创新天地吗?

· 他尊重员工吗?

(3) 企业文化和政策制度

除了很好的福利、吸引人的薪酬、舒适的工作环境和出色的管理之外，优秀的企业还会创造积极的企业文化，让员工感到快乐和受尊重，而使员工工作更有创造性。员工与企业相互配合是否良好的关键在于企业文化。企业文化是以共同价值观为核心的文化现象，价值观、政策制度是企业文化的部分或全部内容。在所有的价值观中，有两个价值观处于核心地位，一是企业与社会的关系，二是企业与员工的关系。

政策制度是在价值观指引下制定的，因此政策制度是企业价值观的具体体现。政策制度涉及的范围比较广，包括管理制度、用人制度、培训制度等，尽可能了解这些信息，了解企业在组织结构上的特征与发展变化趋势，分析这种安排对自己的未来可能带来什么样的影响。从职业机会分析的角度，特别要注意企业用人制度。

选择让你觉得最舒服的企业文化氛围，是至关重要的。下面一些问题可以帮助你有效了解。

· 企业如何界定它们与员工的关系?

· 这个企业如何界定它们与社会的关系?

· 企业的组织结构是怎样的？哪个部门是核心部门？你最感兴趣的有哪些部门和岗位？

· 自己将来有没有可能在该企业担任更高级的职务或担负更大的责任？

· 企业能否提供你需要的教育培训机会，提供的条件是什么？

· 企业的标准工作时间怎样？是固定的还是灵活的？

· 企业提供的薪酬和福利待遇与行业内其他公司比较如何？

· 个人待遇提升的空间有多大？是基于能力还是工作年限？

通过以上分析，你可以理出一条清晰的线索，确定自己在这个企业中有没有足够的发展空间，衡量自己的目标能够在该企业得以实现的可能性。

6.3.2 如何评估现有岗位

如果你已经锁定某个企业的特定岗位，或是已经在特定的岗位上，这时就需要进一步对该岗位进行评估。看它是否真正适合你，并能给你带来好前途。

那么，什么样的岗位才算是好岗位呢？我们认为，它应该符合以下三个原则：

(1) 与你的职业取向相一致；

(2) 能强化或实现你的商业价值；

(3) 有你需要的发展出路。

下面的10个问题可有效帮助你评估目标岗位对你的价值。请认真回答。

(1) 你对它感兴趣吗？工作起来是否感觉愉悦？

(2) 与你的性格是否匹配？

(3) 你是否认为这个工作内容很有价值？

(4) 可否满足你的心理需求？如恰当的薪资、舒适、稳定、冒险、挑战、自由、地位等。

(5) 能否学到你需要的知识与技能，或是充分发挥你的知识和技能？

(6) 这个岗位能发挥你的天赋吗？

(7) 能否给你带来足够的成就感？

(8) 它能否给你职业生涯进一步发展所需要的人脉等资源?

(9) 这份工作对你的身心健康是否有害?

(10) 它是否有进一步的发展空间?是否能带你通向你职业规划的下一个职位,从而帮助你达成目标、实现梦想?

6.3.3 内部竞争者之间的 PK

不管你对眼前这个企业多么满意,更不论你的目标岗位有多么适合你,不可忽视的一点是,大多数情况下,企业内部的职业机会竞争是比较激烈的。想当主管、经理的人比比皆是,一个职位常常会有 N 个人和你竞争。越是扁平的组织这种竞争越激烈,而让人不安的是,随着信息化的不断深入推进,企业的扁平化管理已然成了普遍趋势。那么,我们该如何更有效地获得晋升的机会?

我们为你提供了一种工具。如果你正碰到这种情况,现在请将你的主要竞争对手或所有竞争对手用表 6-3 同你自己进行对比,找出相对于你的竞争对手的优势和弱点,并制定出相应的行动措施超越竞争对手。

表 6-3 竞争强弱比对表

对比项目	竞争者的情况	你的情况	相对于竞争者		应采取的超越/改善行动
			优势	劣势	
年龄					
性别					
学历					
专业资格					
项目经验					
业绩					
知识结构					
技能					
口碑、声誉					
上层关系					
忠诚度					

续表

对比项目	竞争者的情况	你的情况	相对于竞争者		应采取的超越/改善行动
			优势	劣势	
形象					
健康状况					
心理特点					
其他					

假如你一直在倾听你的“市场”反应，这对于你的自我营销战略可以提供有价值的信息，而且对于区别你的公司与其他公司提供更多的方法。你的竞争（发展）策略应该根据你的优势、竞争对手的弱点以及组织和领导的需求制定。在充分利用你的优势的前提下，仔细分析研究竞争对手的优点，采用标杆管理力争超越他们；同时你要注意克服你的弱点，一方面采取有效行动使之变得更具竞争力，另一方面避免你的竞争对手利用你的弱点攻击你，但千万不要忘记抓住机会攻击或利用你的竞争对手的弱点。

6.4 特定职业的机会考察

我们处于一个职业种类非常丰富的现代社会。人口越是众多、经济越是发达、市场越是开放的地区，职业的种类就越多，选择的空间就越大。每种职业都有可能成为你的发展机会或陷阱。所以在充分了解自身的基础上，你所了解的职业种类越多，越是具体，就越容易做出正确的选择。反之则会处于被动选择的无奈境地。但毕竟一个人的时间和精力有限，了解每一个职业是不现实的。

比较现实的做法是，首先整体上系统了解各种职业的差异，有针对性地选择职业。我们可以通过对职业分类的理解来实现。其次对进入你的视野的、你接触过的、你了解到的，特别是你感兴趣的那些职业及通过职业适合性的分析你可能适合的职业进行深入的考察。这个过程我们把它叫作职业环境分析。通过职业环境分析认清特定职业在社会大环境中的发展状况、技术含量、社会地位、未来发展趋势等，弄清职业环境对职业发展的要求、影响及作用，对各种影响因素加以衡量、评估并做出反应。

为了进一步开阔视野，平时可多关注当前热点职业有哪些，发展前景怎样，社会发展趋势对所选职业有什么影响，要求如何等信息。当我们就特定的职业进行分析时，它与前面我们所谈的宏观环境、产业环境及企业环境又是紧密关联的。

6.4.1 职业，多元理解学问深

不管是工作、职业还是事业，归根结底还是落实在职业上。社会上的职业多种多样，数以万计，我国官方已公布的职业种类有2000种左右。而实际上市场存在的职业种类远远不止这么多。要想有效地了解它们，为职业进行分类是有效的方法。

职业是在人类长期生产活动中，随着生产力发展和社会劳动分工的出现，而逐步产生和发展起来的。一个国家的经济结构、产业结构、科技结构和生产力总体水平决定了社会职业的构成；而职业构成的变化也客观反映着经济、产业、科技以及生产力水平的状况。

生产力发展水平越高、社会劳动分工越细，职业的种类就会越多。通过运用一定的科学方法和手段，对社会全体从业人员所从事的各类经济性活动进行分析和研究，按照其活动的不同性质、对象、内容、形式、功用和结果进行类型划分和归总，我们就可以把五花八门的职业进行系统化、有序化的梳理和理解。

社会分工是职业分类的依据。在分工体系的每一个环节上，劳动对象、劳动工具以及劳动的支出形式都各有其特殊性，这种特殊性决定了各种职业之间的区别。我们需要综合这些因素和变量，予以全面考虑。我们研究职业的分类，因为它涉及个人的就业和职业发展方向的确定和变更，个人职业道路的选择，以及个人职业能力的培养掌握等一系列根本性问题。

职业分类涉及产业、行业、职业和岗位、工作等一系列重要理论和实践范畴。当我们从个人的职业发展的角度来对职业进行分类时，要兼顾到宏观和微观层面，但其重点是关系到我们每个人的微观层面，也就是说，

主要反映和描述职业活动的个体性特征。

因为职业具备多重属性，所以认识职业的视角和职业分类的方法也就有很多种。例如：按照职业活动的性质差异，提供产品和服务的种类的不同，使用劳动资料和劳动对象（原料、材料、工具、设备）的种类的不同，工作环境条件的不同，职业活动规模的不同，员工在职业活动中发挥作用的不同，职业活动对员工的知识和技能要求的不同，以及员工在职业活动中个性心理特征的差异等进行分类。一般而言，在对职业分类过程中，以下几种分类方法较为常见，即理解职业的几种视角。

（1）视角一：按脑力劳动和体力劳动的性质、层次划分

这是我们接触最多的、最为普遍的一种分类法。早期分为白领工作人员和蓝领工作人员两类，即通常所讲的白领与蓝领阶层。近年，随着社会分工越来越细，职业层次划分得也越来越细，分为：金领、白领、蓝领、灰领等。这种分类概括简要，但明显表现出职业的等级性。

金领：金领阶层是社会精英高度集中的阶层，年龄通常在25岁至45岁之间，受过良好的教育，有一定的工作经验、经营策划能力、专业技能。他们具有较强的理论知识水平和一定社会关系资源，年薪在15万元到40万元之间。这个阶层不一定拥有生产资料所有权，但拥有一个公司最重要的技术和经营权。金领阶层一般是指三资企业高级管理，外商驻华机构的中方代表，规模较大的民营公司的经理，国企的高层领导等。

白领：白领阶层是指有教育背景和工作经验的、从事脑力劳动的阶层，是西方社会对企业中不需做大量体力劳动的工作人员的通称，又称白领阶层，与蓝领对应。它的范围包括一切受雇于人而领取薪水的非体力劳动者，因而有"白领职工"之称。他们一般工作条件比较整洁，穿着整齐，衣领洁白，包括技术人员、管理人员、办事员、推销员、打字员、速记员、文书、会计、店员及教师、医生、律师、普通职员等。

蓝领：被称为白领的相对一族，指的是一切以体力劳动为主的工资收入者，如工矿工人、农业工人、建筑工人、码头工人、仓库管理员等。

灰领：相对于"白领"和"蓝领"而言，"灰领"是既具有较强的理论知识水平，又具有比较强的动手操作能力的工作人员。简单地说，就是既会动脑，又会动手的人。灰领职业主要集中在三大行业：IT 行业、设计行业和汽车技术行业。典型的灰领职业有：汽车技术人员、模具设计、电子工程师、IT 程序、电子商务员、网页设计、动漫设计、视频处理技术、动作捕捉技术、会展设计、广告设计、室内装饰设计、首饰设计员等。

（2）视角二：按个性心理的个别差异划分

美国著名的职业指导专家约翰·霍兰德创立的人格—职业类型匹配理论，把人格类型划分为六种：现实型、研究型、艺术型、社会型、事业型和常规型。对应这几种人格类型，把职业环境划分为六大类型。这种分类，把个性心理特征与职业类型二者统一起来，便于根据兴趣进行职业选择及生涯辅导，可促成人们在有兴趣的职业环境中学习和工作。如事业型的可去做经理、厂长、销售等，艺术型的可去做乐队指挥、音乐教师，研究型的可去做科学家、工程技术人员等。目前，在职业的选择和职业规划中，这种划分可以作为一个重要的参考因素。

详细内容请见第 3 天章节。

（3）视角三：依据各个职业的主要职责或“从事的工作”性质划分

《中华人民共和国职业分类大典（2022 年版）》（以下简称《大典》）是我国官方职业分类的主要方式。《大典》以从业人员工作性质的同一性作为职业划分标准的原则，并对各个职业的定义、工作活动的内容和形式、以及工作活动的范围等作了具体描述，体现了职业活动本身固有的社会性、目的性、规范性、稳定性和群体性的特征。《大典》依据从业者所从事的工作性质的统一性进行分类，把我国职业划分为由大到小、由粗到细的四个层次：大类 8 个、中类 79 个、小类 449 个、细类（职业）1636 个。细类每一段时间更新一次。细类为最小类别，亦即职业。八大类的排列顺序是：

第一大类：国家机关、党群组织、企业、事业单位负责人；

第二大类：专业技术人员；

第三大类：办事人员和有关人员；

第四大类：商业、服务业人员；

第五大类：农、林、牧、渔、水利业生产人员；

第六大类：生产、运输设备操作人员及有关人员；

第七大类：军人；

第八大类：不便分类的其他从业人员。①

（4）视角四：按从业人员所从事的生产或其他社会经济活动的性质的同一性划分

即按所属行业进行分类。根据国民经济行业分类最新国家标准（GB/T 4754—2017），我国将国民经济各行业划分为二十个门类。详细的产业分类标准请参考附件。

A. 农、林、牧、渔业
B. 采矿业
C. 制造业
D. 电力、热力、燃气及水生产和供应业
E. 建筑业
F. 批发和零售业
G. 交通运输、仓储和邮政业
H. 住宿和餐饮业
I. 信息传输、软件和信息技术服务业
J. 金融业
K. 房地产业
L. 租赁和商务服务业
M. 科学研究和技术服务业
N. 水利、环境和公共设施管理业
O. 居民服务、修理和其他服务业
P. 教育
Q. 卫生和社会工作
R. 文化、体育和娱乐业
S. 公共管理、社会保障和社会组织
T. 国际组织

（5）视角五：依据行业与职能性质的叠加性划分

这种方法也就是把视角四和职能类别进行矩阵式的叠加应用。根据向阳生涯十多年的实践研究，这样的职业理解法具有很强的职业规划实操性。这种方法可以更精准地表达职场中的各类职业差异，这对于我们每个人认识职业世界，理解职业世界及做好自己的职业选择、规划职业生涯来说，会更加有效。我们在职业规划实践

扫码查看：2017年国民经济行业分类（GB/T 4754—2017）

① 中华人民共和国职业分类大典(2022年版)[M].中国人力资源和社会保障出版集团有限公司,中国劳动社会保障出版社,中国人事出版社,2022.

中通常运用本方法来区分职业。

本职能分类系统研究了当今社会绝大多数的职业活动，我们本着回归职业活动本质的视角，结合霍兰德的职业分类理论，将各种职能划分为6组36个职能类别（见表6－4）。①

表6－4　职能分类表

R操作型	I研究型	A艺术型	S社会型	E事业型	C常规型
生产/技工 操作/驾驶 保卫 安装/维护/维修 手工制作 种植/养殖 物流/仓储(C)	战略规划 企划/策划 研究/开发/情报	演艺 主持 访谈/采访 编辑/写作 设计/美术	咨询/辅导/顾问 教育/培训 公共关系 人力资源 社会工作 客户服务 接待/引导/服务	统帅/调度 经营管理 市场营销 销售/零售/招商 经纪/中介 采购 项目管理	财务/审计/税务 法律事务 信息数据管理 翻译 行政/文秘/后勤 质量管理/安防 业务跟单

其中比较常见的企业组织职能（部门）主要有：市场、销售、研发、生产、质量管理、采购、物流、客服、人力资源、财务、行政、信息数据管理、企划、法律事务等。

在中小型企业最常见的有八大职能部门：财务、人力、行政、销售、市场、生产、研发、客服。

6.4.2　职业信息收集的内容和方法

考察一个职业，首先要做的就是收集整理相关职业信息。那么职业信息都包括哪些呢？具体来说，包括以下四个方面：

（1）就业机会的信息。例如职业的招聘信息与动向，就业的方法、途径与准备等。

职业招聘信息是社会成人重新选择职业的主要社会资料，也是个人了解社会实情，推敲自己能力条件、性格、兴趣等自我概念，开拓自身职业发展前途的重要素材。掌握大量第一手的职业招聘信息，将有助于提高个

① 职能分类表由洪向阳团队于2013年研制成功，是向阳生涯职业定位矩阵模型的应用工具之一。

人职业选择与决策的明智程度和成功率。

（2）职业本身的信息。包括职业的种类、性质、作用及今后的发展趋势，某职业工作所必备的资格条件，某工作所必要的个人素质，待遇，等等。

（3）与就业机会相关的信息。例如职业介绍与中介机构方面的信息，职业训练与开发教育方面的信息等。

（4）具体就业单位的信息。例如就业单位的产业类别，职务岗位的工作内容、工作环境（物理环境与人际环境）、工作报酬等。

那么，我们该如何来收集这些职业信息呢？查阅资料、参观、访谈、讨论、实习等都是比较有效的措施。

对个人希望了解的职业（或职业群），我们可以比较容易地通过网络、书籍、期刊及声像资料，进行初步查阅。在行业展览会和人才交流会上，我们直接向学校、政府有关部门、公司索取，都可以获得最新的职业资讯。查阅资料非常方便、快捷，信息量大，成本也低。但通过这种方法得到的信息是间接的、隔离的信息，可能与现实感受有差距。

你还可以到相关职业场所短时间地观察、了解，从而真切地了解职业相应工作的性质、内容，职业环境及氛围，获得实实在在的职业感受。

有条件的话，还可以到职业场所进行一定时间的打工、义务劳动或教学实习、实践。实习是一种比较全面地了解职业的方法。这样可以更深入、更真实地对职业的工作任务、工作要求、工作环境及个人的适应情况进行了解、判断，可以了解工作的程序、报酬、奖罚、管理及升迁发展的各种信息，还可以通过与工作人员的实地接触，感受职业对人的影响及个人与职业的和谐情况。

个人的探索总有局限性，与别人一起讨论感兴趣的职业问题，共享职业探索成果，会打消一些不现实或前景暗淡的想法，共同发现一些更好的、更明确的前进道路。所谓“理越辩越明”。在专业俱乐部、行业协会或学会，都可以很有效地探讨职位情报。

6.4.3 职业人物访谈

相对于参观、讨论、实习等方法，职业人物访谈是一种比较客观而高效的职业信息收集方法。通过和相关的从业人员特别是成功的人或失败的人交流，可以快速了解相关职业的知识、技能需求、待遇和发展前景等一系列你想了解的资讯。当然，由于访谈对象的不同，结果可能差异很大，有的人对职业比较积极，赞誉较多；有的人对职业比较消极，可能评价较低。这就需要你能有效整合所得到的资讯。

职业人物访谈也叫生涯人物访谈，是很重要的一种获取职业信息的方法。希望通过这里的进一步介绍能让你直接采取行动。

进行职业人物访谈，首先得解决跟谁谈、谈什么的问题。

找准访谈对象是访谈成功的关键。通常值得访谈的对象都是某个领域比较有代表性的人物，如企业总经理、部门主管、技术骨干、核心员工等，也可以是在某个职业领域干过几年而选择离开的人物。对于职场新人来说，选择一些工作五年左右的前辈进行访谈，会更能获得直接有用的信息。

访谈前，打电话给你要访谈的人。进行自我介绍并说明意图。提一下你是如何找到他的。尽管有些人采用电子邮件或书信的形式，但电话沟通的效果更好，而直接当面访谈要远比电话沟通效果好。说明你做这个访谈的原因以及进行访谈所需要的时间（通常20分钟到30分钟）。如果你要访谈的人不能和你见面，就问问他们能否给出五分钟的时间进行电话访谈。如果他们还是很忙，就请求帮忙介绍一位与他所做工作相似的人。

感谢他能够接受访谈并确认访谈的日期、时间和地点。如果他不能见你，就表示遗憾。如果得到了被推荐人的名字，应表示感激。

由于访谈对象大多工作繁忙，所以访谈过程尽可能紧凑，尽量少占用对方时间。事先准备好访谈提纲，确定访谈方向，会让访谈更加顺畅。下面介绍一些常见的访谈内容供参考，你可以根据你的访谈主题及实际情况编排出适合的提纲来。

（1）访谈对象：姓名、单位名称、行业、职位等基本信息。

（2）你的主要职责是什么？

（3）通常你一天的工作时间是怎么度过的？

（4）本工作的哪部分让你最满意（最喜欢），哪部分最有挑战性？

（5）在未来6～12个月内，你会面临的主要挑战是什么？你会怎样面对？迎接这些挑战时的障碍有哪些？

（6）你日常面临的问题和挑战有哪些？

（7）平时的工作环境是什么样的？工作强度大吗？作息时间是否规律？

（8）你的工作是如何为实现组织的总体目标或使命贡献力量的？

（9）个人的主要成就是什么？

（10）组织或行业的发展前景如何？

（11）在这个职位上，如果想获得成功最关键的素质（能力）是什么？如何获得？

（12）在你的组织中，能够在同样一个岗位上把成功和不成功区别开来的行为是什么？

（13）你是如何找到这份工作的？

（14）本职业需要什么样的人（任职资格、所需技能等）？到本领域工作所需的基本前提是什么？

（15）什么样的个人品质或能力对本工作的成功来讲是重要的？

（16）本工作需要什么特别的知识、技能和经验吗？

（17）这种工作需要什么样的教育或培训背景呢？

（18）公司对刚进入该领域的员工提供哪种培训？

（19）采取工作行动和解决问题的自由度如何？

（20）什么样的初级工作最有益于学到尽可能多的知识？

（21）本领域初级职位和略高级别职位的薪水是多少？

（22）你所在领域的“职业生涯通道”是怎样的？

（23）你如何看待该领域（职业）的将来变化趋势？

（24）你认为推动本领域持续发展的动力是什么？

（25）将来本领域潜在的不利因素是什么？

（26）对于一个即将进入该领域的人，你有什么特别的建议？

（27）哪些渠道能帮助我深入了解该领域？

（28）你的熟人中有谁能够成为我下次访谈的对象吗？当我打电话给他/她的时候，可以提你的名字吗？

（29）根据你对我的教育背景、技能和工作经验的了解，你认为我在做出最终决定之前还应在哪个领域、什么样的工作上进行深入调查研究呢？

（30）其他任何你感兴趣的或是特别想了解的内容。

6.4.4 职业环境分析报告

通过生涯人物访谈等过程的系统了解，你就可以做出一份针对特定职业的调研报告了。这会让你的思路更加清晰，帮助你准确判断你所关心的那个职业是否真的适合你。这里附上一份职业环境分析报告模板。

职业环境分析报告

1. **基本职业信息**

   1.1 职业名称

   1.2 定义

   1.3 所处行业

   1.4 薪资状况：（最高：　　　平均：　　　最低：　　　）

   1.5 一般特性与功能

   1.6 职业（职位）概述

2. **任职资格与工作描述**

   2.1 职责范围与主要工作内容

   2.2 任职资格

      2.2.1 教育背景（知识/学历）要求

      2.2.2 能力、技能要求

      2.2.3 工作经验要求

2.2.4 工作态度和心理素质要求

2.2.5 其他要求（身体、年龄、性别等）

2.3 工作设施设备条件和工作环境等（含职业病危险性）

3. 外部环境对该职业的影响评估

3.1 行业总的发展趋势的影响

3.2 经济形势的影响

3.3 科技、教育、政治、军事等的影响

4. 该职业常见组织环境对从业者职业发展的影响评估

4.1 组织发展战略和发展态势影响

4.2 组织文化、氛围和人际关系影响

4.3 组织规模、组织结构和组织制度影响

4.4 组织人力资源开发与管理状况影响（如人力资源需求、晋升政策、薪资和福利、教育培训等）

4.5 职位竞争者分析（包括职业领域的整体性分析和特定组织内部的分析）

5. 职业发展

5.1 入门职位

5.2 典型发展通道与时限

5.3 非典型发展通道

5.4 适宜的职业资格，教育、培训和认证情况

5.5 职业前景

好了，现在你了解得已经很充分了，可以评估它是不是你的机会了。你可以再参考一下6.3.2节如何评估现有岗位部分介绍的有关方法。

正如我们已经知道的，选择合适的职业会让你事半功倍，而一份不合适的职业不仅事倍功半，更可能会成为你一生的累赘。所以在深入考察目标职业后，该放手就要尽快放手，该抓住就要努力争取。

6.5 家庭，你的助力或阻力

家庭是职业发展的背景，而职业发展是一个终身的过程。家庭环境是一种强大的力量，塑造着一个人的能力，影响着一个人的成就。它是我们职业生涯发展的重要环境和影响力量，比起组织环境和宏观环境的影响，它的影响更为直接。

作为内部的支援系统，它可能会促进，也可能会阻碍你的职业发展。具体而言，家庭对你职业生涯的影响主要表现在以下三个方面：

第一，家庭的社会阶层及父母期待对前途的影响；

第二，夫妻双方在职业与家庭之间的相互影响；

第三，家庭的经济负担对职业选择的影响。

家庭与工作，让许多上班族像天秤一样，两端摇摆。许多人在面对家庭与工作时，表现出很无奈。在工作与家庭之间找准平衡点，并能把家庭转化为工作的动力，是现代职场人的必修课。

6.5.1 出生家庭的重要影响

虽然说随着社会越来越开放，人们的选择性就越大，成为自己想成为的人的可能性也就越大。但不管怎么样，一个人出生的家庭对职业生涯的影响始终是相当大的。

职业是有世袭性的

在古代，很多职业都是有世袭性的。如“军、民、匠、灶”，是封建社会不少朝代在籍人口的基本户种，这些职业是世代相传的。即使在今天，医生的儿子当医生，律师的儿子当律师，总统的儿子当总统……这仍然是一个比较普遍的社会现象。

英国一项最新研究显示，由于越来越难以逾越的社会壁垒，在英国现在只有富有家庭的孩子能够进入法律和医学等行业。这项由前工党内阁大臣艾伦·米尔本主持的研究表明，“出身而非价值”成为决定一个人职业生涯越来越重要的因素。报告说，许多好的职业都存在着一种“封闭心态”，将来自中下层收入背景的年轻人排挤在外，这种被认为“优越”的职业变得越来越排外，只向越来越少的人开放。

研究发现，75%的法官、70%的财务总监和45%的高层公务员都上过独立学校，而全部人口中这一比例只占7%。将来培养一名医生的家庭需比5/6的英国家庭更富裕，而培养一名记者的家庭则需比3/4的英国家庭更富裕。①

一位哈佛肯尼迪学院的毕业生曾说，以哈佛为代表的私立学校是很精英主义的，“他们希望培养精英和社会领袖，但最易成为领袖的人，其实是领袖的后代。他们当然并不只吸收精英的后代，但对精英后代会给予你想不到或不愿相信的格外照顾”。

父母的角色期望不可忽视

父母对子女的职业选择有最显著的影响。在中国，父母的过分参与是影响很多人职业发展道路的一个重要因素。

那英的父亲那红生是著名中医，一心盼望女儿们将来能够继承父业。那英中学毕业后，那红生为两个女儿一起报名，让她们去医校学习，准备将来报考中医学院。谁知，热爱唱歌的那英却瞒着父母报考了沈阳歌舞团。那红生又急又气，用鞋底狠狠地揍了那英一顿。后来为了顺父亲的意，姐姐那辛就报考了中医，尽管她也不喜欢中医。高中毕业后，那辛以优异的成绩考上辽宁中医学院。大学毕业后，又考上北京中医学院攻读研究生课程。

后来那英独自到了北京，成为北漂一族。举目无亲，事业又不顺利，结果那辛也就辞了工作去照顾妹妹了。尽管父母百般反对，那辛还是铁定了心。那辛的到来，为那英带来了好运。1988年，那英被著名的音乐老师谷建芬看中，安排那英进入声乐培训中心学习。1990年，那英凭借歌曲《山不转水转》一炮打响，成为中国流行乐坛的一线歌手。随着那英的名气越来越大，那辛开始为她打理唱歌之外的烦琐事务，承担起经纪人的

① 英研究显示:“优越”职业越来越世袭［N］. 新华每日电讯,2009－07－26.

职责。

从那英和她姐姐的生涯道路我们不难看出，一个家庭的环境特别是父母的期待对子女的影响有多大。那英是幸运的，当然这种幸运缘于自己对理想的坚定信念。对于大多数没有明确目标的年轻人来说，很多人的人生道路都是被父母所规划、安排、设计的。确切地说，他们走的是父母希望的道路而非自己希望走的路。向阳生涯的研究表明，在那些走父母安排的职业道路的客户群中，超过七成的人明确表示对父母安排的职业道路不满意，更是有一半以上的人把自己的职场挫折、失败归罪于父母的干预。在职业咨询实践中，有太多的人因为父母的期望选择了像会计、计算机、金融等曾经非常热门的专业，更有很多人在父母的期待下报考了师范，报考了公务员，而事实上他们本人却并不喜欢，或是没感觉，结果自然会导致职业的不满意，生产绩效的低下，直至不断遇到挫败。

家庭关系圈影响你的职业道路

在一个关系型的现实社会中，职业生涯的成败还会与你的社会关系网络的结构和层次有紧密关系。你可能非常想成为一名政治家，但如果你的家族和你的亲友中从来都没出现过一位高官的话，成功的可能性就很渺茫了；你可能很想成为一名记者，但是即使你是相关专业大学毕业，哪怕你是名校毕业生，也很难保障你能进入核心媒体。

我们这里谈家庭出生对职业生涯产生着重要影响，但这些因素都是相对的。无论如何，身在一个需要人才的快速发展的社会形势下，只要你有足够的才干，只要你足够努力，美好的前途就是可以争取的！

6.5.2　夫妻双方在职业与家庭间的平衡

婚姻对夫妻双方的职业生涯发展都有重大影响，而对女性的影响远远大于男性。

不论是男性还是女性，如果想做好一份工作，在某个职业领域取得不错的成就，那么无论你从事什么工作，都要尽可能地投入。事实上，工作希望你百分之一百二十地投入，生活也同样。因此当你选择一种职业，从事一份工作时，就要选择最适合你的来从事，并努力减轻焦虑、避免分心。而要做到这一点，社会对男性和女性的要求并不是完全公平的。

男性与女性在社会和家庭中均扮演了五个主要角色：父亲、丈夫、儿子、女婿、社会职务；或是母亲、妻子、女儿、媳妇、社会职务。在这五个角色中，由于自古以来“男主外，女主内”的观念影响，社会对男性的核心要求主要集中在社会角色上，这样职业上的成功就会比较容易；而社会对女性要求则是比较均等的，要五个角色均做好。如果女性也要事业成功，那么你就必须同时做好“主内”和“主外”两件大事，显然，这样直接造成女性的压力要远大于男性。当然，新一代的女性职业生涯发展受到家庭因素负面影响的程度正在减少。

俗话说“一个成功男人的背后，一定有个伟大的女人”。而一个成功女人的背后则需要一个家庭的支持和理解。好的夫妻关系，一定是相互成全，你成全我，我成全你。

所谓平衡实际是相对的。在事业和家庭的天平两端，如果要想取得成功，对于大部分人而言，就意味着需要放弃某些东西。就连20世纪最伟大CEO杰克·韦尔奇也坦言，“很显然我所选择的平衡对于我家里和办公室的其他人都有不利的影响。例如，我的孩子们主要是由他们的母亲独自带大的”。

对于东方女性来说，“男主外女主内”和“嫁鸡随鸡”的传统思想还是深入人心的，很多人会自然地选择以支持男主人的事业发展为主。而如果双方都想取得事业上的成功，就必须具备协调职业角色和家庭角色的能力。能否适应剧烈的市场竞争、投资风险和就业压力；能否以开放、乐观、宽容的心态为人处世；能否以适宜的方式方法调节不良心境，缓解心理压力，处理职业角色和家庭角色的双重角色冲突，增强身心健康是对当代女性的全新考验。①

不可否认的是，处理夫妻双方家庭与职业上的平衡是复杂的。但我们还是可以把事情简单化处理，把握以下要点，事情就要好办得多：

---

① “小鸟依人”还是“雄鹰展翅”？[N]. 厦门日报,2006-04-07.

（1）选择最适合自己的职业，这样就容易保持好心情，就算压力再大也好化解。

（2）选择职业时，同时考虑整体的人生角色分配。具体请参照第 9 天的生涯彩虹图内容。

（3）家庭内部要相互理解、相互支持。进行生涯决策时充分考虑家庭的和谐。

6.5.3 经济负担及家庭成员健康的影响

孩子的出世、家庭的经济状况和其他家庭成员的健康及福利状况等都会对职业行为产生影响。

研究表明，家庭社会经济地位及稳定的环境是职业抱负和成就最有力的预测指标。父母的社会地位影响子女的受教育水平，受教育水平影响其获得的职业地位。[①]

几乎每个人都希望从事理想的职业，过着优越的生活，但这种追求总是受到家庭现实状态的多重限制。你很聪明，但却可能因为经济条件不允许，或是没有合适的关系，或没有上过合适的学校，或没有机会上大学……而让理想成为泡影。

由于考虑到家庭经济负担的因素，在填写大学志愿时，人们更倾向于选择学费较低的大学和专业；在选择一份工作时，可能更倾向选择短期带来更大经济回报的职业；在面对不合适的工作或不满意的职业现状时，可能会更倾向于忍耐而不敢轻易寻求改变。

总的来说，外部环境对职业生涯的影响是巨大的。微博上流行的一句话可以作为对它的总结：

选对老师，智慧一生；选对伴侣，幸福一生；选对环境，快乐一生；选对行业，成就一生。

---

① 侯志瑾．家庭对青少年职业发展影响的研究综述[J]．心理发展与教育，2004(3)．

今日思考

职业机会盘点

系统要素	思考要点
宏观环境	当前的宏观环境为我提供了什么机会，有什么限制?
产业环境	我所在及感兴趣的地区产业环境及政策导向是什么?
组织环境	我对当前企业的认同度有多大?这里有多少适合我的机会?
职业本身	我对劳动力市场的了解充分吗?有哪些职业是我感兴趣的?
家庭环境	我的家庭对我的职业期待是什么?他们能提供什么支持?当前来自家庭的影响和限制有哪些?有哪些力量可以帮助我取得更好的发展?
小结	我的职业机会主要在哪些行业、组织和职业上?

第 7 天

职业定位
“谋”定人生方向

选择职业，就是选择将来的自己。

——伯特兰·罗素（英国哲学家）

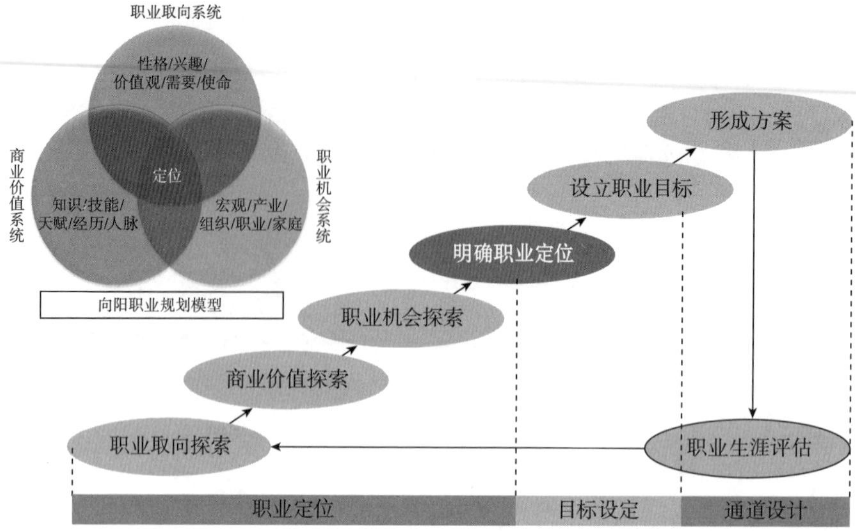

图 7-1　向阳职业规划模型——明确职业定位

职业定位关系你在职场发展的大方向问题，可谓是人生大事。为了做好这件人生大事，我们前面已经做好了充足的准备。我们已经充分地了解和分析了涉及我们职业选择的三大系统：职业取向系统、商业价值系统和职业机会系统。现在，该是我们整合这三大系统，做出选择的时候了。

7.1　职业定位，是人生战略问题

商业活动要定位，职业活动同样也需要定位。**找准职业定位，就是找到内心深度认同的职业发展方向的过程。它表现为人内心对某个职业方向的深度认同，对所选定职业的高度自信和自豪。深度认同的最高阶段即是内心对所选职业的认定。**找准职业定位就是在茫茫“职海”中找到你的安身立命之所。它关系整个职业生涯的发展方向，是你在职场生存与发展最大的标签。

需要特别指出的是，“缺乏清晰的职业定位”正是形成人们各种职业困惑的主要原因。很多求职者特别是应届大学生及职场新人都会宣称：

“我什么都可以做!”而这正是缺乏定位的直接表现，其实在一个人宣称自己什么都能做的同时，你的潜在雇主大脑中所想的却是“实际上你什么也做不了”。有很多的不快乐，其实是源自不满足，而不满足，很多时候是源自心不定，而心不定则是因为不清楚自己究竟要什么，不清楚要什么的结果就是什么都想要，最后却什么都没得到。

很多人的天赋和潜能都因为缺乏定位或定位较低而终生都没有机会发挥出来，到头来，他们只能把这一切归结为运气或者其他，却没有意识到，从一开始，他们就输给了那些有明确定位并且信念坚定的人。很多职场人士由于缺乏正确的定位而无法找到自己的位置，也不能走上最能发挥自己优势、展示自己能力的舞台。错误的定位会让一个人失去工作的乐趣，还会埋没一个人的才华，甚至会带来他个人职业的动荡不安，影响职业生涯的健康发展。

7.1.1 新生活是从选定方向开始的

在非洲西撒哈拉沙漠里，有一个名叫比塞尔的小村庄。多年前，这里是一个不为人知、与世隔绝的小村落。当地的人很少走出村庄，外面的人也很少来到这个村庄。

后来，有一个叫肯莱文的欧洲青年，来到了比塞尔，建议他们走出沙漠。当地一个叫阿古特尔的青年，年富力强，上进好学，在肯莱文的建议下，他费尽周折，历尽磨难，最后一次终于用三天就走出了沙漠。在此之前，比塞尔人曾多次试图走出沙漠，但每一次都又绕回原地。原来，比塞尔人没有使用任何导航工具，由于人两侧肌肉发达程度有差异，会在不知不觉中走出一个朝左拐的弧形，而且拐的幅度会越来越小、越来越小，最后就走成一个像卷尺的螺旋状，回到起点。阿古特尔把外面的人带进来，又把里面的人带出去。多年以后，比塞尔成了一个远近闻名的旅游胜地。比塞尔人在村子中央小广场上，设立了一个阿古特尔的铜像，铜像的基座上镌刻着一句话：新生活从选定方向开始。

反观一下我们自己和我们身边的人，我们在职业生涯道路上有没有转圈子呢？或许大部分人都有过。或许你已经转了好长时间圈子了。真正有意义的人生往往是在确定职业方向、确定自己目标那一天才开始的。

计算机本科毕业的Len几乎没费什么劲就找到了一家软件公司做程序设计，待遇也不错。但是生性活泼好动的他，面对着每天8小时独对电脑的程序设计工作，很快就失去了兴趣，于是他又找到了一个传媒公司的销售工作。由于跳槽之前没有仔细考虑好自己的发展方向，也没有对工作做客观的评估，Len上岗之后发现这份工作根本不适合自己。首先他本身不熟悉传媒这个行业，重要的是，他没有人脉积累，所以做起销售来非常辛苦，非常困难，苦撑一个月之后，Len被公司辞退了。

后来经朋友推荐，他到了网络公司做市场策划。虽然对产品很了解，但是毕竟没有市场方面的相关经验，Len觉得做得不是很顺手。再加上公司的经营状况不好，管理上也比较混乱，Len觉得看不到什么希望，再次萌生去意。但是，这一次Len没有盲目地决定去留，他开始用心思考，自己毕业五年来频繁地跳槽，既没有找到最适合自己能发挥才能的工作，也没有积累一定的行业经验，再这样没有发展方向，盲目地跳下去，恐怕最宝贵的时间就要虚度。经过一番深入思考，他发现自己最大的问题就在于：没有明确的职业发展方向，造成职业断层，使很多行业经验、职业积累被随意浪费。从IT到传媒，从程序员到销售到市场策划，Len都没有在某一份工作上做过很长时间，缺乏足够的业务能力，这也是他最大的职业劣势所在。

通过职业规划咨询，综合考虑了个性倾向与职业潜力，Len发现自己应该把行业锁定在IT或者与之相关的行业，且应该锁定在市场策划、营销这一块。这样做是去其短处、取其长处，把他的各方面的优势结合起来。

后来，Len留在了原公司，积累市场调研、策划、实施、评估等各个环节的实战经验，熟悉每一个环节，掌握相关的技巧。同时利用这个机会积累人脉资源，搭建好自己在IT行业内的人脉构架。

几乎每一个初入职场的新人都会经历一个职业摸索期，这一时期一般是从刚毕业到工作后的几年，同时这几年也是容易频繁跳槽的时期。伴随着频繁跳槽的是跳槽者对于自己职业定位的迷惘和职业发展道路的困惑。

虽然这个时期的职场人士已经脱离了大学时期的茫然无知，也有了一定的工作经验，但是自己最适合干什么还是不知道、不清楚，他们不把问题归结为没有给自己正确定好位，而是推托为没有找到最能发挥自己潜力的工作。由于工作环境不理想、发展前景不明朗等，这些人往往希望通过一次次的跳槽来摸索职业道路、接近职业理想，可是却发现越跳越找不到方向。这些都是由于对于自己优势、劣势以及个性倾向等认识不够客观，对人才市场状况缺乏认识，频繁地跳槽导致他们很长一段时间处于职业动荡期。

其实，在职业发展的关键时期也就是这一动荡期的经历往往会影响今后几十年的职业走向。因此，选择的正确与否，决定着今后的发展后劲和发展高度。

7.1.2 定位决定存在形态

一个乞丐站在路旁卖橘子，一名商人路过，向乞丐面前的纸盒里投放几枚硬币后，就匆匆忙忙地赶路了。

过了一会儿，商人回来取橘子，说：“对不起，我忘了拿橘子，因为你我毕竟都是商人。”

几年后，这位商人参加一次高级酒会，遇见了一个衣冠楚楚的先生向他敬酒致谢，他就是当初卖橘子的乞丐，而他生活的改变，完全得益于商人的那句：“你我都是商人。”

你定位自己为乞丐你就是乞丐，乞丐靠乞讨为生；你定位自己为商人你就是商人，商人靠创造价值生活。定位决定人生，定位改变人生。

还有这么个经典的故事。有三个人要被关进监狱三年，监狱长说可以满足他们每人一个要求。美国人爱抽雪茄，要了三箱雪茄；法国人最浪漫，要了一个美丽的女子相伴；而犹太人说，他要一部能与外界沟通的电话。三年过后，第一个冲出来的是美国人，嘴里鼻孔里塞满了雪茄，大喊道：“给我火，给我火！”原来他忘了要火柴。接着出来的是法国人，只见他手里抱着一个小孩子，美丽女子手里牵着一个小孩子，肚子里还怀着第三个。最后出来的是犹太人，他紧紧握住监狱长的手说：“这三年来我每天与外界联系，我的生意不但没有停顿，反而增长了200%，为了表示感谢，我送你一辆劳斯莱斯！”①

处于同样境遇的三个人，就因为三种不同的定位不同的选择，而在三年后有了不同的人生，可以说，三人出狱后的生活其实是在三年前他们做出选择时就已经决定了。犹太人即使入狱了也不忘自己的商人身份定位，而美国人和法国人却一下子把自己简单地定位为犯人，忘记了原本的身份定位选择了享乐，自然命运不同。真可谓是什么样的选择决定什么样的生活，或者更确切地说，是什么样的定位决定了什么样的人生。同样地，今天我们对自己的定位也将决定着我们三年后、十年后甚至几十年后的生活状态和人生境界。定位不是一件容易的事情，却是人一生中最值得也最需要认真去做的事情。

7.1.3 方向不对，努力白费

龟兔赛跑的经典故事，又有了新的版本。话说兔子自从第一次比赛，因为自满和偷懒而输掉了之后，一方面觉得很没有面子，另一方面，也关起门来深刻地反省了自己，并且给自己约法三章：第一，决不服输；第二，决不自满；第三，决不偷懒，全力以赴。一个月之后，兔子又找到了乌龟，要求再比赛一场，乌龟勉强同意了。在一个风和日丽的早晨，在老虎、猴子、大象等动物的监督公证之下，比赛开始了。发令枪响过之后，兔子一溜烟地飞奔而去，而且，一路之上，兔子不断地自我激励：“我是最棒的！我加油！我一定能成为第一！”

可是，最终的结果却是，乌龟这一次又获得了第一名，兔子又输掉了！

为什么？

答案是：兔子跑错了方向。

放眼望去，你会发现像兔子一样没有方向或者跑错方向的大有人在。很多人都坚信“天道酬勤”“一分耕耘、一分收获”“勤奋+汗水=成功”

---

① 张国庆．定位决定人生[J]．中国青年，2002(17)．

“世上无难事，只要肯登攀”“笨鸟先飞”等成功的格言，殊不知，这些必定成功道理是建立在一个基本前提之上的，那就是正确的方向。

也就是说，选对方向比拼命努力、出力流汗重要。如果方向错误，你越努力，你离成功越远，离失败越近。只有找准你的职业定位，做好职业规划，才能确保你是跑在正确的方向上。

7.2 找准自己的职业定位

那么我们该如何找到自己的职业定位呢？其实，对自己的职业生涯进行定位的过程就是将真实的自我与外部环境系统整合的过程。这个问题对一些人而言，可能是比较自然的过程，但对于大多数人来说，则是个比较复杂的问题。

7.2.1 简快职业定位法

一个好的职业定位，只需要满足下面4个条件就够了。

（1）做你最喜欢的。

（2）做你最擅长的。

（3）做你认为最有价值的事。

（4）选择最有发展前途的方向。

在一次CCDM中国职业规划师认证培训的课堂上，一位学员很兴奋地举起手来问：“老师，我感觉我现在做的工作都符合这些条件，我对自己的工作确实非常满意。”她是位企业人力资源经理兼内训师。她说从小就特别喜欢演讲，也特别喜欢帮助别人一起成长，感觉这是一件极其有价值的事，虽然工作起来有时会很累，但觉得很值，很开心。更重要的是，这位学员感觉现在社会对培训和人才发展的重视程度越来越高，在职业生涯上迷茫而需要帮助的人也越来越多，所以发展机会非常大。她所在的行业也正是高速成长的领域，领导也很支持。现在又接受了职业规划师的专业训练，这样在工作中就可以对员工和那些需要帮助的人提供更具体的支持了。所以充满了信心。

对于那些对自我的认知及外部机会认识比较清晰的人来说，找到符合这四个条件的职业是相对容易的。但客观地说，这样的人真的很少。不用说成千上万名前来寻求职业规划咨询的普通客户了，就是那些职场阅历丰富，条件很好的职业规划师学员，能很肯定地说自己的职业符合这些条件的也不多。所以我们需要更加具体的操作方法，来帮助大家找准自己的职业定位。而本书所介绍的向阳职业规划模型就是非常有效的工具。

7.2.2　职业生涯成功的八个取向

每个人的职业定位都是独特的，是完全根据自身条件及所处环境而得出的。通过对各种职业定位的归纳，可以把它们归纳为八个取向。这点我们可以通过职业锚的概念来有效理解。

职业锚是由美国组织心理学家埃德加·施恩教授提出的。他认为职业规划实际上是一个持续不断的探索过程，在这一过程中，每个人都在根据自己的天资、能力、动机、需要、态度和价值观等慢慢地形成较为明晰的与职业有关的自我概念。随着一个人对自己越来越了解，这个人就会越来越明显地形成一个占主要地位的职业锚。它是当一个人不得不做出选择的时候，无论如何都不会放弃的职业生涯中的那种至关重要的东西或价值观。

正如“职业锚”这一名词中“锚”的含义一样，职业锚实际上就是人们选择和发展自己的职业时所围绕的中心。一个人对自己的天资和能力、动机和需要以及态度和价值观有了清楚的了解之后，就会意识到自己的职业锚到底是什么。

施恩认为，一个人的“职业锚”由三个部分构成：

（1）自己认识到的才干和能力（以各种作业环境中的实际成功为基础）；

（2）自己认识到的自我动机和需要（以实际情境中的自我测试和自我诊断以及他人的反馈为基础）；

（3）自己认识到的自己的态度和价值观（以自我与组织和工作环境的价值观之间的实际状况为基础）。

有些人也许一直都不知道自己的职业锚是什么，直到他们不得不做出某种重大选择的时候。一个人过去的所有工作经历、兴趣、资质、性向等才可能会集合成一个富有意义的模式（或职业锚），从而形成明确的发展方向，这个模式会告诉此人，到底什么东西是最重要的。施恩根据自己多年的研究，提出了以下8种职业锚（最早提出5种，后发展成8种），并分析了各自的特点，如表7－1所示。[①]

表7－1　施恩八种职业锚

职业生涯取向	特点	典型职业
技术/职能型	强调实际技术或某种职能业务工作，追求在技术/职能领域的成长和技能的不断提高，以及应用这种技术/职能的机会。拒绝全面管理工作。目标是技术和技能的不断提高，他们对自己的认可来自他们的专业水平，其成功更多取决于领域内专家的肯定与认可	技术主管、职能专才等
管理型	追求并致力于工作晋升，倾心于全面管理，独自负责一个部分，而且责任越大越好，可以跨部门整合其他人的努力成果，并将公司的成功与否看成自己的工作。具有强有力的升迁动机和价值观，以提升、等级和收入作为衡量成功的标志。具有将分析能力、人际关系能力和感情能力进行特别合成的技能	总经理、总裁等公司高管
自主/独立型	希望随心所欲安排自己的工作方式、工作习惯和生活方式。追求能施展个人能力的工作环境，最大限度地摆脱组织的限制和制约，这些人在工作中显得愉快、享有自身的自由。他们愿意放弃提升或工作扩展机会，也不愿意放弃自由与独立	咨询师或教师，或大型组织中的研究开发工作
安全/稳定型	职业的稳定与安全，是其追求、驱动力和价值观。他们关心财务安全。倾向于按照雇主的要求行事，以维持工作安全、体面的收入、有效的退休方案，对组织有依赖性。其成功标准：稳定、安全、整合良好的家庭关系工作环境。尽管有时他们可以达到一个高的职位，但他们并不关心具体的职位和具体的工作内容	政府公务员、银行职员
创业型	创建属于自己的公司或创建完全属于自己的产品（或服务），而且愿意去冒风险，并克服面临的障碍。他们想向世界证明公司是他们靠自己的努力创建的。有强烈的创造需求和欲望，意志坚定、敢于冒险，在某种程度上，与其他职业锚型有重叠	企业家、创业家

① E. H. 施恩．职业的有效管理[M]．仇海清译．生活·读书·新知三联书店，1992.

续表

职业生涯取向	特点	典型职业
服务型	一直追求他们认可的核心价值，例如：帮助他人，改善人们的安全，通过新的产品消除疾病。从事以某种方式改善周围环境，选择帮助别人的职业	医生、护士、社会工作者
挑战型	喜欢解决看上去无法解决的问题，战胜强硬的对手，克服无法克服的困难障碍等。对他们而言，参加工作或选择职业的原因是工作允许他们去战胜各种不可能。新奇、变化和困难是他们的终极目标。如果事情非常容易，马上变得非常令人厌烦。不在意工作的专业领域	特种兵、高级管理顾问
生活型	强调工作必须与整体生活相结合，平衡并结合个人、家庭和职业的需要的工作环境。他们希望将生活的各个主要方面整合为一个整体。他们将成功定义得比职业成功更广泛	自由职业者、作家、音乐人

7.2.3　三大系统的整合应用

前面几天的相关章节我们已经分别分析了“向阳职业规划模型”的三大系统十五项要素，并进行了系统的思考。现在该是我们整合这些信息和成果的时候了。

表7－2内容我们在前面各章节已经分别做了分析，请你再回顾一下。

表7－2　三大系统整合表

系统要素		思考要点
职业取向	性格	我是什么样的性格，我的性格适合什么工作，不适合什么工作？MBTI类型及其关联职业有哪些？
	兴趣	我曾经感到最愉悦的工作是什么？在我所经历过的工作和事情中，最吸引我的是什么？SDS结果及最适合的职业是什么？
	价值观	关于工作，我和朋友共同的观点是什么？到底什么东西对我才是最重要的？
	需要	我最根本的需求是什么？
	使命	我的使命是什么？我到底想成为什么样的人？

续表

系统要素		思考要点
商业价值	知识	我所习得的知识集中在哪些方面？获得的资格有哪些？
	技能	我的技能有哪些？最熟练的技能是什么？
	天赋	我有什么与众不同的天赋？
	经历	我的经历有什么特别吗？跳槽是否频繁？它能给我带来什么？
	人脉	我的主要人脉资源有哪些？他们对我的目标职业有什么帮助？
职业机会	宏观环境	当前的宏观环境为我提供了什么机会，有什么限制？
	产业环境	我所在及感兴趣的地区产业环境及政策导向是什么？
	组织环境	我对当前企业的认同度有多大？这里有多少适合我的机会？对自己的职位具有关键利害关系的人是谁？他对自己的期待到底是什么？能给予忠告建议帮助的人是谁？
	职业环境	我对劳动力市场的了解充分吗？有哪些职业是我感兴趣的？
	家庭环境	我的家庭对我的职业期待是什么？他们能提供什么支持？当前来自家庭的影响和限制有哪些？有哪些力量可以帮助我取得更好的发展？

根据我们已经得到的结果，下面我们通过表格来进行优劣势及机会和限制的分析，进而帮助我们找到最佳的职业定位。

在15个要素中，你并不一定要全面处理各个要素，如果某个要素你觉得对你影响不大，比如你觉得并没什么特别的天赋，感觉各方面都很平常，那就不一定非要分析天赋；同样，也并不是说每一个要素都一定要分析出优势、劣势、机会和限制（威胁），如果能提取出来就认真写下，如果没有就不必写。

通过职业取向系统的分析，我们要尽可能找出你内在心声是不是有某种一致性，诸要素是否都指向相同或相关的方向；我们通过商业价值系统各要素的分析来找出你最直接的职场竞争优势，并尽可能有效整合五大资源，将其整合到同一个领域。

通过职业机会系统我们要特别看到在特定的环境下所能给你们带来的特别机会，需要注意的是，这些机会是需要我们去发掘的，你所掌握的资讯越多所能看到的机会也就越多，对所掌握的资讯理解得越深刻，所做决策就越正确。同时，我们也要考虑现实环境会带来的限制。就拿职业规划师职业来说，越是发达的都市，发展机会就越多，成长的空间就越大，而在边远地区、在三四线城市的不少地区，市场需求尚不明确，发展机会也就不理想。

通过三个系统的分析与归纳，我们就可以分别得出就各个系统可以考虑的一些职业领域。然后在这三个结果中我们可以发现其最大的交集。那就是你最佳的职业方向了。

以下问题能帮助你找到存在于你内外部的相关因素（见表7－3、表7－4）。

表7－3　SOWT分析

关键优势S	关键劣势W
擅长什么？ 拥有什么新技能？ 能做什么别人不能做的事？ 如何能够重复最近一次成功？ 什么使你与众不同？ 你的“顾客”为什么要选择你？	你不擅长什么？ 缺乏什么新技能？ 别人在什么事情上比你做得更好？ 最近一次失败是什么？为什么？ 你尚未完全满足哪一个“顾客”群体？
机会O	**威胁T**
是否发生了你希望的变化？ 你学会了什么技能？ 你能够提供什么新产品和服务？ 你能够接触到哪一个新“顾客”群体？ 你如何能使你与众不同？ 你的组织在未来5～10年的情况会怎样？	是否发生了不利于你的变化？ 你的竞争对手正在做什么？ 是否发生了任何会伤害你的变化？ 是否存在威胁你所在组织的情况？

表7－4　职业定位统合表

系统要素		优势与机会	劣势与限制	归纳
职业取向	性格			一致的选择方向：
	兴趣			
	价值观			
	需要			
	使命			

续表

系统要素		优势与机会	劣势与限制	归纳
商业价值	知识			我最大的竞争优势：
	技能			
	天赋			
	经历			
	人脉			
职业机会	宏观环境			主要机会：
	产业环境			
	组织环境			
	职业环境			
	家庭环境			
最佳职业				

职业定位，总的来说，无非就是在销售、市场、客服、物流、行政、人事、财务、技术、管理等诸多职能类别中鉴定出最适合自己的领域，并在三百六十行中找到最适合你发展的一个行业。

有个有趣的现象就是，500强的CEO当中最多的是销售出身，第二多的是财务出身，这两者加起来超过95%。现代IT行业也有技术出身成为老板的，但实际上，后来他们还是从事了很多销售和市场的工作，并且表现出色，公司才获得了成功，完全靠技术能力成为公司老板的，几乎没有。因为销售就是一门跟人打交道的学问，而管理其实也是跟人打交道的学问，这两者之中有很多相通的东西，它们的共同目标就是“让别人去做某件特定的事情”。而财务则是从数字层面了解生意的本质，从宏观上看待生意的本质，对于一个生意是否挣钱，是否可以正常运作有着最深刻的认识。

公司小的时候是销售主导公司，而公司大的时候是财务主导公司，销售的局限性在于只看人情不看数字，财务的局限性在于只看数字不看人情。公司初期，运营成本低，有订单就活得下去，跟客户也没有什么谈判的条件，别人肯给生意做已经谢天谢地了，这个时候订单压倒一切，客户的要求压倒一切，所以当然要顾人情。公司大了以后，一切都要规范化，免得因为不规范引起一些不必要的风险，同时运营成本也变高，必须提高利润率，把有限的资金放到最有产出的地方。对于上市公司来说，股东才不管你客户是不是最近出国，最近是不是哪个省又在搞严打，到了时候就要把业绩拿出来，拿不出来就抛股票，这个时候就是数字压倒一切。①

当然，我们并不是要鼓动大家都去做销售或者财务。究竟什么样的职业定位是适合你的，我想通过以上几章我们已经很容易理解了。这和你究竟要选择什么样的人生有关系。有些人就喜欢下班按时回家，看看书听听音乐，那也挺好，但就不适合找个销售的工作了，否则会是折磨自己。有些人就喜欢出风头，喜欢成为一群人的中心，如果选择做财务工作，大概也干不久，因为一般老板不喜欢财务太出风头，也不喜欢财务话太多。要先想好自己要过怎样的人生，再决定要找什么样的职业。

职业定位的关键在于，适合你自己的就是最好的，与他人无关！

7.3　转动你的“卓越之轮”

当你找准自己的职业定位后，你的职业生涯就有了清晰的方向，就像大海中的船舶有了航向，人生旅途有了目的地，这时你的每一次行动都将为你产生正向积累，而这种积累随着时间推移就会产生出神奇的效果。

7.3.1　卓越之轮

著名的管理专家及畅销书作家吉姆·柯林斯介绍过卓越型组织中存在一种“飞轮效应”。在多年职业规划实践中，我发现，不只组织中存在这种现象，在个人职业发展中也存在类似的现象。从职业规划的视角来看，人一旦找准了自己的职业定位，他就会朝着这个既定的方向努力、发展，努力过后就会积累出看得见的实际绩效，而这个绩效自然会激励人心，而人受到激励后就会在内心深处积累出更大的动能，这种动能又会继续推动

① 孙振耀．做一个没有名片的人士[J]．企业研究，2008(2)．

你朝着认定的职业方向继续前进。如此循环，你的职业生涯之轮就会越转越快，能量越来越大，不断地把你带向成功，走向卓越，我们把它称为“卓越之轮”（见图7－2）。

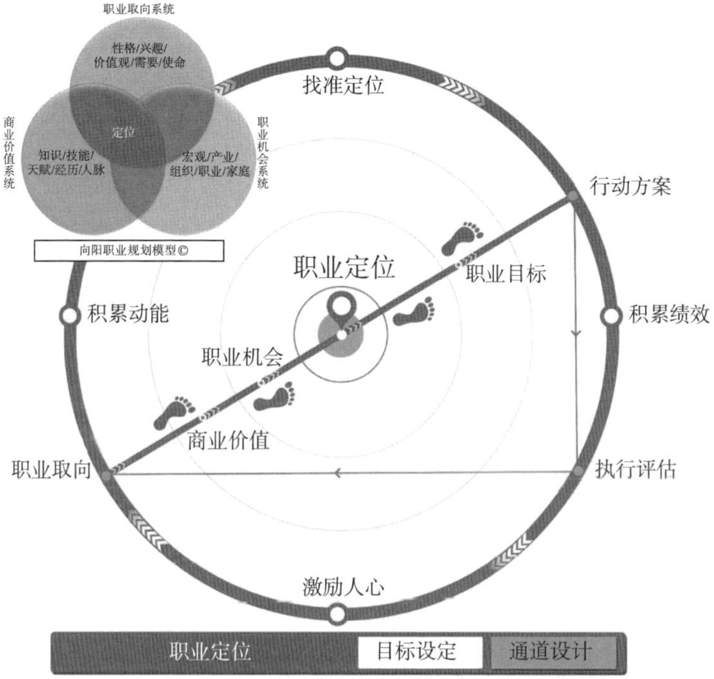

图7－2　卓越之轮

物理学常识告诉我们，一个轮子转起来容易，但要想转得够快，转得淋漓尽致，充分发挥它的潜能，甚至达到它的极限转速，光有能量推动还是远远不够的。它还需要一个很重要的前提，就是轴心要稳。这样轮子才能受力均匀，保持稳定，否则轴心偏离必然容易损坏。那么，职业生涯之轮的轴心是什么呢？显然，那就是你的职业定位！职业定位就是你职业生涯的“轴心”“定盘心”。有了这个“定盘心”，你所有的能量就有了方向，你的职业活动就开始聚集。这时你只要一用力，一行动，轮子就转起来了。就像你踩自行车一样，转第一圈可能会很吃力，第二圈也会比较辛苦，但你会明显感觉到越转越轻松，车轮转得越来越快，直至转至你个人的极限速度。

放眼望去，几乎在所有走向卓越的成功者身上你都能看到卓越之轮的影响力。

2019 年夏天我国电影票房最大的黑马莫过于动画电影《哪吒之魔童降世》，上映首日票房破亿元，三日破 7 亿元，总票房突破 50 亿元，位列中国影史票房第二名。有血有肉的人物故事，精良的动画特效，对抗偏见、掌握自己命运的故事内核，让电影也赢得了豆瓣评分一度高达 8.8 的高口碑。高品质的作品背后，离不开一众幕后工作者特别是导演饺子的努力和对卓越品质的追求。

饺子原名杨宇，生于 1980 年，从小就受到《圣斗士星矢》《七龙珠》等一批优秀日漫的影响，喜爱画画，也曾梦想过要做一个漫画家。

但高考的时候，出于现实的考量，加上父母都在医院工作，他进入了华西医科大学药学院，按照正常的轨迹，他应该和父母一样成为医生。可是机缘巧合，在他大三那年，学院里的一个同学突然转专业改去学了软件开发，仿佛平地一声惊雷，突然就炸醒了心底曾经的动画梦。为此，他在很多人不理解的眼光中，放弃了医学专业，自学三维动画软件和 CG 技术，决心往动画行业发展。

在那个网络资源相对匮乏，国漫的大环境也并不好的年代，他跑遍书店，收集所有专业书籍，一点点钻研技术，大四毕业的时候他的水平已经突飞猛进，独立完成了一部小短片，并顺利在当地一家动画广告公司找到了工作，走上了圆自己动画梦的第一步。

饺子坦言承受着巨大的转行压力。“别人对我有很多偏见，觉得转行肯定是错误的决定，我基本上是一意孤行地走在非常坎坷的道路上。”他自己曾这么说。为了证明给大家看，他一个人在家捣鼓了三年半，过着买菜只买超市特价菜、几年几乎没买新衣服、吃饭几乎见不到荤腥的日子，一个人一台电脑一帧一帧独立打磨自己的作品，终于在 2009 年制作出了 16 分钟的短片《打，打个大西瓜》，这个短片荣获了包括柏林国际短片电影节评委会特别奖等 30 多个奖项。

他曾说那三年半的时间，几乎每天都三点一线：客厅、卧室、厕所，这段时间，他没有其他收入，只能“啃老本”和用父母的积蓄。

按理说，第一部作品就一战成名，饺子走的应该是再接再厉直到封神的路线，但事实上，因为大环境等现实原因，他一度沉寂下去，只能靠接商单和外包，边养活自己边继续学习。值得庆幸的是，面对他真心热爱的动画事业，他始终在坚持，也终于等来了志同道合的合作伙伴。2015 年，光线影业旗下彩条屋影业易巧主动联系了他，在和对方聊天的过程中，饺子认为对方是真心想支持做动画电影的人。两人很聊得来，最后他向对方建议制作有关哪吒题材的动画电影，随后才有了接下来整整 5 年的精雕细琢，打造出了一部国漫爆款。

据介绍，《哪吒之魔童降世》历经两年剧本打磨、三年制作，全片总共有 5000 多个初版设计镜头，是普通动画电影的 3 倍。饺子则通过反复挑选留下了 2000 个，其中特效镜头为 1318 个，占 80%。在我们享受着流畅的视觉盛宴的背后，离不开饺子和整个团队对卓越品质的追求。①

饺子在动漫事业上的卓越表现也正是“卓越之轮”效应的绝佳例证。

小时候对绘画的喜爱为饺子的成功做了初始积累，大学时放弃医学专业，自学动画，这时他听从内心心声找到了深度认同的职业定位——动漫，他的生命找到了“轴心”。

他顶着巨大压力，过着艰苦的生活，一点点钻研自己的技术，大学期间独立完成了一部小短片，并顺利在当地一家动画广告公司找到了工作，走上了圆自己动画梦的第一步。他的卓越之轮开始艰难地转动起来。

他一个人在家捣鼓了三年半，一个人一台电脑一帧一帧独立打磨自己的作品，他的卓越之轮开始心无旁骛地快速旋转，终于短片《打，打个大西瓜》荣获了 30 多个奖项，这无疑是对他莫大的激励，更为他的事业发展积累了巨大的能量。

虽然一度沉寂，但他也在通过接商单和外包，边养活自己边继续学

① 导演饺子:做《哪吒》没别的,就是死磕[EB/OL]. 新京报,http://www.bjnews.com.cn/ent/2019/07/26/607955.html.

习，从没放弃自己的人生追求。

当《哪吒之魔童降世》的机会来临，他的卓越之轮再次快速转动，历经整整5年的精雕细琢，终于打造出了一部国漫爆款。从转入动漫领域开始到凭《哪吒之魔童降世》创出奇迹，饺子的“卓越之轮”被不断驱动了近20年，成功和奇迹的出现也就很好理解了。

再从我国的流行音乐领域来看，假如我们对中国的流行音乐史做个盘点的话，你脑海中一定会想到一些流行音乐人物。比如，崔健、刘欢、邓丽君、周杰伦、梅艳芳……当然，他们在不同年龄、不同爱好的人心中的地位可能完全不同。在中国的流行音乐史中，他们很可能就会被载入史册。你会发现，他们虽然都是歌手、歌唱家身份，都是唱流行音乐，但他们每个人的歌唱风格又非常不同，他们每个人都有自己的独特风格。

比如崔健，被誉为中国摇滚乐开山之人，有“中国摇滚教父”之称，激越、疯狂、表演狂野、豪放、给人以震撼的感观刺激的形象深入人心。

再比如邓丽君，虽然斯人已逝，她的歌曲在华人社会仍然有着广泛的知名度和经久不衰的传唱度，为其赢得了“十亿个掌声”的美誉。北京卫视的一档节目介绍，邓丽君一生出过1400多首歌，录制发行的黑胶唱片达到176张，成就无人匹敌。但纵然她一生唱过那么多歌，甚至用普通话、日语、英语等多种语言歌唱，她的歌曲几乎都能让你有种独特的感觉——清新甜美。白岩松评价说，如果有一个声音能让全世界的华人安静下来，那就是邓丽君的歌声。

“百变歌后”梅艳芳曾以全球个人演唱会总计292场当选“全球华人个人演唱会最多女歌手”。她一生成就卓越，而其背后则是其经纪团队对其非常精准的定位：感染人的舞台魅力＋音乐和形象的多变，终于成就了一代歌后。这可是**商业级的职业定位**。

他们无一例外都有清晰的职业定位——不只是定位于流行音乐，还有更清晰精准的细分领域和风格定位。他们一首又一首、一场又一场、一天又一天、一年又一年不断地歌唱，不断驱动他们的“卓越之轮”，多年以后，当你蓦然回首，他们已然都成为各个细分领域的一座座丰碑。**几乎所**

有的顶尖高手都精准地找到了他们的职业定位，并让他们的“卓越之轮”持续作用，从而创造出卓越的成就。

7.3.2 从平凡到超凡

职业规划的功能绝不只是帮助人找到一份适合的工作，它更是人们实现人生蜕变，追求卓越的有效手段。找准职业定位后，你就开始走在了卓越人生的正确道路上。但是这显然不是一蹴而就的事。

方向对了是前提，而走向卓越则需要大量而长期的训练。神经学家列维亭（Daniel Levitin）写道：“研究显示，一万个小时的练习或训练，是成为专家最起码的要求。不管是作曲家、篮球选手、科幻小说作家、溜冰选手、职业钢琴家、棋士，甚至是最厉害的罪犯等，一再印证这个数字：一万个小时。”① 一句话：**从平凡到超凡须要超过 1 万小时的锤炼**。一万小时是多久？按你多少年如一日地做一件事，每天能有一半的时间专注于一个方向，不算节假日和休息时间，就得用上十年时间！十年啊，对缺少定位，方向不清的人来说会显得很长，而对有着清晰的职业定位，知道自己要什么的人来说又显得很短。

我们绝大多数人生而平凡。当今世界，虽然阶层流动性较改革开放前要好了很多，但普通人想要实现阶层上升还是非常困难的。曾经，考上大学是普通人实现鲤鱼跳龙门的重要一步；而今，大学教育已经普及化，考上大学已经是很平常的事了。今天，普通人要想走出平凡，实现超凡，最为有效的路径就是找到一个最适合你的方向，然后不断精进。当你用十年甚至更长的人生视角来看待当前的职业生活，你就可以有效地规划自己的职业生涯了。找准你的职业定位，放眼长远设定阶段性的职业和人生目标，并设计出有效的发展通道。这中间，你要做的就是不断行动，不断精进，转动你的卓越之轮，从平凡一步步变得超凡！所谓十年磨一剑。

① [加]马尔科姆·格拉德威尔．异类：不一样的成功启示录(新版)[M]．苗飞译．中信出版社,2014.

今日思考

1. 你的职业定位是什么？请明确回答支撑你职业定位的具体理由。

2. 你将如何转动你的“卓越之轮”？

第 8 天

两难抉择
“谋”出最佳出路

当选择做一名运动员时，就必须放弃很多东西，包括一部分可自由支配的时间或是训练中出现的疾病和伤痛。

——郭晶晶（跳水女皇）

一个选择，决定一条道路；一条道路，到达一方土地；一方土地，开始一种生活；一种生活，形成一个命运。

多种可能性逼迫我们在众多的选择中做出决定，这几乎成了现代人永恒的困境。有自由才有选择，这是社会的一种进步，但当选择真的来临时，我们常常做出错误的决定，发出“昏招”。今天的生活是由你几年前的一个选择决定的，你今天的选择将决定你几年后的生活。比尔·盖茨若不是中途果断退学，他可能就贻误了发展时机，成不了世界首富。所以如何做好选择，至关重要。

广义上来看，整个职业定位的过程都是不断选择的过程。在职业生涯上的重大选择面前，你必须做出决策，这就是生涯决策的过程。**生涯决策或叫职业决策，就是个人在多项可供选择的方案之间权衡利弊，选定最优方案，以达成职业生涯最大价值的过程。**狭义的生涯决策是指当我们有两个或多个职业选择的时候的决策活动。生涯决策是一个复杂的认知过程，通过此过程，决策者整合有关自我和职业环境的信息，仔细考虑各种可供选择的职业前景，做出职业行为的公开承诺。从这个概念我们可以看出：生涯决策是一个循环过程，而不单单是一种结果，它是一个系统性工作，并非做一次决策就万事大吉了，它贯穿整个职业生涯活动的始终。

在整个职业生涯发展历程中，高中生考大学时的专业选择，辅修专业、培训课程的选择决策，就业、考研、出国、考公务员等众多出路中哪一条更合适，同时接到两三个 Offer，哪个机会更好，等等，都是典型的生涯决策问题。本章我们学习如何进行生涯决策。

8.1 生涯决策类型与方法

生涯决策是个理性分析与感性判断交融的综合过程。不同的人会呈现不同的方式，同时也有科学的决策方法。

8.1.1 五种典型生涯决策风格

生涯决策时，不同的人会呈现出不同的风格类型。典型的生涯决策风格有五种类型：理智型、直觉型、依赖型、回避型和自发型。

理智型

以周全的探求、对选择的逻辑性评估为特征。理智型的决策者具备深思熟虑、分析、逻辑的特性。这类决策者会评估决策的长期效用并以事实为基础做出决策。

理智型决策风格是比较受到推崇的决策方式，强调综合全面地收集信息、理智地思考和冷静地分析判断，是其他决策风格的个体需要培养的一种良好的思考习惯。但理智型的决策风格也并不是理想的、完美的决策方式，即使采用系统的、逻辑的方式，也会出现因为害怕承担决策的后果而不能整合自己和重要他人观点的困扰。

直觉型

以依赖直觉和感觉为特征，比较关注内心的感受。直觉型的决策风格以自我判断为导向，在信息有限时能够快速做出决策，当发现错误时能迅速改变决策。

由于以个人直觉而不是理性分析为基础，这类决策发生错误的可能性较大，因此，易造成决策不确定性，容易使人丧失对直觉型决策者的信心。

依赖型

以寻求他人的指导和建议为特征。依赖型的决策者往往不能够承担自己做决策的责任，允许他人参与决策并共同分享决策成果，会受到他人的正面评价，但也可能因为简单地模仿他人的行为导致负面的反应。

依赖型的决策者需要理解生活中他人对自己的影响程度。决策者可依赖的对象主要有家人、恋人、朋友、同事、领导及职业规划专家，在决策过程中他们所能起到的作用是各不相同的。

回避型

以试图回避做出决策为特征。回避型的决策风格是一种拖延、不果断的方式。面对决策问题会产生焦虑的决策者，往往因为害怕做出错误决策而采取这样的反应。往往是由于决策者不能够承担做决策的责任，而倾向于不考虑未来的方向，不去做准备，不知道自己的目标，也不思考，更不寻求帮助。

这样的决策者更容易受到企业、学校等支持系统的忽略。所以，只有他们意识到自身的决策风格及其可能造成的危害，努力调整，增强职业规划的意识和动机，才能从根本上得到帮助。必须清楚的是，大多数情况下，回避不仅解决不了问题，还会让问题本身更复杂，更难控制。

自发型

以渴望即刻、尽快完成决策为特征。自发型的个体往往不能够容忍决策的不确定性以及由此带来的焦虑情绪，是一种具有强烈即时性，并对快速做决策的过程很有兴趣的决策风格。

自发型决策者常会基于一时的冲动，在缺乏深思熟虑的情况下做出决策，此类决策者通常会给人果断或过于冲动的感觉。

8.1.2　生涯决策的主要方法

生涯决策时，首先要明确自身的动机、理由，对自己的志向和目标再推敲，通过一系列的比较性分析后确认所得到的结果，进而考虑要取得成功的具体对策。

我们知道，在五种典型决策风格中，理智型决策风格是比较受到推崇的决策方式，也是比较可靠的方式。所以我们这里介绍一种理智型的决策方法。在生涯决策中，职业平衡单法无疑是最快捷有效的了。

在统合三大系统的诸多要素后，你可能已经找到自己的职业定位了，或是发现两个甚至两个以上的职业发展方向可以选择，或是你职业定位已经清晰，但现在有几条出路可以选择，具体哪一条出路会更好还很难确定，这些都是必须解决的问题。所谓“条条大路通罗马”，但路况各有不同，路途有长有短，具体哪一条更加经济合理呢，你要如何抉择呢？职业平衡单法的操作方法介绍如下。

首先我们要在几个决策对象（选项）中提取出一些有价值的指标。我们从个人—他人、精神—物质两个维度来分析，有个人物质方面的得失、个人精神方面的得失、他人物质方面的得失、他人精神方面的得失四个方面，主要的指标项目如表 8－1 所示。

表 8－1 职业决策的四个方面

个人物质方面的得失 1. 收入 2. 工作的难易程度 3. 升迁的机会 4. 工作环境的安全 5. 休闲的时间 6. 生活变化 7. 对健康的影响 8. 就业机会 9. 其他	**个人精神方面的得失** 1. 生活方式的改变 2. 成就感 3. 自我实现的程度 4. 兴趣的满足 5. 挑战性 6. 社会声望的提高 7. 其他
他人物质方面的得失 1. 家庭经济 2. 家庭地位 3. 与家人相处的时间 4. 其他	**他人精神方面的得失** 1. 父母 2. 师长 3. 配偶 4. 其他

表 8－1 只是整体可能涉及的一些方面，可能大部分因素你都会考虑，也可能你只需要考虑其中几个指标。具体的项目可以是你自己认为重要的任何内容。

确定指标后，你可以试着用给“分数”的方法，将每个选择项目的得失利弊用分数的高低来表示，帮助你做选择。

根据自己的主观感受针对不同的方案/选择衡量在每个项目上你的得（利，正分）与失（弊，负分）并计分，计分范围 1～10 分。因为每个项目对你的重要程度因人、因时、因地而不同，我们需要再考虑“加权”的因素，也就是对此刻的你来说，哪一个项目比较重要和迫切，依照每一个项目对自己的重要性和迫切性给予 1～5 分的加权。最后将每个方案的得（利，正分）与失（弊，负分）加权值相加，算出客观的分数，就可以知道哪一个方案是对自己最好的选择了。具体操作请参照表 8－2 所示的职业决策平衡单。

表 8-2 职业决策平衡单

姓名： 日期：			方案 A			方案 B		
序号	项目内容	权重 (1～5)	得 (利，+)	失 (弊，-)	加权和	得 (利，+)	失 (弊，-)	加权和
1								
2								
3								
4								
5								
6								
7								
8								
9								
10								
合计								

注：①此表主要用于帮助当事人进行特定问题的两难决策。②最好在职业规划师的指导下由当事人做出每一项小决策。③决策内容可以是当事人自己认为重要的任何内容，比如工作报酬、晋升发展、培训机会、兴趣满足、自我实现、家人相处、成就感、挑战性、社会地位、生活方式、就业机会、工作环境、休闲时间、资源利用、家庭经济、家庭地位、配偶影响、父母影响等多个方面。④根据自己的主观感受针对不同的职业回答每个项目的得失，计分范围 -5～5 分。⑤每个项目的重要性因人、因时、因地不同。对于此刻的你，可以根据考虑项目的重要性与迫切性，给它们乘上权数(加权范围 1～5 倍)。

8.1.3 有时候选择更重要

种瓜得瓜，种豆得豆，播种时的选择，往往决定了收获时的结果。

谭盾是一个喜欢拉琴的年轻人，可是他刚到美国时，只能靠街头拉小提琴卖艺来赚钱。很幸运，谭盾和一位黑人琴手，一起争到一个最能赚钱的好地盘，在一家银行的门口，那里人很多……过了一段时日，谭盾赚到了不少卖艺钱之后，就和黑人琴手道别，因为他想进入学校进修。10 年后，谭盾有一次路过那家银行，发现昔日的老友——黑人琴手仍在那“最赚钱的地盘”拉琴，他的表情一如往昔，脸上露着得意、满足与陶醉。当黑人琴手看见谭盾突然出现时，很高兴地停下拉琴的手，热情地说道："兄弟啊，好久没见，你现在在哪里拉琴啊?”谭盾回答了一个很有名的音乐厅名字，但黑人琴手反问道：“那家音乐厅的门口也很好赚钱吗?”“还好啦，生意还不错!”谭盾没有明说，只淡淡地说着。

那位黑人哪里知道，10 年后的谭盾，已经是一位知名的音乐家，他经常在著名的音乐厅中献艺，而不是只在门口拉琴卖艺呀！而今天，谭盾已是国际上享有盛誉的知名作曲家了，并获得第 73 届奥斯卡最佳原创音乐奖、1999 年格莱美作曲大奖，还被《纽约时报》评为 1997 年度“国际乐坛最重要的十位音乐家”之一。①

10 年中那位黑人琴手像谭盾一样努力，只是他是努力地拉琴，努力地保卫自己那块赚钱的地盘；而谭盾选择了进一步深造，是这种选择直接导致了他们最终结局的不同。

我们常常会有多种职业机会可以选择，也常常会遇到各种职业困境需要我们决策，多种可能性逼迫我们在众多的选择中做出决定，这几乎成了现代人永恒的困境。而不同的决策和选择，会把我们带上完全不同的道路。

8.2 生涯决策常见问题

正如我们已经知道的，职业定位关系到人生战略问题，而生涯决策也是非常重要的过程。职业定位、机会的选择、困境的处理都可能需要我们及时做出合适的决策，所以我们这里把几个比较典型的定位和决策问题单独拿出来进行讨论学习。

8.2.1 到底是先就业还是先择业

到底是先就业再择业还是先择业再就业，这对于很多求职者来说都是

① 易伟江．最赚钱的地盘[J]．领导科学，2001(17)．

一个纠结的问题，在就业有关的部门特别是高校中也有两种截然不同的声音。在巨大的就业压力下，“先就业再择业”的声音正越来越大。

前程无忧公布的一份《应届生调研报告》显示，在6个月内就离职的应届生比例达到了42.7%，更有18.4%的应届生在入职后3个月内就会离职。调查显示，应届生毁约的第一大原因是“公司签约之初的承诺没有兑现”，随后是“拿到了薪资待遇更好的offer”。其实，应届生“先就业再择业”的心态为短期内离职埋下了“伏笔”，在工作一段时间以后，如果遇到待遇更高的机会或者自己比较感兴趣的工作，应届生便很难抵挡外面的诱惑。而这种超高的离职率显然是不正常的，对自己不利，对用人单位也不利。

要解决这个问题，首先要清楚就业和择业之间的关系。就业，简而言之，指的是寻找到一份工作，获得物质上的报酬，从而解决自己的生活经济来源问题；而择业，不光是找到工作，而是要在众多的就业机会里选择某个适合自己的、长远来看能够获得更好的成功的职业。总而言之，择业意在选择，是主动的、自主的就业，而非被动的就业，它应该是有“远见”的。

目前我们听到的最多的声音就是“先就业再择业”，但我们认为，只有让“择业”与“就业”保持同步才是上上之举，就是择好了业才能去就业。因为，“先就业再择业”很可能导致盲目地为了找一份工作而找工作，缺乏理性的选择和思考，更谈不上长远的规划，这样做的后果是很有可能出现人职不匹配的情况，直接后果就是我们经常看到的频繁换工作，三五年后仍业绩平平，结果耽误了职业发展的宝贵时间。

从职业规划角度讲，青年阶段最重要的发展课题是职业的选择，现在如果让其先就业有个饭碗，将个人的选择置后，目标和起点无法结合，就是浪费时间、精力和人生。在舒伯的生涯发展阶段论中明确提出职业发展先有一个成长期、探索期，再到确定期，维持期，然后再下降。有五个阶段、十一个发展内容，到了什么年龄就要做什么事。

怎样解决这个问题？其实就业和择业是不矛盾的。先择业就是规划的问题，首先要树立职业目标：今后到底想做什么事情。为了做这个事情要迈开第一步，有的人一下子定得很高，我非要进微软不可，然后当财务总监。很多职业目标可以从低位开始，要自己失掉一点东西。

择业的质量高低，直接影响着你所选择的第一份工作的品质。而第一份工作对人们今后的职业生涯产生的影响之大，恐怕是很多人难以想象的。在经济学上，有一个词叫“路径依赖”，可以很好地解释这种影响。

路径依赖，它是类似于物理学中的惯性。一旦选择进入某一理解惯性（无论是“好”的还是“坏”的）就可能对这种路径产生依赖。某一路径的既定方向会在以后的发展中得到自我强化。人们过去做出的选择决定了他们现在和未来可能的选择。好的路径会起到正反馈的作用，通过惯性和冲力，产生飞轮效应而进入良性循环；不好的路径会起到负反馈的作用，就如厄运循环，可能会被锁定在某种低层次状态下。

一个广为流传、引人入胜的例证是现代铁轨间距大小的由来及其对今天的影响。

美国铁路两条铁轨之间的标准距离是4英尺8.5英寸，这是一个很奇怪的标准，究竟是从何而来呢？原来这是英国的铁路标准，因为美国的铁路原先是由英国人建的。那么为什么英国人用这个标准呢？因为英国的铁路是由原来建电车轨道的人设计的，而这就是电车所用的标准。电车的铁轨标准又是从哪里来的呢？因为最先造电车的人原来是造马车的，而他们是沿用马车的轮宽标准。

那么马车为什么要用这个一定的轮距标准呢？因为如果那时候的马车用任何其他的轮距的话，马车的轮子很快会在英国的老路凹陷的路辙上撞坏的。为什么？因为这些路上的辙迹的宽度是4英尺8.5英寸。

这些辙迹又是从何而来的呢？答案是古罗马人所定的，因为在欧洲，包括英国的长途老路都是由罗马人为他们的军队所铺的，4英尺8.5英寸正是罗马战车的宽度。如果任何人用不同的轮宽在这些路上行车的话，他的轮子的寿命都不会长。

那么，罗马人为什么以4英尺8.5英寸为战车的轮距宽度呢？原因很简单，这是战车的两匹马屁股的宽度。

故事到此还没有完结，下次你在电视上看到美国的航天飞机立在发炮台上的雄姿时，你留意看看在它的燃料箱的两侧有两个火箭推进器，这些推进器是由一家公司设在犹他州的工厂所提供的。如果可能的话，这家公司的工程师希望把这些推进器造得胖一点，这样容量就可以大一些，但是他们不可以，为什么？因为这些推进器造好后要由火车从工厂运送到发射点，路上要通过一些隧道，而这些隧道的宽度只是比火车宽了一点，然而我们不要忘记火车轨道的宽度是由马的屁股的宽度所决定的。

所以，最后的结论是：可能今天世界上最先进的运输系统的设计，在两千年前便由两匹马的屁股宽度决定了。这就是路径依赖，看起来有几许悖谬和幽默，但却是事实。①

它告诉我们，要想路径依赖的负面效应不发生，那么在最开始的时候就要找准一个正确的方向。每个人都有自己的基本思维模式，这种模式很大程度上会决定你以后的人生道路。职业生涯无法摆脱这种路径依赖，一旦我们选择了“马屁股”，我们的人生轨道可能就只有4英尺8.5英寸宽，虽然我们并不满意这个宽度，但是却已经很难从惯性中抽身而出。

8.2.2 诱惑多多，“跳槽”还是“卧槽”

在各类职业咨询案例中，“跳槽”还是“卧槽”是一对永恒的主题。在喜欢“跳槽”的一类中，我们会看到很多三五年内通过调换过多份工作而薪资提升两三倍的个案，也会处理大量因频繁“跳槽”而迷失方向的案例；在选择“卧槽”的一类中，会有“卧槽”三五年而薪资职位没多少调整的个案，也会有通过数年“跳槽”而成为核心员工、备受器重的案例。那么到底“跳槽”好，还是“卧槽”好呢？

“跳槽”也好，“卧槽”也罢，形式不同，但目的都是一样的，都是在谋求自己的职业生涯能更上一个台阶，其本身的形式和目的并没有是非之分，好坏之别。问题在于有些人“跳槽”时目标不很明确，哪里钱多就往

① [美]雷恩·吉尔森．选对池塘钓大鱼[M]．彭书淮译．机械工业出版社，2004.

哪里跳，哪个公司名气响就往哪里闯，久而久之，就像一群候鸟飞东飞西，永远成不了雄鹰；而有些人很少“跳槽”，而是“卧槽”，着眼于现地经营，每到年底不仅得到了丰厚奖金的实惠，而且总以自己的良好业绩，求得升职或加薪，久而久之，成了羽毛丰满的坐山雕。

五类跳槽五种命运

每个人跳槽的动机是不同的。我们可以把跳槽原因大致分为五种，发展式跳槽、创业式跳槽、追薪式跳槽、试错式跳槽和习惯式跳槽。而这五种跳槽对人的影响是完全不同的。

发展式跳槽：当公司的发展目标与个人的发展目标不一致，或个人的发展空间受到影响限制时，选择组织外的发展——跳槽就很明智了。特别是对于那些成就动机强，喜欢不断接受新挑战的人来说，个人发展明显受阻后，通常适时地跳槽对个人是有利的。但这种发展式跳槽也有一些误区。我们正生活在一个“头衔通胀”的时代。很多人会冲着好听的高职头衔而跳槽，但这很可能令自己陷入“头衔通胀”的尴尬中。

人往高处走，任高职挣高薪是人之常情，但也要掂量自己的实力，同时仔细评估“高职”所在的行业和公司，是否确实适合自己。抛开“头衔通胀”不说，高职通常意味着更大的压力、更多的付出，以及更高的要求，如果你都能轻松应付，高职才真正属于你。

创业式跳槽：有些跳槽的目的更加清晰，就是通过跳槽为创业累积资本，为创业作准备。成功的创业首先需要你具备充分的资源，例如项目资源、资金、基本客户资源、合作者等，需要了解行业情况，熟悉行规、制度、技术、成本等各项指标。如果在现有的工作中获取、积累不了的话，就需要创造条件来获取。有目的地到有关的企业走一圈是一种有效累积方式。

带着创业的心态去做当下的工作，也是创业累积的有效手段。在工作中进行一下创业“演习”，用实践来纠正自己所想的偏差，利用你目前的工作条件和基础，把你的创业方案作一个实践预演，这样通过实际操作，就会发现原来计划中有哪些不完善的地方，并加以改进，这样也可以大大降低你的创业风险。带着创业的想法去工作，把工作像自己企业的事一样去操作，这样不仅自己受益，企业也受益，很多时候当你发展到一个阶段后或许会发现现有的平台内部创业比自己创业更合适。

追薪式跳槽：有些人跳槽的主要标准就是能不能拿到更高的薪水，他们以金钱为目标，追着高工资走，谁钱给得多，就跟谁干。

选择怎样的行业、企业、职位，往往决定了职业人可以积累到多少职业含金量，这才是决定职业人薪水高低的关键。要想取得长久的职业发展，就需要能够抵制住高薪的诱惑，当你的职业含金量够高的时候，高薪自然会来到你身边，你不找它，它也一定会来找你。[①]

试错式跳槽：一些“试错主义”的崇拜者认为，要想找到自己最适合的职业，你就需要不断地尝试不同的工作，所以他们通过不断地跳槽换工作来解决职业定位的问题。而当“试错”成为一种心理惯性时，就很难从失败中获得经验了，相反，却会成为一个自我逃避的借口。

虽然多次选择是找准长期发展的职业方向的一种方式，但是，这不能成为我们不负责任，随性而为的借口。职业生涯的发展与实验室的试验不同，职业生涯的发展是不可逆转的，每一次选择都会对未来产生不可逆转的影响。客观地说，要想真正了解一个职业，三五年以上的时间是非常有必要的，而人生又有多少个三五年时间可以给你“试错”？虽然，失败是成功之母，但失败并不必然导致成功。更重要的是，如果选择的方向不正确，再多的试错都是徒劳的。一个五音不全的人参加再多的选秀节目也成不了歌星，一个粗枝大叶的人尝试再多的错误和失败，跳再多的槽也成不了优秀的会计师。

习惯式跳槽：对一些人而言，跳槽是一种逃避挫败的常用方法。和领导或员工有矛盾，工作出了差错，或是感觉工作压力大，工作久了没有新鲜感了，自认为混不下去了，这些都可能成为他们跳槽的理由。他们喜欢跟着感觉走，感觉好就干，感觉不好就走，美其名曰“顺其自然”，实则是逃避现

---

① 向阳生涯．冲着高薪求职的三重风险[J]．中国大学生就业，2009(19)．

实，不愿承担责任。在外人看来，他们似乎是跳槽上瘾了。

其实最危险的一种情况，莫过于在一次次的盲目跳槽中，让自己在以往的职业生涯中好不容易积蓄起来、沉淀下来的职场能量一次次地“归零”。这种急于想要逃离职场的跳槽，终究只是暂时的，最后还是要回到职场，而没有做好准备就跳槽，甚至是频繁地跳槽，最终将陷入自疑、抱怨、气馁的消极情绪中，与他人的职场差距也将越来越大。

大量的惨痛案例告诫我们，在跳槽决策中，过于在乎外生涯而忽略内生涯的发展并不可取。外面的高薪、高职等诸多诱惑不断，平凡枯燥的日常工作又让人不耐烦，但不管怎样，跳槽之前需要先做好职业定位，慎重考虑，理性规划，切莫得不偿失！

选择“卧槽”的三大理由

（1）生存资本持续累积

对于大多数职场人来说，你的生存资本是依靠积累而来的。这种积累包括经验、能力、人脉、口碑、信心等。如果常常跳槽，特别是跨行业跨职能跳槽，很有可能先前几年的积累付诸东流，一切将从头开始。

领英的一份数据显示，职场人第一份工作的平均在职时间呈现出随代际显著递减的趋势。70后的第一份工作平均超过4年才换，80后则是3年半，而90后骤减到19个月，95后更是仅仅在职7个月就选择了辞职。[①] 很多人做一份工作才一两年甚至只有几个月，就会觉得自己在各方面已经是熟手了，每天的工作就是不断地重复，没什么发展空间了，于是就希望通过跳槽来尝试更多的挑战。而事实上，要想真正了解一家公司，熟悉一个行业，没有三五年时间的持续累积，你了解的可能就只是皮毛。要知道在多数猎头眼里，真正有价值的人才，需要在某个领域积累经验至少8年以上。

（2）逃避解决不了问题

在工作上发生了一些不开心的事情甚至很有挑战性的事情是很正常的，而对种种挑战，你可以选择直面它、解决它，也可以选择避开它、搁

---

① 张翌．95后职场拷问：我是谁[J]．人力资源，2019(13)：80－82.

置它。当你实在逃避不了了，可能就会选择抛弃一切，干脆跳槽而去。

我们都清楚，一般来说问题发生了，躲是躲不开的，一些问题在现在这个公司不能解决，那么在下一个公司多半也解决不掉。谁能保证换个环境那样的问题就碰不到？或许不开心的风险系数更高。其实，多数情况下，自己所在的公司并没有那么烂，你认为不错的公司也没有那么好。就像围城里说的，“城里的人拼命想冲出来，而城外的人拼命想冲进去”。每个公司都有每个公司的问题，没有问题的公司是不存在的。

所以，如果我们都能有直面难题的勇气和解决难题的决心，那么无论在哪一家公司就都能把工作做好。而与其不断地折腾，倒不如把精力集中在眼前的功课上，这样既能解决公司的难题，又能实现自己的价值，何乐而不为。

（3）资历越深机会越多

在现代企业中，个人跳槽和公司减员一样，是家常便饭的事了。每一次减员都会把不合格的清退掉，每一个跳槽对于公司来说，也都是自然淘汰掉缺乏共同基础的人员。其实作为个人来说，你真不必担心大家都跳槽了公司就没人才了，因为真正对公司有价值的**不可或缺的“人才”**，老板会尽一切可能把他留住的。所以除去公司减员和个人跳槽已经走掉的，如果你能有幸留下的话，至少说明你对于当前的企业来说，是个**合适的人才**。如果5年甚至8年后你还在的话，无疑你就是不可或缺的老员工了。这时你对业务非常熟悉，可以胜任重要工作；你对企业足够忠诚，值得老板充分信赖；而企业发展需要人才，如果你没有犯什么原则性过错的话，不重用你还会重用谁？

人生就如长跑，当中会有一段很困难的时期，如果放弃就输了整个比赛，但如果坚持下去，就有赢的希望。对于大多数平凡如你我的人而言，没有什么捷径，谁能坚持到最后，谁就笑得更灿烂。

其实，不管是“跳槽”还是“卧槽”，职业规划都是“不变”的标尺。基于你的职业定位和阶段性职业目标，哪种方式更能实现你的目标自然就选择哪一种。但如果你的职业定位和目标本来就是缺失的或是模糊的，“跳”也好“卧”也罢，都很难有好的预期，这种情况下相对于“跳槽”，“卧槽”显然要更明智些。

频繁跳槽伤元气，职场能量难积累

当我们最关心下一步的前途和出路时，往往却忽视了远比眼前的出路本身更重要的一样东西：职场能量积累。

什么是职场能量？跟一切物体一样，我们的职业也积聚着特有的、无形的能量，这种能量，并不能简单地用所谓的“职业经验”来概括，它还包括了我们在职场中所积淀下来的精神、气质、眼光、胸怀、直觉等无法用“经验”来代替的东西。每当你在职场中扮演一个角色，一种特定的“职场能量”就迅速在你身上汇聚起来，并且与你形成一个整体，换句话说，你，加上那种“职场能量”，才造就了职场中一个完整而真实的“你”。人们常常会发现，当一个人经历了一种新的职业之后，他的某些方面似乎就会发生些变化，和以前有点不太一样了，什么原因？其实并不是你自己发生了什么变化，科学地说，正是你现在特有的“职场能量”促使你不由自主、潜移默化地改变了。

就跳槽而言，最危险的一种情况，莫过于在一次次的跳槽中，让自己在以往的职业生涯中好不容易积蓄起来、沉淀下来的职场能量一次次地“归零”。我们的职业规划师们常常遇到这样的案例：一个工作经历已有七八年的职场“老人”却说不清自己到底在从事哪个职业——他们今天做这份工作、明天做那份工作，但前一份工作和后一份工作几乎毫无关联——使得他们本该已经是某个领域的资深人士了，却可能还在为找工作而犯愁，或者是还停留在职业探索状态，对未来一片茫然。正是盲目的转换，使他的历史职场能量无法对他目前的职业经历提供任何的帮助，导致他以往经历中积累下来的职场能量在这样的转换过程中化作了零，他又重新变成一个职场新手！表现出来的后果是，过去的职场能量不但无法给自己以信心暗示，更无法给别人以信赖感。

扫码测试：你的跳槽指数有多高

8.2.3 如何选择进修培训课程

职场就像战场，优胜劣汰竞争激烈。需要不断精进技能、丰富知识，就像不断升级武器设备打一场又一场的硬仗。参加培训是给自己充电加油、提升能量的一种重要途径。各种各样的培训也越来越火热，语言培训、学历培训、资格考试，还有各种各样的能力训练课程等，琳琅满目，数不胜数。参加培训的目的是让自己在职业道路上能得到更多的发展机会，但不合时宜的培训班只会浪费你的时间，耗费你的精力，变成职业道路上的绊脚石。俗话说“术业有专攻”，把有限的精力放在无关痛痒的学习上是不值得的。参加培训或考证都要根据自己的实际需求来安排，切莫跟风从众。

那么，要参加进修的话，我们需要注意什么，该如何选择培训课程呢？有三大标准帮你去伪存真，去粗存精。

（1）是否有利于当前的工作成长

在各种商业宣传和考证风潮的影响下，参加培训的初衷很可能被这些外界因素所干扰。被夸大的证书效用，被吹得天花乱坠的培训效果，这些都让培训进修变得急功近利。而此时你更应该冷静应对，培训和学习首先是要对眼下的工作有所帮助才是有价值的，一边学习一边实践，这样的成长更迅速。如果你参加的培训对眼下的工作并没有太大的帮助，请慎重！

（2）是否有利于你的长期发展

判断对长期发展是否有利，这基于你是否有一个清晰的职业定位和长远规划，并在这个定位上有一条可行性很高的发展通道，只有参照这条发展路径才能判断你的培训课是否紧紧围绕着你的发展方向。

如果你希望三五年后能调整你的职业发展方向，希望进入一个你真正心仪的职业领域，那么你就必须提前准备好。通过系统学习掌握相关知识技能，取得相关的资格，就可能成为从事你心仪职业的“敲门砖”。

值得注意的是，这个“敲门砖”并不是你获得的那张“证书”，而是通过培训而掌握的真才实学。很多培训都已经沦落为卖证书的工具。在不少职业资格类考证性的培训中，一个老师面对动辄上百人甚至数百人的情况非常多见。而对于成人的学习而言，相对理论知识，实践操作才是更有价值的东西，可想而知，这种模式培训对于实践的价值又会有多大呢？

（3）培训机构和课程品质是否有保障

选择了一个培训项目后，这个培训能给你带来多少价值，就要看你所选择的培训机构和课程本身的品质如何了。真正高质量的培训机构和课程应符合以下两条标准：

一是该培训机构本身要具备真正的专业实力。培训机构及授课专家对培训的课题内容要有丰富的实践经验。就是要跟真正懂行的人学，而不能只看对方所打的名号和宣传。比如做心理咨询的机构开展职业规划主题培训，显然，职业规划是辅业，这就很难谈什么真正懂行了。

二是培训机构在该领域实践中处于行业领先地位。只有向最优秀者学习你才能变得更优秀。向一流学习你可以变成一流二流，而向三流学习只能让你变成三流四流。只有在专业的机构进行系统的培训，才能获得最专业最前沿的知识和技能，这样的培训价值才大。

另外，在我们选择各类培训课程来提升自己的同时，请别忘了，在工作中学习本身就是一种重要的提升途径，通过工作中学习所获得的“工作证”或许要比在外面培训所取得的证书要管用得多。

8.2.4 创业还是打工

当前国家正大力鼓励“大众创业、万众创新”，社会各界加入创业大军，甚至是在一点职场经验都没有的大学生中，各类鼓励创业的活动也都在如火如荼地进行着。某种程度上说，这也是我国有史以来最适合创业的年代了。于是各路人马纷纷开始考虑到底是给人打工，还是自己创业。

创业是一种职业活动，更是一种复杂的职业行为。创业者个人对于企业的成就负有极大的责任——职业已与公司的命运交织在一起，而且在多数情况下，创业者需要同时扮演多种职能角色，而创业者自身的职业生涯又有着更高的风险——个人的失败，金钱的损失，职业生涯的动荡等。

根据创业目标不同，可以把创业者大致分为三种类型：

谋生型创业者——迫于生活压力或是以“谋生型”为主，占到了总数的60%以上，远远高于国外的水平。值得注意的是，由于谋生型创业活动主要集中在现有市场，其结果常常只能是加剧现有产业的竞争程度。

事业型创业者——为实现自己的人生目标，并把创办的企业当作自己毕生事业的，他们往往把企业视作自己的命根子。

投资型创业者——已经拥有一定的经济基础与实力，创业只是为了获取更大经济回报的，他们一般倾向于把企业经营到一定阶段后出售或转让。

一个人失业或工作失意时、遇到有利的经商条件时或对某种产品/服务有某种情结，这些都会成为一个人创业的促进条件，而这时面对各方利益的均衡，到底是给人打工，还是自己创业，这个问题就尤为突出。这时特别重要的一点就是你是否具备创业的品质，是否适合创业。

成功创业者的典型特征

创业的挑战很大，而创业成功的同仁都具备着一些共性的特质。

马云——中国最聪明、最成功的企业家之一，在怀揣创业梦想的年轻人心里，他就是一个传奇，每个人都希望自己也能谱写那样的传奇。然而，并不是每个人都能够白手起家，建立自己的创业王国。从马云的性格类型及职业锚分析来看，他是典型的具有创业型职业锚的人。创业型的人通常具有领袖的特质。在这些特征里，一大部分是与生俱来的特质，比如永不满足现状，敢于尝试和冒险，善于与不同风格的人打交道，对周围的人和事感觉敏锐等。但也有部分可以是后天培养，比如自信和野心，以及丰富的经验。从职业生涯来看，通常有一个共同点，就是他们希望用自己能力去创建属于自己的公司或创建完全属于自己的产品或服务，而且愿意冒风险并克服面临的障碍。

在马云身上，我们可以清晰地看到一个创业成功者要具备的典型特质。

（1）坚定的创业信念

“只要你敢于梦想，一切皆有可能。”

——马云

马云在杭州长大，少年时代，他通过收听美国之音广播的方式学习英语。在考入杭州师范学院之前，马云曾两次高考失败。大学时期，马云的英语成绩相当好。1988 年毕业之后，他教了 5 年的英语。即使在当老师的时候，马云仍然有成为一名企业家的冲动，他始终坚持有朝一日要创立自己的公司。

点评：创业者们通常在对待一件事情上的信念较他人要强，他们处事坚决，有强烈的自信心，坚信“事在人为”，自己可以支配命运。有时候，这种信念会被认为是我行我素、固执己见，但对于一位有目标的创业者来说，这种坚定的信念能够帮助他们在创业初期面对各种困难时坚持不懈，使企业的战略得以执行，使创业梦想得以延续。

（2）敏锐把握趋势（事业方向）

“互联网必将改变世界！”

——马云

找准事业的方向和突破口是成功的关键。1995 年，30 岁的马云放弃教师的铁饭碗，开始人生第一次创业，创办了中国第一家商业网站——中国黄页。后与杭州电信合作，但因经营思路的分歧不欢而散。1997 年，马云离开中国黄页，赴北京加入中国外经贸部，负责开发其官方站点及中国产品网上交易市场。1999 年初，马云毅然离开北京，回杭州重新创业，创建电子商务网站——阿里巴巴。

马云之所以创业成功，首先要归功于选对了一个新兴的产业——电子商务。这要追溯到马云 1995 年去美国时，在朋友的公司偶然“触网”，他发现当时网上没有任何关于中国的资料，出于好奇，便请人帮助做了一个翻译社的网页，没想到 3 小时就收到了来自美国、日本、德国的 4 封邮件，来问翻译价格。马云感到了互联网的神奇，敏锐意识到：互联网必将改变世界！在那个时代，互联网蒸蒸日上，在美国“触网”的中国人很多。但是一经“触网”就立刻看到了网络改变世界的巨大能量，看到网络背后隐藏着无限商机的人却寥寥无几，而看到未来的商机并立即付诸行动的更是只有马云一个人。这就是马云的过人之处。

点评：成功的创业者们通常都表现出过人的生意头脑，在旁人看来并不起眼或只是刚刚萌芽的新生事物，在他们眼里却是难得一遇的事业机遇，而且，他们还能迅速把握住市场的需求，拿出创业方案。这是一种天生的禀赋，但也是在后天的不断历练、思考、研究中产生的。从马云在1995年首次“触网”，到他1999年创立阿里巴巴，这中间是一个创业梦想不断酝酿、成熟的阶段。

很多研究结果都指出，创业者常与一般受雇员工有所不同。通常，创业者在设定目标、规划的能力上比一般人要强，他们对于成功的欲望要强烈许多。一旦有机会出现，他们就会果断地抓住、尝试。哪怕是小小的一点成绩，都会带来很大的满足感，有了满足感，就会设定新的目标，更投入、更积极地工作，追求更大的目标。

（3）不怕失败勇于冒险

“其实我知道，即使24个人都反对，我也会做下去！”

——马云

马云1995年在美国“触网”后，看好互联网的未来，尽管此时的马云已经是杭州十大杰出青年教师之一，但他毅然“下海”，开始筹备创业。“当时觉得互联网不错，就找了24个在夜校教书结识的外贸人士到我家里，对着他们讲了2小时，他们没听懂，我自己也没讲明白，最后说到底怎么样？其中23个人说算了吧，只有一个人说你可以试试看，不行赶紧逃回来。想了一晚上，第二天一早我还是决定继续做，于是成立了中国黄页。其实我知道，即使24个人都反对，我也会做下去！”创建企业黄页网站，每天出门对人讲互联网的神奇，请人家付钱把企业的资料放到网上去。但没有人相信他，1995年的杭州，人们不知道互联网是什么东西。在那段时间里，马云过的是一种被人视为“骗子”的生活。但是，马云的网站为上网的企业带来了客户，他的网站盈利了。1996年，马云的营业额不可思议地做到了700万元！

点评：冒险精神几乎是所有创业者必备的特质。创业实际上是一种冒险的游戏，因为把资金投进一些没有回报保证的生意上，不是一般人可以做到的事，也许具有少许赌徒性格的人更适合创业，现在很多以科技概念做生意的人，其冒险程度更高，当然，回报可能也很高。在机会出现的时候，往往不是大多数人能够察觉到的，否则成功者就不会是少数派了，所以在多数人不认为是机会的时候有胆量的人才可以力排众议，也只有这样才能抓住稍纵即逝的机遇。

(4) 承受高压坚持不懈

“把复杂的事情简单化，要用胸怀去对付。男人的胸怀是委屈撑大的。”

——马云

创业期间，马云受过多少屈辱，可能连他自己也记不清了。《笑傲江湖》是马云看得最多的金庸小说，在IT业界浪迹多年，马云对“笑傲江湖”四个字有着自己独特的理解：网络即江湖，如何笑傲其间？笑，有眼光，有胸怀，方能坦然面对种种传言和误解，依然豪气千丈，仰天长笑；傲，有实力，有魄力，才可在人云亦云的时候保持清醒的头脑，才可在一片骂声中依然坚持自己的方向，傲视同侪。

点评：一般来说，创业是风险最大的一种职业形态，其间的压力不是常人可以预见的。在创业路上，荆棘永远与鲜花同在，不能忍受高压下的痛苦，坚持到最后，也就无缘尝到成功的美酒。

纵观马云的成长历程，从童年时代身形瘦小却“爱打架”的顽童，到青年时代的三次高考，以及之后多次艰苦创业不言放弃，最终成为一个受人尊敬的成功企业家、一个坚守自己核心价值观和有着强烈使命感的企业领袖，都与其创业型的特质息息相关。此外，还要加上艰苦的努力、长期的坚守与付出。向阳生涯认为，对于意向创业者来说，理性分析个人的性格特征、优势劣势，做好自我了解，是创业成功的必备前提之一；盲目创业，可能要付出惨重的代价！①

你真的适合创业吗？

《财富》杂志公布的数据指出，全球范围内创业企业的失败率高达

---

① 本文初次发表于《中国教育报》2010年6月16日。

70%以上。在美国中小企业中，约有68%的企业在第一个5年内倒闭，19%的企业可生存6~10年，只有13%的企业寿命超过10年。我国民营企业占企业总数的97%，其中约有70%的企业“存活”时间不超过5年，中小企业的平均寿命只有2.9岁。创业是件非常有挑战性的事，创业成功并不容易。

创业确实让很多人实现了人生理想，但一旦失败，如果应对不当也可能一蹶不振、精神崩溃，甚至倾家荡产。所以弄清楚你是否真的适合创业非常重要。

在创业之前除了具备上述几个典型特征外，你必须了解创业成功应具备的基本条件，一般包括：

⊙自律、自动自发、识人能力、管理技能、想象力、口才、毅力、乐观、奉献精神、积极人生观、客观；

⊙推销产品（服务）的能力、独立作业的能力；

⊙追求利润的方法。[①]

可能你已具备了上述条件，但有些因素是一票否决性的。心理学家和管理专家认为，具有以下个性特征的人，极不适合当老板。

⊙想到自己当老板时要独立管理许多雇员，你就会感到紧张和胆怯。

⊙与其花费巨大的人力、物力和心血去创业，你宁愿保持现状，顺其自然。

⊙你总认为自己是个很稳重的人，如果对某种生意没有十分的把握，你是绝对不会去尝试干一下的。

⊙认为一个人的成功是命运所决定的，而自己的命运又不是自己所能把握的。

⊙你不清楚自己究竟能干些什么，也不知道自己的专长，对于生意更是门外汉。

⊙不喜欢和别人相处，有时工作再多，也宁愿一个人把它干完。

---

① 刘言．想创业？先问自己7个问题[N]．经理日报,2006-08-07.

⊙除非事先有一个周密的计划，否则你不会贸然去做一件事。

⊙习惯于同时进行几件工作，但又发现自己陷入了事务堆中穷于应付，结果常常事倍功半或事与愿违。

⊙你是一个非常害怕失败的人，而且经常希望能够得到别人的帮助。

⊙你的工作热情来得快，去得也快，因此做起事来没有恒心。或者常常凭自己的兴趣去工作。

以上这些个性特征，你只要沾上一条，就不适合当老板——除非自我改变。

而当你确定自己适合创业后，也不必急着马上走上创业这条路，还必须先评估一下你的创业计划是否可行。让我们探讨下面的问题。

（1）你能清晰表述出你的创业构想吗？你应该能用很少的文字将你的想法描述出来。根据成功者的经验，不能将这想法变成自己的语言大概也是一个原因——你还没有仔细地思考。

（2）你真正了解你所从事的行业吗？许多行业都要求选用从事过这个行业的人，对其行业内的方方面面有所了解。否则，你就得花费很多的时间和精力去调查诸如价格、销售、管理费用、行业标准、竞争优势等。

（3）你的方法被证实过吗？一般来说，一些经营红火的公司的经营方法比那些特殊的想法更具有现实性。有经验的企业家中流行这样一句名言：“还没有被实施的好主意往往可能实施不了。”

（4）你的想法经得起时间的考验吗？当未来的企业家的某项计划真正得以实施时，他会感到由衷的兴奋。但过了一个星期、一个月甚至半年之后，将是什么情况？它还那么令人兴奋吗？或已经有了完全不同的想法来代替它。

（5）你的设想是为自己还是为别人？你是否打算在今后5年或更长时间内，全身心地投入这个计划的实施中？

（6）你有没有一个好的网络？开始办企业的过程，实际上就是一个组织诸如供应商、承包商、咨询专家、雇员的过程。为了找到合适的人选，你应该有一个服务于你的个人关系网。否则，你有可能成了不可靠的人或滥竽充数的人。

（7）潜在的回报是什么？创业，最主要的目的就是赚钱，但其中隐含的绝不仅仅是金钱。你还要考虑成就感、爱、价值感等潜在回报。如果没有意识到这一点，那就必须重新考虑你的计划。

如果经过自我分析后证明你适合创业，同时你也能正确回答上述的几个问题，那么你创业成功的胜算将会比较高。但是创业也并不是一时冲动所决定的，如果创业前你举棋不定，最好还是选择好好工作这条路。因为，尽管你现在有机会创业，你的动机不错，想法也很棒，但是基于市场、经济能力或家庭等因素的考虑，现在也许不是好时机。

扫码测试：
创业可行性测试

8.3 构建职业发展与决策支持系统

由于我们每个人的知识、阅历和决策能力都会受多种因素制约和限制，所以我们常常会有意无意地借助外部力量来帮助我们做好决策。有时是我们主动求助别人帮忙拿主意的，有时是别人会主动地关心你，主动帮你拿主意、帮你做决策；有时你的想法和他们会不谋而合，而很多时候你们的意见会产生很大的分歧，所以，如何有效利用好周边资源帮助你做好决策就显得非常重要。

8.3.1 职业发展支持系统的组成

七大决策影响力量

要组建好你的生涯发展与决策支持系统，需要借助一切可借助的关系和力量，而在所有的关系和力量中，有七种力量是最为关键的。这七种力量分别是：家人、师长、上司、同事、朋友、导师和你自己（见图8-1）。

力量一：家人

毫无疑问，对于绝大多数人来说，家人是我们事业发展最大的支持力量。当我们成功时我们首先会想到他们，失败时也会最先想到他们，他们

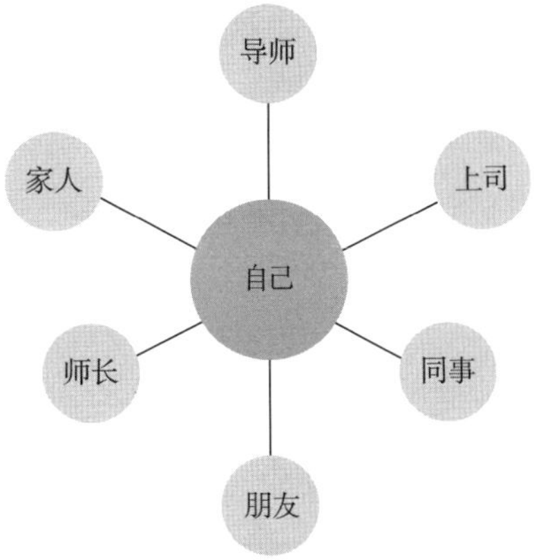

图8－1 七大决策影响力量

会给我们力量，给我们鼓励，给我们爱与支持。特别是我们的父母，在所有的力量中，最无私的也就是他们了。

在生涯决策时，通常父母和爱人对我们的影响都会非常大。在我们一些重大的生涯决策上，大都离不开父母的声音。需要注意的是，有父母参与我们的生涯决策时，有三大因素是你一定要考虑的：

（1）父母本身的职业生涯可能是成功的，也可能是失败的。他们都会积累不少成功的经验或失败的教训，出于本能，他们会教导你该怎么做或告诫你什么不能做，而这些经验和教训却又都是历史的产物。而现在，时代已经变了。

（2）你要考虑到家庭期待的因素。

（3）不论他们有多支持你或有多不支持你的决定，都是出于对你的爱。

在我的职业规划从业生涯中，由于父母的决策干预而做出一个又一个选择的案例非常普遍。比如一个女生告诉我，从小她的父母非常爱她，一心想给她一个理想的未来。在高考的时候母亲辞了工作陪自己整整三个月，帮助复习，帮助选专业，结果选了父母认为的很理想的专业——生命科学，四年大学很快过去，父母又帮她筹划未来，托了很多关系后终于在一个研究所里找了个分析员的工作。父母很高兴。可他们一直没注意到，其实女儿并不喜欢这个专业，更不喜欢研究所里的工作。先不管这位女生该怎么办，我想说的是，父母给了儿女最大的爱，最大的支持，而如果处理不好大家都会为这种爱付出代价的，而且很多时候这种代价都会很大，甚至是一生的。

力量二：师长

与老师及学长们维持良好的关系，会为我们增加很多职业机会。特别是很多有校企合作关系的老师们，有他们的推荐，找工作时就顺利多了。在得到更多就业机会的同时，我们也可从学长们那里借鉴很多求职及职场经验，为顺利进入职场作好准备。学长们的出路、今天的职业状态或许就是你的明天。所以利用得好，教师和学长可以起到有效的辅助决策作用。

力量三：上司

遇到好的上司那你就遇上贵人了，当然这要靠运气。而遇到差劲的上司则可能是你厄运的开始。

多数情况下，他是你在现有组织内的重要的力量，直接决定你在组织内发展得顺利与否，以及一定时期内发展的高度。据向阳生涯的数据分析，72.5%的离职者主要是因为与上司的关系不和或是沟通不畅。而如果你与上司的关系很好的话，他甚至可以帮助你推荐新的工作机会。

力量四：同事

组织内的发展离不开同事的支持，当然同事之间通常都是一种“竞合”关系，即有竞争的同时有合作。所以不管你们的关系如何，有多少话，多少想法，如你对哪个职位感兴趣等，在生涯决策这类关系个人发展前途与命运的事情上，在同事之间讨论是有一定的危险性的。

力量五：朋友

好的朋友可以与你分享快乐，分担痛苦，帮你出谋划策，帮助你成长。而如果交到“恶友”，当看到你可能有更好的出路时则可能会有意无意地想方设法阻止你前进。据说，在东南沿海一带，渔民在捕到螃蟹后，将螃蟹放进一个上小肚大的竹篓里面，第一只螃蟹放进去时，渔夫就用重物将口封住，当第二只、第三只放进去后，渔夫就不再盖重物了，因为，第一只即将爬出篓口的螃蟹，会被第二只、第三只螃蟹拉到篓底。如此下去，即使篓口没有盖盖子，但也没有一只螃蟹能够爬出去。如果交上这样的朋友，无疑很糟糕，但更糟糕的可能是很多时候我们并不以为意。

好朋友就像一辆助力车，遇到困难时能帮你向前推一把，而坏朋友就像催命鬼，当他不怀好意地将你拉向火坑时，你却全然不知。

力量六：导师

这是一个专业化的时代。毫无疑问职业规划是一个很专业的事，所以不管我们有多少力量的支持，在很多关键环节上寻求专业机构和专业人士的帮助还是很必要的。在一些大企业内部，会有正式的员工职业发展导师（也叫职业导师、生涯导师）队伍来为员工的生涯决策和发展提供支持。在企业外部，职业规划咨询已经成为一个产业，有很多专业机构和职业规划师为各类需要帮助的人才提供专门服务，解决各种职业困惑。

力量七：你自己

在七种力量中，你自己无疑是最重要的力量了。这种力量能发挥多少，是否能把你带到正确的方向上，与你的决策风格有紧密关系。前文我们有了解到有五种典型的生涯决策风格：理智型、直觉型、依赖型、回避型和自发型，其中理智型是比较有效的类型，而其他几种类型所做的决策都会有一定的风险。你是哪一种呢？

在前六种外部力量中，专业力量无疑是最具价值的一种力量。在英美德日等发达国家，借助专业的咨询力量来帮助自己解决包括职业生涯困惑在内的各类问题已经是一种常态。只是作为一种新兴产业，职业规划咨询在国内还是相对较新的一个行业，所以我们很有必要对专门提供此类专业服务的职业发展导师和职业规划师进行简单介绍。

找到组织内的职业发展导师

在西方发达国家，职业咨询业已经有相当长的发展历史。很多知名公司都会在企业内部配备员工职业发展导师，为被指导者提供指导、训练、忠告和友谊，帮助被指导者快速成长。如在麦肯锡咨询，除了正式培训以外，麦肯锡对员工帮助更大的是基于工作实践的“导师制”培训方式。麦肯锡的合伙人占咨询顾问的比例是同行业中最高的，达到1:6左右（一般咨询公司比例为1:10～1:20），所以，每位咨询人员都有条件配备一名合伙人担任“发展小组领导”（DGL），作为其专业的职业发展导师，帮助他们确定职业发展方向和专业成长道路。麦肯锡认为，DGL的角色是麦肯锡支持架构中最重要的组成部分之一。就是这种类似中国“传帮带”授徒方式的导师制，使麦肯锡员工获益匪浅。台积电公司也采用导师制，新人一进台积电，就会安排一位其他部门的资深员工，每个月固定两次为他做生活或工作上的咨询。这个制度的用意是，在主管之外，替新人建一条高速公路，帮他更快建立广泛的人际关系。

从企业的角度来看，配置具备专业资质的员工职业发展导师，无疑是为了让员工更快地发展，促进组织更快速发展。但以制度化的方式来配置员工职业发展导师的企业毕竟非常少。所以对于大部分人来说，自己动手丰衣足食才是硬道理，如果你要取得职业生涯的快速发展，就需要自己主动去找到对你有帮助的职业发展导师。

导师不一定是直属上司，也可以是同职级，但资历较深的人，也可以是其他部门的较高阶主管。每一个导师最多负责两三个人，因为导师必须花在学生身上一段很有生产力的时间，而且通常是一对一谈工作范围内的事，如果一位导师带的学生太多，就很难做得好。台积电的导师制是要找有潜力的人，但这些人只是候选人，和接班之间并没有直接的关系。导师制度的精髓实际在于，通过“言传”与“身教”，让企业文化潜移默化作用在每一个人身上，最终造就志同道合的一群志士。

那么，该到哪里去找到你的职业发展导师呢？当然，如果企业内有员工职业发展导师制度，按制度操作就可以了。重点在于，什么样的导师能帮助到你，需要你自己用心、主动来寻找。一般来说，从以下三个方面寻找自己的导师会更有效。

（1）本部门的主管领导及经验丰富的前辈。这也是“法定”人选了。从企业的角度来说，上司帮助下属成长是天经地义的，当然你的发展对他本身也有利。虽然他帮助你是天经地义，但你绝不可以单纯地理解为这是理所当然的。

（2）人力资源部的相关人员。他们懂得你对企业的价值及企业对你的价值，也清楚企业可以给你提供哪些发展空间和平台。

（3）部门间的前辈及其他有缘人。特别是原来在你所在部门工作过而调离的前辈，他既非常了解你的岗位可以提供针对性的指导，也可从跨部门的层面给你指引。

你可以只找一位导师，也可以找几位，只要他愿意帮助你，下面这几种人，都可以在一些方面很有效地帮助到你。这些人是值得你时时感恩的、值得珍惜和支持的人。

（1）能发现你的优势，并有效激励你的人；

（2）对你关心的领域非常了解的人；

（3）能帮助你确定职业发展方向和专业成长道路的人；

（4）经验丰富的、有良好管理技能的资深管理者或技术专家；

（5）具备中国职业规划师执业资格或员工职业发展导师资质的专业人才。

认识职业规划师

职业规划师，一个全新的朝阳职业，伴随着社会的高速发展和职业选择的自由化和多元化，正被中国社会所广泛需求。不管是在升学就业领域，还是在个人发展领域，甚至在组织管理领域，职业规划师的作用都正在不断凸显。职业规划师，是从职业人的个体利益出发，结合专业的知识和技能，给予客户有关职业的选择、适应、发展等方面的专业咨询、辅导、建议和解决办法的专业人才。

按中国职业规划师（CCDM）资格认证的标准，一名职业级的职业规划师可以从十个方面为客户提供系统的服务。

（1）对个人或小组实施生活/职业目标指导。

（2）对个人的能力、兴趣等进行测评、分析。帮助你了解自己，肯定自己的长处，发现自己的不足。

(3) 帮助个人更好地了解职场情况。正因为对职场情况的不了解，再加上很多人会想当然地做出生涯决策，所以会给求职及生涯发展造成很多麻烦。

(4) 协助个人提高生涯决策技能。关键时候下不了决定，或是不会决策，正是很多失败案例的关键所在。如有两个工作机会，一个是做研发工程师，另一个是做售前工程师，前者喜欢，后者工资高，到底选择哪个，而给你选择的时间可能就只有几天。这时怎么办？相信这时更多人是靠拍脑袋来做决策的，后果可想而知。

(5) 帮助制订个性化的职业发展计划。

(6) 教授找工作的策略和方法。

(7) 通过提高个人的处事/沟通及其他与职业相关的技能，帮助其解决目前面对的或潜在的工作中困难。

(8) 帮助正确了解其职位的全貌和要求，以及个人在生活中的角色。

(9) 帮助个人应对工作压力，克服失业或职业转型中的挫折。

(10) 帮助企业建立职业生涯管理体系。

职业规划师通过一对一咨询、团体辅导及培训的方式来帮助有各类职业困惑的人们，提供专业支持。其中一对一咨询是以帮助客户直接解决具体的职业问题为导向的。咨询过程大多以语言方式进行沟通；职业咨询最终的目标在于促进咨询对象的自我了解，找准职业定位，拟订行动计划。

8.3.2 何时要做职业咨询

轻松一下，图8-2是一张很经典的心理学图片。不同的人看到的内容会很不同。你看到了什么？少女还是老太婆？

再仔细看看，到底是少女还是老太婆？

据说这是哈佛大学的课堂上曾用到过的一张照片，后来广为流传，我们经常会在培训中放出来给学员看。由于每个人的知识和阅历不同，人们常常受到自己思维方式的限制。古人讲“眼见为实”。有时，眼见并不为实，因为有许多真实的东西，我们看不见。看不见，只缘我们身在此山中。思维方式就是这个山。跳出思维局限，我们会发现这个世界还会有另一面。我们就会发现少女，也会发现老太婆。但是通常情况下，要想跳出这个思维局限，却是很难的，除非有人给你必要的点拨和帮助。

图8－2 少女与老太婆

职业上困惑也是如此。由于思维局限、知识限制、外界干扰等诸多因素的影响，人们很难跳出自己的框框，站在更高、更全面的视角思考和解决问题，从而常常让问题越来越严重，造成一系列不必要的麻烦。

职业咨询有别于人力资源管理的员工发展计划，它更关注的是个人发展，职业咨询是一种特殊的问题解决手段。由职业规划师从专业、系统的角度来帮助你进行分析和解决各类职业困惑。哪些人需要职业咨询的帮助呢？根据向阳生涯的多年实践和研究，归纳出有18种情况最需要职业咨询服务的帮助。

（1）不清楚自己适合做什么的——自我认识不足，对职场也不太了解，不清楚自己能干什么，需要明确职业发展方向。

（2）求职困难的——投出去的简历总是石沉大海，好不容易有了面试机会却总是拿不到Offer。

（3）大学专业或进修方向选择——专业选择得好，职业生涯起点就好；选择得不好，职业生涯还没开始就已经输了一大截。

（4）工作机会选择——差之毫厘，谬以千里，面对两三个offer，哪个才会更合适，这需要英明地决择。

（5）不确定要不要跳槽——面对外面的诱惑，跳好还是不跳好。维持现状吧，又不甘心，跳槽吧，不确定因素又多，不知如何是好。

（6）需要做个系统的职业规划——有职业生涯持续发展的意识，希望做好长远的规划，优化职业发展通路，以确保职业可持续发展。

（7）职业发展遇到瓶颈的——遭遇玻璃天花板，外界客观存在且个人不能把握的因素阻碍自己的发展。

（8）职业倦怠——工作缺乏动力，没了热情和成就感，甚至厌倦工作，不想上班。感觉职业发展遇到了死胡同，前途渺茫。开始有意无意地拖延，还时有小错发生。

（9）职业转型——出于行业或个人喜好的原因想跨行业发展，不知这一步怎样才走得稳，而相对于普通的换工作，职业转型的风险要更大。

（10）觉得性格与职业不合的——做不了真实的自己，每天感觉像演戏。

（11）兴趣与所从事的职业不符的——没有兴趣，对工作怎么也不上心，也做不出好业绩。

（12）职业与专业错位的——在错位的轨道上找不到成就，才能被一点点遗弃。

（13）人际关系难以处理的——人际关系成为职业发展的障碍，为此想找到问题的突破口。

（14）加薪晋级有障碍——希望在薪资和职务上有所突破的。

（15）被边缘化的——感觉自己变得可有可无，重要的工作轮不到自己，感觉自己被忽视、被埋没了。

（16）工作遇挫折的——遇到较明显的挫折，不知怎样摆脱阴影重新开始。

（17）职业压力较大的——身心疲惫，希望能解脱一些。

（18）裁员危机——职场竞争激烈，不进则退，工作做不好就有随时被裁员的危险，工作做好了还得要尽快脱颖而出，因为资源和机会都是向优胜者倾斜的。

这些问题，虽然表现各异，但本质上问题都是出在职业规划的三个部分（职业定位、目标设定和通道设计）及职业定位的三个系统（职业取向系统、商业价值系统、职业机会系统）上。这 18 种情况都可以通过职业咨询技术来系统而有效地予以解决。

8.3.3 职业测评有多少用处

在开展职业规划活动，找准职业定位的过程中，职业测评是个绕不开的话题，其中误区也很大。

近年来，在很多白领及大学生中，各种心理测评早已非常流行了。针对职业规划及人才甄选领域应用的心理测评，我们就叫作职业测评或人才测评。随着职业规划理念的不断推广，职业测评现在已得到广泛的应用，特别是在一些高校中都会强调要给学生做测评。与此同时，很多人都会产生这样的疑问，职业测评真的有用吗?

多少年来，人们都在坚持不断地尝试着用不同的方法来了解自己，了解自己到底是个什么样的人，是哪一类人，适合什么职业。客观地说，职业测评是比较简单快捷的一种手段。如果测评工具本身够专业、具有足够的可靠性，在施测师的引导下受测者本人也充分配合的条件下，多数情况下是可以得到比较有效的测评结果的。但测评结果本身还并不能有效支持到你的职业规划。

过分依赖测评工具，更有甚者，将测评报告作为整个职业规划的依据，这是绝不可取的。

要想科学用好测评工具，当你在做一个测评及应用某个测评结果时，有几点是你必须要清楚的：

（1）了解一个人有很多种方式方法，职业测评只是一种辅助分析手段。

（2）每种测评工具都是有使用范围的，并不是什么都能测，也不是什么情况都能使用。比如在人才甄选时，是不建议用 MBTI 的，你也不可能靠它来测你的运气之类的。

（3）测评工具是多种多样的，有的是标准化测评，有的是非标准化测评；有的可以在某专业领域应用，有的则只是娱乐一下而已。在职业定位这样一个关系人生战略的大问题上，你需要选择可靠的测评工具。

（4）测评的时候，不要预设结果。你只需要按照测评的导语操作就好。

（5）测评报告内容并非越多越好，实际上可能一张图表就能说明所有结果。

（6）测评结果需要有具备专业资质的人来解读。如果你只得到了一份测评报告而没有施测师的专业解读和应用——不管这份报告有多少页，可能它的娱乐效果要远大于它的实用效果。

（7）不要期待一份测评就能告诉你该干什么。不论测评报告有多明确地表明你适合某个职业，那也只是一种可能性，具体适合什么职业还需要系统考察其他诸多影响因素才能综合确定。

8.3.4 当生涯决策遭遇父母反对

当我们在职业生涯上遇到重大抉择时，我们都希望能按照自己的想法来安排自己的人生道路，并希望父母、亲人能多给些鼓励与支持，而不是一味地反对。但常常是你的想法和他们的想法会有很大的冲突，怎么办？

从迈开人生的第一步开始，父母的双手一直就是我们最佳的倚靠，当我们跃跃欲试地展开在这世界中的冒险、急于追求独立自主的同时，我们内心也明白，成功了，父母会为我们喝彩，遇到挫折时，他们也会给予无尽的关怀。一直很希望爸妈能体会到我们已经长大了的事实，然而在他们眼中，我们似乎是永远长不大的孩子，也因此他们常常放不下对我们的关心与担忧，尤其是在面临重大的生涯抉择时。当他们从自身的经验出发，提出对我们选职业、选单位的建议时，虽然我们很清楚是出自关爱，然而由于彼此理解的差异、双方期待的错位等，我们常常感觉到的是不支持、不赞同，甚至是强烈的反对。

在这样的情况下，究竟可以做些什么来改善父母对我们的“不支持”呢？以下有几个步骤可供参考：

（1）厘清自己的情绪

首先让自己将激烈的情绪缓和下来，把注意的焦点放回自己的感受上，厘清自己苦恼的原因。是因为得不到父母的谅解？还是因为父母表达意见时的态度与方式伤害了你的自尊心？抑或彼此对职业本身意见上的分歧，乃至后续的冲突？或是亲子之间的互动方式出了问题？找到引发自己情绪的来源，方能对症下药，以求彻底地解决问题。

（2）设身处地去倾听父母的种种感受与想法

站在对方的立场来了解对方的想法与感受，不带预设立场地去倾听父母真正的想法，如此做法传达给父母的，将是一种接纳的态度。自然地，父母比较能够放下他们的武装与权威，将他们真实的感受自然地流露出来。相信当我们让父母感受到我们对他们的善意与尊重，感受到我们的愿意倾听时，相对地，他们也就比较能平心静气地听听我们对自己职业的观点与对未来的看法。从对方角度思考并积极倾听能创造出对彼此的尊重与了解。

（3）适时地表达自己坚持的原因

当父母真能好好听我们说出主张时，我们就得好好地把握机会，适时传达出我们的观点。为求妥切表达自己，我们必须事先做一些功课——收集与整理关于该职业的资料，广泛且深入地了解，此外，表明为何喜欢并坚持的原因，再以父母能够了解的方式来对他们说明。尽管父母未必一下子就能扭转看法，但他们对你与你的选择都会有一个较客观且深入的了解，此时，我们已经向我们的目标跨出了最重要的一步。

（4）以获得父母理解为亲子沟通目标

当我们坚定地坚持自己的看法时，自然地，我们应该也就能体会父母固执的原因。每个人对行业、企业及职业的印象与了解，都是根据自身的经验，这种经验是人与所处环境长期互动积累下来的，因此在一时之间做出大幅调整，对我们与父母都是不容易的。因此，生活中大大小小的选择或决定都要获得父母的全然赞同，是不容易也很难做到的，然而，我们却能努力争取父母对我们所做选择的理解。

因而，面临父母对我们所选职业很有意见时，可以尽力让他们感受到意见被我们重视，让他们对我们做决定的过程、选择历程中的种种考虑及对未来的规划多些了解，这样将有助于提升父母对我们的信任感。相信，父母也很乐意见到自己的孩子能够做出一个好的决定，因为，这才是真正地对孩子负责。

今日思考

1. 你是什么样的决策风格？如何让你的决策更加高效、明智？

2. 你当前可用的职业发展支持系统具体有哪些？你将如何优化这些支持力量？

第 9 天

展望未来
“谋”出多彩人生

人生最重要的是有伟大的目标，与达到伟大目标的决心。只要不失目标地继续努力，终将有成。

——歌德（德国思想家）

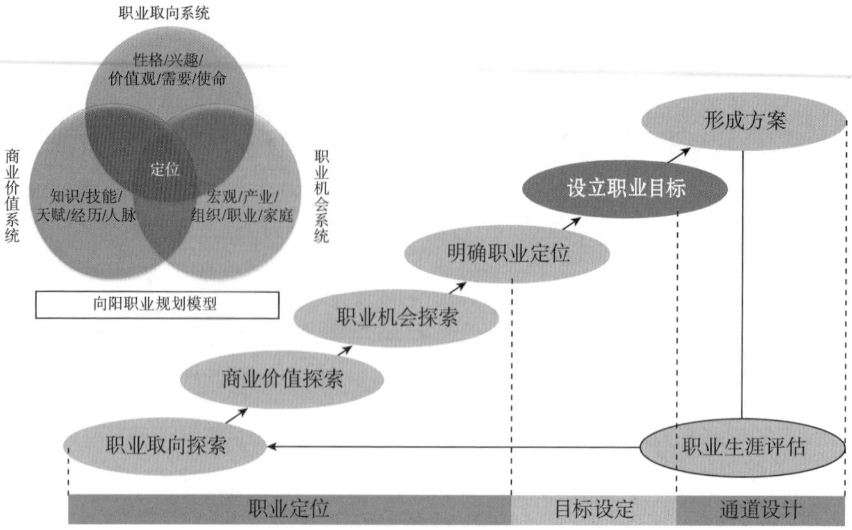

图 9－1　向阳职业规划模型——设立职业目标

每个人都在追逐自己的成功。什么是成功？每个人定义各不相同。但有一点是确定的，没有明确的目标就无成功可言。对成功的定义其实很简单，**成功就是实现既定的目标**。实现大目标就是大成功，实现小目标就是小成功。所以要想获得成功，是否有清晰的目标就是关键。

俄国作家契诃夫说："活着而没有目标是可怕的。"

德国物理学家爱因斯坦也说："在一个崇高的目标支持下，不停地工作，即使慢，也一定会获得成功。"

爱尔兰剧作家萧伯纳说："人生的真正欢乐是致力于一个自己认为是伟大的目标。"

目标决定着人生的前途命运，关系着事业的兴衰成败，要使人生健康发展，事业获取成功，就一定要尽早思考和确立自己的奋斗目标。

什么是目标？目标是建立在正确、科学判断的基础上并通过积极努力可以实现的一种企盼、一种愿望、一种追求、一种憧憬和梦想、一种蓝图、一种境地和标准、一种成果和目的。目标是所期望的成果，有大小、长短之分，也有总体、阶段之别。**梦想、理想通常是大目标的另一称呼。**

区别在于梦想比较虚幻，理想比较现实，而目标则更强调实践。明确的目标，如一颗北斗星，能指引我们不断前行；像夜航中的灯塔，能引我们到达成功的港湾。

你的人生目标是什么？

你准备怎样度过今后三年时间？

如果你知道自己只有六个月的生命，你会怎样度过这六个月时间？

这些问题虽然听起来有些老套，但或许你从来没有仔细考虑过。如果这些问题你没考虑清楚，那么我们怎么能够有效安排每一年每一月每一天甚至每一分钟呢？只有目标清晰，我们才有可能去充分利用自己的时间，创造更大价值。这也正是确立人生的目标对于职业规划这么重要的原因所在。人生目标是一件重要的事，换句话说，就是你的人生抱负，不过抱负听起来总像一种超出你可控范围的事情，而人生目标是如果你愿意投入精力去做，就可能达到的。

9.1 没有目标就没有未来

德国伟大思想家歌德说：“人生最重要的是有伟大的目标，与达到伟大目标的决心。只要不失目标地继续努力，终将有成。”

9.1.1 哈佛精英的人生轨迹

1970年，哈佛大学对当年毕业的天之骄子们进行了一次关于人生目标的调查。对象是一群智力、学历、环境等条件差不多的年轻人，调查结果发现：27%的人，没有目标；60%的人，目标模糊；10%的人，有清晰但比较短期的目标；3%的人，有清晰而长远的目标。

1995年，也就是25年后，哈佛大学再次对这一批学生进行了跟踪调查，结果是这样的：

那些占3%有清晰而长远的目标者，25年来几乎都不曾更改过自己的人生目标。他们都朝着同一方向不懈地努力，25年后，他们几乎都成了社会各界的顶尖成功人士，他们中不乏白手创业者、行业领袖、社会精英。

那些占10%有清晰短期目标者，大都生活在社会的中上层。他们的共同特点是，短期目标不断被达成，生活状态稳步上升，成为各行各业的不可缺的专业人士。如医生、律师、工程师、高级主管等。其中占60%的模糊目标者，几乎都生活在社会的中下层，他们能安稳地生活与工作，但都没有什么特别的成绩。剩下的27%，他们几乎都生活在社会的最底层。他们的生活都过得不如意，常常失业，靠社会救济，并且常常都在抱怨他人，抱怨社会，抱怨世界（见表9-1）。

其实，他们之间的差别仅仅在于：25年前，他们中的一些人设定了自己的人生目标，而另一些人不清楚或不是很清楚自己的人生目标。

表9-1　目标对人生的影响

比例	目标	生活状况	分布现象
27%	没有	生活都过得不如意，常常失业，靠社会救济，并且常常都在抱怨他人，抱怨社会，抱怨世界	社会的最底层
60%	模糊	能安稳地生活与工作，但都没有什么特别的成绩	社会的中下层
10%	清晰、较短期	短期目标不断被达成，生活状态稳步上升，成为各行各业的不可缺的专业人士	社会的中上层
3%	清晰且长期	朝着同一方向不懈地努力	顶尖成功人士

1968年，21岁的阿诺·施瓦辛格带着20美元和一个破旧的行李箱，从奥地利来到美国，追寻自己的梦想。

刚到美国的时候，施瓦辛格的英语很差，看电视还要请朋友翻译。因为没有什么专业技能，生活十分艰辛，一度靠在建筑工地砌砖为生。但是，艰难困苦并没有压垮他追求梦想的信念。在辛苦务工、保障生存需要的同时，施瓦辛格没有停下前进的步伐，制定了完整的人生规划：**通过健美成为百万富翁，然后进入影坛，赚更多的钱，娶一个有名的妻子，最后成为政坛名人。**并且一直以自己的目标、计划为依据来行动。经过不懈的努力，施瓦辛格成了世界顶级健美明星，世界一流电影明星，美国加利福尼亚州州长，他的梦想和目标都一一得以实现了。

成为世界上最强壮的人，其实是施瓦辛格的第一个人生目标。施瓦辛格说：“我有一套严格的训练计划、食谱和比赛计划，我总是把这些内容写出来。我不能在镜子里看到自己肌肉松弛的样子，不能违反自己制订的计划。”① 就是这样朝着目标坚持不懈地努力，施瓦辛格在19岁时就获得了“欧洲先生”的称号。此后，他几乎包揽了所有的世界级健美冠军，包括五次“宇宙先生”、一次“世界先生”、七次“奥林匹亚先生”，当之无愧地成为王中之王。1997年，国际健美联合会授予施瓦辛格“20世纪最优秀的健美运动员”金质勋章。通过健美施瓦辛格如愿以偿成为百万富翁。②

由于在健美方面的杰出表现，1970年施瓦辛格开始拍摄《大力神在纽约》，涉猎电影圈，至今已主演近20部动作片，几乎部部叫座，在全球影响极广。其中获得最大的商业成功的是《魔鬼终结者2》，使他成为全球收入最高的演员。魔鬼终结者也成为好莱坞的经典形象之一。施瓦辛格的名字也成为动作片的代名词，票房的保证。在所有好莱坞主流影星中，施瓦辛格是唯一一位半路出家的演员，而他一度是电影界最走红的明星，他拍摄的每一部动作片都可使他获得2000万美元的收入。

在娶一个有名的妻子和最后成为政坛名人这两个目标上，施瓦辛格也干得非常漂亮。1977年在一个慈善网球公开赛上施瓦辛格认识了肯尼迪家族的后人玛利亚·施莱弗，并于1986年结婚。玛利亚·施莱弗出身美国政治名门，其母是前总统约翰·肯尼迪的胞妹。玛利亚在肯尼迪家族的豪华私邸长大，在乔治敦大学完成学业，并投身电视新闻事业，成为知名女主播，还曾因一篇福利制度改革的报道而获得美国广播电视界的最高荣誉之一“匹博奖”。

2003年，施瓦辛格宣布竞选加州州长。长达25年在美国电视圈积累的经验以及显赫的家世，让施莱弗成为施瓦辛格最大的“秘密武器”。有人说，施莱弗是施瓦辛格生活中真正的决策者，在各个方面都是施瓦辛格

① 麦冬．硬汉州长：施瓦辛格[J]．出版参考，2004(4)．
② 阿正，张连文．大块头施瓦辛格的小幽默[J]．喜剧世界(上半月)，2010(1)．

的强力臂膀，在2003年施瓦辛格竞选加州州长时更是立下大功。

施瓦辛格成功地演绎了个人奋斗实现梦想的经典故事，成了美国梦的代表人物。他的成功让我们看到，成功的道路是由目标铺成的。真正成功的人，都有明确的目标及切实的执行计划。鲜花和荣誉从来不会光顾那些没有目标的人。

亚洲首富孙正义的个人蓝图

19岁规划人生50年蓝图

30岁以前，要成就自己的事业，光宗耀祖

40岁以前，要拥有至少1000亿日元的资产

50岁之前，要作出一番惊天动地的伟业

60岁之前，事业成功

70岁之前，把事业交给下一任接班人①

9.1.2 从众效应的职业困境

当一个人有明确目标时，行动就有了明确指向，很容易取得成功；而当一个人没有目标或目标模糊时，就很容易陷入“人云亦云”“随大流”的境地。大家都这么认为，我也就这么认为；大家都这么做，我也就跟着这么做，从而很容易迷失方向，找不到自我。

有这样一个实验：某高校举办一次特殊的活动，请德国化学家展示他最近发明的某种挥发性液体。当主持人将满脸大胡子的“德国化学家”介绍给阶梯教室里的学生后，化学家用沙哑的嗓音向同学们说：“我最近研究出了一种强烈挥发性的液体，现在我要进行实验，看要用多长时间能从讲台挥发到全教室，凡闻到一点味道的，马上举手，我要计算时间。”说着，他打开了密封的瓶塞，让透明的液体挥发……不一会儿，后排的同学，前排的同学，中间的同学都先后举起了手。不到2分钟，全体同学举

① 成功 有规律可循[J]. 成才与就业,2010(23).

起了手。此时，“化学家”一把扯下大胡子，拿掉墨镜，原来他是本校的德语老师。他笑着说：“我这里装的是蒸馏水！”①

这个实验生动地说明了人与人之间的从众效应——看到别人举手，也跟着举手，但他们并不是撒谎，而是受“化学家”的言语暗示和其他同学举手的行为暗示，似乎真的闻到了一种味道，于是举起了手。

这种情况在我们身边比比皆是。看别人考公务员自己也要报考，看别人出国自己也想出国，看别人跳槽自己也要跳槽……

法国博物学家让·亨利·法布尔做了一项研究，他研究的是巡游毛虫。这些毛虫在树上排成长长的队伍前进，有一条带头，其余跟着向前爬。法布尔把一组毛虫放在一个大花盆的边上，使它们首尾相接，排成一个圆形。这些毛虫开始动了，像一个长长的游行队伍，没有头，也没有尾。法布尔在毛虫队伍旁边摆了一些食物。这些毛虫要想吃到食物就必须解散队伍，不能再一条接一条前进。

法布尔预料，毛虫很快会厌倦这种毫无用处的爬行，而转向食物。可是毛虫没有这样做。出于纯粹的本能，毛虫围着花盆边一直以同样的速度爬行了7天7夜。直到饿死为止。

这些毛虫遵守着它们的本能、习惯、传统、先例、过去的经验、惯例，或者随便你叫它什么好了。它们干活很卖力，但只是跟随着别人的脚步前行，而不是前往自己应去的目标，所以再努力也毫无成果。许多没目标的人就跟这些毛虫差不多，自己没目标就只能跟着貌似有目标的人前进，结果常常是自己死都不知道怎么死的。

目标有助于我们避免这种情况发生。如果你制定了目标，又定期检查工作进度，自然就会把重点从工作本身转移向工作成果了。做出足够的成果来实现目标，这才是衡量成绩大小的正确方法。

9.1.3 心理高度决定目标高度

有一个经典的实验，很好地说明了“心理高度”现象。

① 李景新．拨开思维“沉锚”，轻松“摆渡”交际[J]．思维与智慧：上半月，2014(4)：8.

实验者往一个玻璃杯中放进一只跳蚤，发现跳蚤立即跳了出来。再重复几遍，结果还是一样。根据测试，跳蚤跳的高度一般可达它身体的400倍左右，可以称得上是动物界的“跳高冠军”。

接下来实验者再次把这只跳蚤放进杯子里，不过这次是立即在杯上加一个玻璃盖，“砰”的一声，跳蚤重重地撞在玻璃盖上。跳蚤十分困惑，但是它不会停下来，因为跳蚤的生活方式就是“跳”，一次次被撞后，跳蚤开始变得聪明起来了，它开始根据盖子的高度来调整自己所跳的高度。再一阵子以后呢，发现跳蚤再也没有撞击到这个盖子，而是在盖子下面自由地跳动。

一天后，实验者开始把这个盖子轻轻拿掉，跳蚤不知道盖子已经去掉了，它还是在原来的这个高度继续地跳；三天以后，他发现这只跳蚤还在那里跳。

一周以后发现，这只可怜的跳蚤还在这个玻璃杯里不停地跳着——其实它已经无法跳出这个玻璃杯了。

难道跳蚤真的不能跳出这个杯子吗？绝对不是。问题在于只是经过几次碰撞，它的心里面已经默认了这个杯子的高度是自己无法逾越的。①

在我们身边，是不是有很多人也过着这样的“跳蚤人生”呢？年轻时意气风发，不断尝试，但是往往事与愿违，在遭遇多次失败以后，他们便开始怀疑自己的能力，他们不再不惜一切代价去追求成功，而是一再地降低自己的目标。就像上述实验中所讲的跳蚤，它或者是被撞怕了，不敢再跳，或者已习惯了，不想再跳了，虽然阻挡它跳出杯子的玻璃盖已取掉，但它已永远放弃了追求更高目标的权利。人们往往因为害怕失败，索性停止追求，甘愿过着平庸的生活。

让这只跳蚤跳出这个玻璃杯的方法十分简单：只需拿一根小棒子突然重重地敲打一下杯子，当跳蚤受到惊醒后，会奋力一跃，“嘣”的一下从杯子里跳出来；或者拿一盏酒精灯在杯底下加热，当跳蚤热得受不了的时

---

① 林晓文．心理高度与求职成功率[J]．心理世界,2006(10).

候，它也会拼命跳出去。

人有些时候也是这样。很多人不敢去梦想，不敢去追求更高的目标，不是因为做不到，而是因为他们的心里面已默认了一个"高度"，并用这个高度暗示自己，达到比这更高的目标是不可能的。只有当我们自我觉醒并强烈要求改变，或有他人意识到问题的严重性并帮助其改变时才会产生作用。问题是很多人对于自己的各种不顺、失败根本就不知道原因所在，特别是心理高度这种比较隐性的因素是比较难以发现的。这时很多人恐怕就会变成温水中的青蛙——等死了。

可见，**"心理高度"决定着目标的高度**。它是人无法取得伟大成就的根本原因之一。要不要跳得更高？你能不能跳过现有的高度？至少，你敢不敢梦想跳到更大的舞台？这一切问题的答案，并不需要等到事实结果的出现，在你对这些问题进行思考时，当你能够无所畏惧地朝自己的目标奋勇前进时，答案就已经明了了。

请相信自己，你可以做得更好！

9.1.4 目标、愿景与梦想

在讨论我们的未来前途和职业规划时，目标、愿景和梦想这三个词都是最常被提及的。那么它们之间是什么关系，又是如何相互作用的呢？

我们先说**梦想**。所谓梦想，是人类对于美好事物的一种憧憬和渴望，有时梦想是不切实际的，但毫无疑问，梦想是人类最天真、最无邪、最美丽、最可爱的愿望。梦想总是美好的，它是一种意识的追求，动力的源泉。当梦想有实现的希望并付诸努力时，我们更愿意叫它理想；而如果光是想象而什么都不愿做，就只能是空想了；我们想了，但它可能永远也只是个梦，但不做这个梦的话就什么也不会发生。

梦想总是超越当下，甚至超越时代的，总是寄托着人们对美好未来的憧憬、向往和追求。所谓人类因梦想而伟大，所有人类伟大的发明创造都是由梦想而起。有了超越时代的神奇梦想，人类就有了无限的尝试和探险的壮举，人类的发明创造才如雨后春笋般地涌现：自古以来，人类梦想能像鸟一样在天空飞翔，于是发明了飞机；嫦娥奔月的神话在中国家喻户晓，人类梦想着有朝一日前往月宫，于是就有了火箭和宇宙飞船，人类真的登上了月球。今天，火星取矿、星际旅行和太空翱翔已经不再是神话和传说；正是因为有了不断追求卓越、超越时代的梦想，计算机才能从庞大到小巧，从电子计算机发展到量子计算机、生物计算机，计算机的运算速度才不断突破每秒千次、万次，并朝着更快的速度、更强的功能和更卓越的性能发展；有了破译“生命天书”的梦想，才有全世界联合起来共同描绘基因图谱的壮举。世界首富比尔·盖茨之所以在计算机领域取得举世瞩目的成就，创造出富可敌国的巨大财富，其最初的动力就在于他有一个曾被人们看作天方夜谭的、近乎神话般的梦想：要在每个人的桌子上都摆上一台电脑。

所以，要想成就伟大而美好的未来，首先要做的就是敢于梦想！我们所要做的就是想象，放开胆量去想。

再说**愿景**，在管理学上，这是一个近年新兴起来的而又非常重要的概念，如果一个企业不谈愿景似乎就有些落伍了。

愿，就是心愿，景就是景象。愿景，就是所向往的前景，是我们为之奋斗希望达到的图景，是我们将要成为的样子。人生愿景即是人生目标的整体景象。它是一种意愿的表达，综合概括了一个人或一个组织的未来目标、使命及核心价值。如释迦牟尼佛为佛教弟子介绍了全宇宙最好的地方——西方极乐世界，这便成了佛教弟子的共同愿景。基督教、天主教亦是如此。这是一个预见未来的美景。这个美景给人动力去做一件事情，它是在大海远航的灯塔，给人以总体的方向，指引着人们前行。

愿景，让人可以为一个自己认为至高无上的目标献上无限心力，从而形成一种自然的、发自内心的强大力量。对于一个组织来说，如果组织成员都有着共同的愿景，就是组织成员共同持有相同的意象或景象，那么就会形成万众一心的强大力量。

相对于梦想，愿景更加可以预期，图景更加清晰。其实很多时候，个人的愿景就是梦想的更形象化的表达。只是梦想都是个人的，而愿景主要是管理学上的概念，组织的管理要愿景，个人的管理也需要愿景。通过愿景，让梦想更容易照进现实。

目标，可以说是我们职场中使用最频繁的词之一。目标就是我们所期望的成果，所指向的终点。它是具体的行动方针，它具有较强的可实施性，目标总是伴随行动计划、承诺和控制跟进。目标是理性的，是战略的实施部分。通过目标，把我们的行动聚焦，指向于愿景这个共同的方向。

目标是通往美好愿景旅程上的路牌，它不断指示着前进的方向，不断带来新的路程和希望。只有实现一个一个目标，才能一点一点接近愿景。只有愿景，没有具体的目标，就没有执行，就没有实现的可能；没有愿景，只有目标，就会失去动力与热情。即使一个个小目标达成了也只有短暂的快感，很快又会陷入新的迷茫。

显然，愿景可以为我们整个人生描绘一个诱人的景象，令人神往。愿景或人生目标指引着我们人生的发展去向，它比目标有着更强的影响力。

那么，梦想和目标的区别是什么？梦想没有行动计划，而目标必须有相应的行动计划。否则，即使你定了远大的目标，也只是梦想和空想而已。

如果我们只有目标，而这个目标又足够坚定，那么，如果要让自己及更多人拥护你达成你的目标，这时我们就需要做个转换，让目标愿景化，向人们描绘目标达成的景象。著名美国黑人领袖马丁·路德·金就是这方面的高手。马丁·路德·金有个非常坚定的目标，废除种族歧视。让我们看一下他是如何将他的目标转化为愿景的，见表9－2所示。

表9－2 目标转化为愿景

目标	废除种族歧视
愿景	黑人孩子和白人孩子一起手拉着手，像兄弟姐妹一样玩耍等
转化方式	具体情景的描述，不断地重复，并将这些深深扎根在美国人所崇尚的爱、美国精神（美国独立宣言和宪法中提到的人生而平等、自由等精神）之中，引起人们强烈共鸣

简而言之，梦想有多大，舞台就有多大；愿景让梦想落地生根；而通过目标和行动，让我们一步步迈向美丽的愿景，从而增加梦想实现的可能。

让梦想照进现实——袁隆平的梦想、愿景和目标

“杂交水稻之父”、当代“神农”袁隆平院士在他的80岁大寿时说：

“禾下乘凉是我一生的梦想。”而这个伟大的梦想实际却是来自真实的梦境。

1961年的夏天，袁隆平连续两次做了同样一个梦。袁隆平是这样描述的：“我梦见我种的水稻长得像高粱那么高，穗子像扫把那么长，颗粒像花生米那么大，我和我的朋友，就坐在稻穗下乘凉。”于是给这个梦想个名字叫作“禾下乘凉梦”。袁隆平的梦想就是这样开始的。

那一年，他还是湖南安江的一位青年教师。那一年，他31岁。从此，中国的稻田里便上演了一段历经半个世纪的传奇。

开始时，这只是一个梦，而梦的内容正是受袁隆平的潜意识中心驰神往的影响，所以很自然地这就成了他的梦想。基于多年研究的成果和实践经验，袁隆平相信这是个可以实现的梦想，并很自然地经常描绘给身边的人们听，他和他的团队开始为此努力。在“让所有人远离饥饿”这个伟大使命的驱动下，此时，这个梦想已然成了非常清晰的愿景，袁隆平个人的愿景，也成了团队的愿景。

要想让梦想和愿景照进现实，就必须目标化。让我们来看一下袁隆平是怎么把愿景落实到目标并一步一步实现的。

1966年，袁隆平在中国科学院主办的《科学通报》上发表《水稻的雄性不孕性》，这是他从事杂交水稻研究的第一篇重要论文。该论文论述了水稻具有雄性不孕性，并预言：通过进一步选育，可以从中获得雄性不育系、保持系和恢复系，实现三系配套，使利用杂交水稻第一代优势成为可能，带来大幅度、大面积增产。① 这就是袁隆平首创的“三系法”杂交水稻。此时这些还只是纸面上的理论，所以接下来的目标就是要让“三系法”成为现实。

1973年，袁隆平和助手攻克道道难关，实现“三系配套”，次年育成第一个杂交水稻强优组合“南优2号”，这一成果打破了“水稻等自花授

① 诺亚．“杂交水稻之父”中国工程院院士、著名杂交水稻育种家袁隆平[J]．湖北农业科学，2011(2)．

粉作物没有杂种优势”的传统观念。

1975 年，袁隆平研制成功杂交水稻制种技术，为大面积推广奠定基础。1975 年冬，国务院决定大面积推广杂交水稻，次年即在全国范围定点示范种植 208 万亩。

相比于常规稻，三系杂交水稻能够增产 20% 左右，平均亩产在 900 斤到 1000 斤。

1995 年，两系杂交水稻研制成功，产量比三系杂交水稻增加 5% 到 10%，且米质有较大提升。

1996 年，袁隆平提出超级杂交水稻育种技术路线，并于 2000 年实现农业部确定的超级杂交水稻第一期目标，大面积示范亩产达 700 公斤。

2004 年，袁隆平带领他的团队提前一年实现超级杂交水稻第二期目标，大面积示范亩产达 800 公斤。

超级杂交水稻第三期目标为亩产 900 公斤，按计划将于 2015 年实现。

在此前的采访中，袁隆平说，他的目标是到他 90 岁时实现第四期目标，即亩产突破 1000 公斤，“到那个时候我再退居二线，也就心满意足了”。[①]

而至 2020 年 9 月，袁隆平正值 90 岁，他的超级杂交水稻已实现连续四年亩产超 1100 公斤。

在中国—中东欧国家农业部长会议暨国际农业经贸合作论坛做主题发言时，袁隆平表示，“杂交水稻在新世纪对保证世界粮食安全和促进世界和平将发挥重大作用。如果全世界 50% 的稻田种植杂交水稻，每年可多养活 4 亿至 5 亿人口”。为此，他和他的团队将继续为杂交水稻的发展，以及世界粮食安全做出贡献。[②]

他的眼里永远有下一个目标，他的脚下一直是从头攀登的原点。从异形稻到杂交稻再到超级稻，从三系法育种到两系法再到一系法。

---

① 袁隆平：最朴素的“中国制造”[J]. 经营者，2008(3).

② 袁隆平：杂交水稻每年增产粮食可多养活 7000 万人[EB/OL]. https://hn.qq.com/a/20161106/018141.htm.

9.2 厘清你的个人愿景

每个人都有自己的愿景，但在很多情况下，人们对自己的愿景往往是模糊的，甚至是让人误解的，这样就会造成行动的盲目。因此，对于每个人来说，关键并不是如何建立个人愿景，而是如何厘清个人愿景。

精神分析学家卡尔·荣格说，以为意识能够支配一切，只不过是一种自我陶醉，人的生活是有“灵魂”的生活。所以我们所要做的，是尽可能透过潜意识的外在表现来厘清你的愿景。

9.2.1 绘制你的生涯彩虹图

人生就像一场戏，我们每个人都要在生命的舞台上扮演各种各样的角色。所以在考虑自己的愿景和人生目标时，我们有必要兼顾不同的角色领域来综合考虑，这样才会形成一个完整的人生。

一个人从小到大，从生到死，既要人养，也要养人。为人子（女），为人夫（妇），为人父（母）……直至为人师长，为官一方……角色千变万化。每一个角色意味着一份义不容辞的责任。作为职业人，在追求职业成功和幸福人生的过程中，如何兼顾全局，平衡和谐地发展，避免顾此失彼，因小失大，这确实是对我们的不小的考验。

在事业上，你是一位职业人，一个角色随着时空条件的变化，又产生了不同的子角色，比如，在老板、上司面前你是下级和执行者；在下属面前你是上司；在同事面前你是伙伴；在顾客面前你是公司的代表等。

在社会生活和人际关系中，你可能是同学、朋友、战友、老乡、邻居、老师、学生、志愿者、公民等。

在家庭生活中，你可能是一个丈夫、妻子、父亲、母亲、儿子、女儿、兄弟姐妹等。

因此，我们务必确定在我们的人生中最重要的角色，以及这些角色应该履行的责任和义务，并以此制定我们的发展方向和奋斗目标。

生涯彩虹图理论

为更好地解决这一问题，这里我们介绍一下著名的生涯彩虹图理论。这是继生涯阶段理论后，舒伯提出的一个更为广阔的新观念——生活广度、生活空间的生涯发展观（Life－span，Life－space career development）。这个生涯发展观，除了原有的发展阶段理论之外，还加入了角色理论，并根据生涯发展阶段与角色彼此间交互影响的状况，描绘出一个多重角色生涯发展的综合图形。他认为人的一生所扮演的角色，从孩童、学生、上班族、社会公民，直到为人父母，角色的转换与多种角色的扮演，就像天上的彩虹般，色彩丰富而迷人。因而这个生活广度、生活空间的生涯发展图形，舒伯用"生命/生涯彩虹图"（Life－career Rainbow）来表示（见图9－2）。

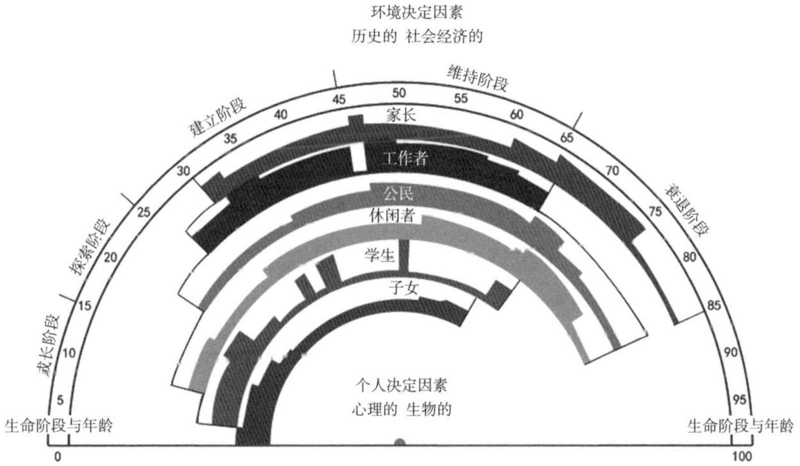

图9－2 生命/生涯彩虹图

（1）横贯一生的彩虹——生活广度

在生命/生涯彩虹图中，横向层面代表的是横跨一生的生活广度。彩虹的外层显示人生主要的发展阶段和大致估算的年龄：成长期（约相当于儿童期），探索期（约相当于青春期），建立期（约相当于成人前期），维持期（约相当于中年期）以及衰退期（约相当于老年期）。本书第2天相关章节已介绍。

(2) 纵贯上下的彩虹——生活空间

在生命/生涯彩虹图中，纵向层面代表的是纵贯上下的生活空间，是由一组职位和角色所组成。舒伯认为人在一生当中必须扮演9种主要的角色，依序是：子女，学生，休闲者，公民，工作者，夫妻，家长，父母，退休者。图9-2未将退休者列入，将夫妻、家长、父母等角色并入“家长”一类中。即呈现出子女、学生、休闲者、公民、工作者、家长六个不同的角色，他们相互影响交织出个人独特的生涯模式。此外，角色也活跃于4种不同的人生舞台：家庭、小区、学校和工作场所。虽然个体也可能在其他舞台上扮演其他角色，但基本上逃不出上述角色与舞台的范畴。

角色的消长盛衰在彩虹图中以阴影的部分来表示，它体现人不同阶段在每个角色上的投入程度。颜色面积越大表示这角色所需投入的愈多。除了受到年龄增长和社会上对发展任务的期待等影响外，角色的消长盛衰还受个人在各个角色上所花时间及情绪涉入的程度左右。不同的人在每个生涯阶段在不同角色上投入的精力是不同的。这种差异的组合可体现出每个人独具风格的生涯彩虹图。

图9-2所代表的含义是：

从出生直到65岁左右都扮演着子女的角色；6岁入学后是学生，19岁前后步入大学，这时学业任务渐重，等步入职场后，仍然需要继续学习全新的职场知识，在32岁前后业务上稳步发展的同时，会发现自身还需要继续加油，这时学生的角色又会占据较大分量，在45岁左右，工作者角色中断，学生角色凸显可能进修充电，再度加强专业能力提升技能。退休前后为尽快适应全新的退休生活，此时又要好好扮演学生的角色。

25岁左右，投入就业市场，成为工作者，经过几年的发展，30岁左右开始进入立业期，有四五年的时间会全身心地投入在工作中。30岁左右，开始扮演配偶、家长的角色，在45岁前后子女开始婚育了，这时家长的角色又再次凸显出来。65~75岁，投入相当多的时间在家庭。65岁之后，休闲者与家长的角色最为突出，享受数十年工作的成就。

生涯彩虹图可以很好地表示一个人一生各个角色的变化（已经发生的

和你期待发生的——愿景）。角色之间是互相作用的，某角色上的成功，能带动其他角色的成功，反之，一个角色的失败，也可能导致另一角色的失败。而且，为了某一角色的成功付出太大的代价，也有可能导致其他角色的失败。

人的社会任务或职业生活不断变化，角色也随之变化，从一个角色进入另一个角色。角色转换的变化从根本上说是社会权利和义务的变化。而大学生就业后的社会角色转换不是瞬间发生和完成的，而是要有一个过程的。

每一个人的生涯彩虹图都是不同的，所以，我们从生涯彩虹图中可以看到不同的职业生涯规划，这就是科学职业规划的魅力所在。

画出自己独特的“生涯彩虹图”

人的行为方向受到三种时间因素的影响：一是对过去成长痕迹的“审视”；二是对目前发展状况的“审视”；三是对未来可能发展方向的“展望”。这三种因素是相互影响的，过去是现在的成因，现在又是未来的基础。在规划我们的职业生涯时，对未来的时间透视能力较为重要，生涯彩虹图就提供了一个最佳的透视工具。

首先让我们回顾自己人生发展历程中一些特殊的经验，生活中重要人物的影响、个人的态度与感受，以及各个阶段所扮演的角色和个人目标间的差异，并对每一次的决定加以分析，以增进个体对自己发展历程的认识。

本书为你准备了一份空白的彩虹图（如果需要可以复印使用），画出与你生涯发展有关的各种角色的起始与发展轨迹（见图9－3）。画彩虹图时，以下几点需要特别强调：

（1）一生的生涯发展，包括了发展阶段、生活空间以及生活方式等多方面内容。透过这张彩虹图，可以帮助你具体而清晰地了解不同的角色是如何构建其个人特有生涯类型的，不同的角色如何在不同的发展阶段出现，角色的组合如何合理安排才能达到最佳的自我实现。

（2）重点注意凸显某种角色的部分与时机。

(3) 角色的名称可因人而异。建议你选择不同的颜色来表达不同的角色。

(4) 某一角色的颜色面积越大，表示对这个角色你投入愈多。

(5) 每个角色的年龄，可依你的状况决定，例如，你喜欢不断学习，学生的角色可以从 7 岁到七八十岁。从 17 岁半工半读，工作者的角色就从 17 岁开始，或许你的职业是终身的。

(6) 每个角色在不同年龄的意义与重要性不同。例如：白领工作者角色最重要的年龄是 25 ~ 35 岁，之后要照顾小孩，重心转为家长角色，这时家长角色的着色就最高最深。

想一想，你该如何绘制自己的生涯彩虹图？那么，现在就开始吧！绘制好后，你可以和大家分享一下你的生涯彩虹图的状态和看法。通过分享你会有更进一步的收获。

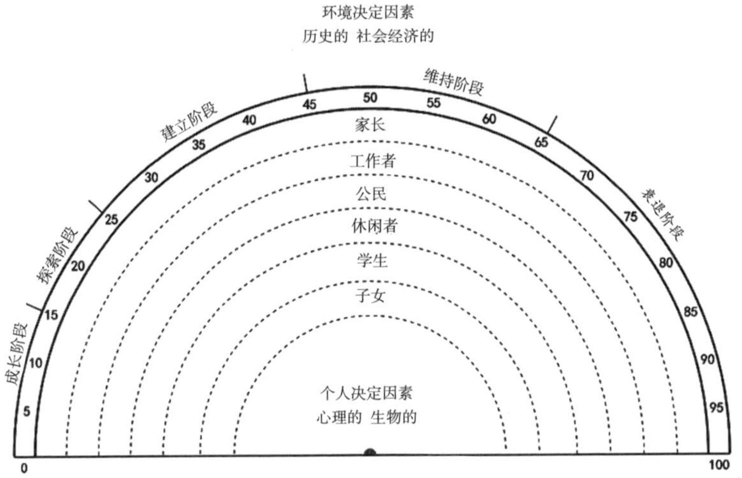

图 9 –3　生涯彩虹图（手绘用）

9. 2. 2　厘清你的愿景和人生目标

厘清自己的愿景和人生目标并不是件容易的事，但这件事又非常重要。所以我们需要一起来做一些操作，帮助你把思路梳理清楚。

愿景有多个方面，有物质上的欲望，有个人健康、自由、对自己诚实的欲望，还有对社会方面贡献的欲望，对某领域知识的贡献欲望等，都是人们心中真正愿望的一部分。总的来说，一个人的愿景通常会涉及以下几个方面。这些方面会共同构成一个整体，形成一个完整的愿景。

自我形象：你希望成为什么样的人？假如你可以变成你向往的那种人，你会有哪些特征？

职业工作：你理想中的职业状况是什么样子？你希望你的努力可以发挥什么样的影响力？

个人健康：你对于你的健康、身材、运动以及其他和身体有关的事情，有什么期望？

家庭生活：你理想中的家庭生活环境是什么样子？

人际关系：你希望和你的家人、同事、朋友以及其他人保持哪一种关系？

有形财产：你希望拥有哪些物质财产？希望拥有多少财产？

个人休闲：在个人的学习、旅游、阅读或其他的活动领域中，你希望创造出什么样的成果？

下面我们进一步通过六个步骤来帮你厘清自己的愿景：

（1）写出一个你的人生目标的清单。你这一生真正想要的是什么？什么是你真正想去完成的事情？什么事情如果你突然发现不再有足够的时间去完成的时候，会后悔不已？这些都是你的目标，把每个这样的目标用一句话写下来。

你可以对它们进行分析、修整、改变、更新，或者是重新思考。如果其中任何目标只是达到另外一个目标的关键步骤，把它从清单中去掉，因为它不是你的人生目标。

把你的人生目标清楚地用文字写出来，将会帮助你发现自己真正想从生活中得到什么，并向着目标前进，会使你的人生更加有意义。它会让你有更强烈的使命感，使你的生活更有方向，让你感觉可以控制自己的命运。而且它还可以为你提供一个明确的标准，使你可以更好地衡量哪些活动才是值得你参加的，哪些是真正有意义的。你将可以更好地平衡生活的各个方面，减少自己在时间分配方面所遇到的冲突。

（2）你有崇拜的**偶像**吗？你是否有想过，你为什么会崇拜或特别喜欢一个人？你或许说不清，但这并不妨碍你崇拜或喜欢。那是因为在偶像的身上有着某种基因正与你内在“灵魂”产生了耦合，或说是产生共鸣。所以你可以将自己的愿景锁定到某一具体的偶像或是榜样上面。比如：

◇像马云一样成功的企业家；

◇像比尔·盖茨一样的慈善家；

◇像苏格拉底一样的哲学家；

◇像迈克尔·杰克逊那样的演艺明星；

◇像杜拉拉一样的女白领；

◇像妈妈一样的职业女性；

◇……

（3）想象一下这些人生目标实现后的整体景象，即愿景实现后的情景。假如你得到了深深渴望获得的成果，那么——

◇这到底是什么样的情景，你怎样来形容它？

◇你的情感如何？

◇这种情感是不是你真正所想要的？

（4）形容个人愿景。想象你正在达成你一生最热切渴望达成的愿望，这些愿望会是什么样子？

◇请你回顾在你中小学时代、高中毕业时、大学毕业时、参加工作后以及现在的个人愿景，其中哪些愿景实现了，哪些没有实现，原因是什么？这些愿望包括自我形象、有形的财产、感情生活、个人健康、人际关系、工作和个人休闲等。

（5）检验并弄清楚愿景。分步检视你写下来的个人愿景所组成的清单和每个面向，从而找出最接近你内心深处的层面。

◇如果你现在就可以实现愿景，你会接受它吗？

◇假定你现在就实现了愿景，这愿景能为你带来什么？

◇你接受了它，你的感受又是怎样的？

（6）把你的人生愿景图像化。

◇准备一张A3大小的白纸和几种颜色的彩笔，把你的愿景画下来。这样你的愿景就会非常直观地呈现，可以给你更大的力量。

◇或者，你也可以找到你梦想中的图片，把它们裁剪拼起来。

◇给你的愿景图起一个名字。这个名字可以整体概括你所有的人生目标。

9.2.3 理想的生活

前面我们已经讨论了你的人生愿景，多数情况下，是可以梳理清晰的。但如果你觉得直接写出来的目标还不是太可靠的话，下面我将带着你调动潜意识的力量来看看我们内心最自然的愿景是什么。我们这里带着大家通过冥想的方式来进一步呈现我们理想的生活，它可以让你的目标更加具体化。你可以放着轻松的没有歌词的自然音乐，另请一人和着音乐按节奏朗读下面的指示语内容，你跟着音乐，跟着指示语冥想即可。

为方便大家操作，本文件的语音内容可以在向阳生涯的官网上下载使用。

自我暗示内容

“接下来，放松身体每一部分肌肉，放松（停顿）、放松（停顿）、放松（停顿）。

想象一下现在你已经乘坐上时空穿梭机，目的地是五年后的某一天。正好是清晨你刚醒来，是睡到自然醒还是被闹钟吵醒的，现在是几点钟？你在哪？观察下四周什么样子的，你看到什么？闻到什么？听到了什么（停顿）？起床后的第一件事情做什么？（停顿）洗漱完你正在考虑要穿什么衣服去上班，你最后决定穿什么衣服？（停顿）想象下你正站在镜子前面装扮自己！当你想到今天的工作时你的情感怎样？是平静、激动、厌倦还是害怕？（停顿）你现在正在吃早饭，有人和你一起吃吗？还是你一个人吃？（停顿）现在你准备去上班，出门后回头看看你住的房子，它是什么样子的？（停顿）

好，现在出发。你用什么交通工具去单位？有人和你一起吗？如果有的话是谁呢？当你走时注意周围的一切。（停顿）单位有多远？（停顿）到达单位了。想象一下单位是什么样子的：它在哪里？看起来怎么样？（停顿）现在你走进工作的地方，那儿都有些什么人，多少人跟你一起工作，他们在做什么，单位的人都是怎么称呼你的？（停顿）你的办公室是什么样子的？接下来你要做什么？（停顿）想象下你一上午的工作都做了些什么？你是用你的思想在工作还是做一些简单的事务性工作？你跟别人一起工作？还是你主要是独自工作？是在户外还是室内工作？（停顿）

现在上午的工作结束了，你该吃午饭了，你去哪里吃饭？跟谁一起吃饭？你们谈些什么？（停顿）现在回到工作中来，下午的工作与上午的工作有什么不同吗?(停顿)你一天的工作结束了,这一天让你感到满足还是沮丧?为什么?(停顿)今天你还想去别的地方吗?(停顿)在这一天当中,你还想做的是什么?(停顿)

现在,你回家了,有人欢迎你吗?(停顿)回家的情感怎样?(停顿)你如何与家人分享这一天所做的事?(停顿)你准备去睡了。回想这一天,你情感如何?(停顿)你希望明天也是如此吗?(停顿)你对这种生活情感究竟如何? (停顿)过一会儿,我将要求你回到现在。好了,你回来了……看看周围的一切,欢迎你旅游归来。喜欢你幻游的生活吗?喜欢的话可以分享你的经历。"

如果你不想分享幻游的生活可以花些时间思考,考虑下列问题:

我5年后的理想生活

5年后的今天是____年____月____日

◎我5年后典型的一天描述:

※我5年后从事的工作的描述

1. 同事们称呼我________________。
2. 工作内容是________________。
3. 和我一起吃中餐的人是________________。
4. 我下班后的活动是________________。
5. 工作的场所在________________。
6. 工作的场所周围的环境________________。
7. 工作的场所周边的人群________________。

※我5年后的生活形态的描述

8. 婚姻状况□已婚□未婚□其他________________。
9. 家中成员有子女____人,□父母同居否____□其他____。
10. 居住的场所在________________。
11. 居住的场所周围环境________________。
12. 居住的场所周围的人群________________。

13. 我穿的衣服样式是__________________________________。

14. 我乘坐的交通工具是________________________________。

◎请说明下列问题：

15. 对于一天的工作和生活，我的情感是____________________。

16. 临睡前，我许的愿望是______________________________。

17. 幻游过程中，印象最深刻的画面是______________________。

18. 幻游中与当前环境最大的不同是_______________________。

19. 我在进行幻游后，最深的感受是_______________________。

◎我觉得未来的生涯发展会是怎样的？

20. 我认为我未来的职业会是____________________________。

9.3 设定恰当的职业目标

俄国作家列夫·托尔斯泰曾经说过："人活着要有生活的目标，一辈子的目标，一段时间的目标，一个阶段的目标，一年的目标。"这段话告诉我们，一个人心中时刻怀有目标，才是一个聪明的人、有志气的人、活得有意义的人。人类是受目标驱使的精灵，世界会为那些有目标和远见的人让路。

目标决定人生的未来，关乎事业的成败。当我们已经厘清自己的愿景和人生目标后，就需要用更具体可行的目标来一步步向前推进。相信在目标的引领下，你的人生和事业必将更加精彩辉煌、风光无限。

在人生目标的七个主要内容中，自我形象、职业工作、人际关系、有形财产、个人休闲、个人健康、家庭生活，每一块都是与职业紧密关联的，特别是自我形象、职业工作、人际关系、有形财产等，主要都是通过职业来实现的。这些内容都可以按时间长短，分为人生目标、长期目标、中期目标和短期目标。所以我们本节将具体讨论如何设定你的职业目标。

9.3.1 职业目标的内容

人生的愿景和目标是多元的，整体目标的实现根本上还是在于职业生涯的目标实现。那么你的职业目标该如何表达呢？它应该包括哪些内容呢？

大多数情况下，如果你问一个人他的职业目标是什么，他会告诉你他要在多少时间内获得多少收入、取得多高职位。这也是大部分人的追求，但实际上，职业生涯目标的内容却远远超过这些。这里我们介绍一下职业规划中非常重要的一组概念——内生涯和外生涯。

外生涯是从事一种职业时的职务职级、薪资报酬、工作内容、工作时间、工作地点、工作环境等因素的组合及其变化过程。

内生涯是从事一种职业时的知识、技能、经验、观念、内心感觉、心理素质，以及工作成果等因素的组合及其变化过程。

通过这组概念的定义，我们可以发现：

外生涯通常由他人给予和认可，也容易为他人所剥夺。比如，一个业务代表在应聘一家企业时，这个企业所提供的薪水不是他能决定的，即使他在进入企业之初的薪水很高，如果他不能给企业带来业绩，那么就会随时有降薪或被辞退的风险。

内生涯因素主要是靠自己的不断探索而获得，不随外生涯的获得而自动具备，也不会由于外生涯的失去而自动丧失。例如小孙被任命为人事经理，他获得的只是外生涯的一个职务，至于他是否有能力做好这个经理，该职业应该具备的知识观念、经验能力、心理素质等并不是他在被任命的那一天就自动具备了，这需要在工作实践中探索、思考，才能逐渐获得。而一旦获得以后，即使出于某种原因，小王不再担任该职务了，他的知识观念、经验能力和心理素质依然为他自己拥有，就算他离职了，由于内生涯已经达到了人事经理的职位要求，即便再换一个单位，也可以很快适应新公司要求。

在职业规划与生涯发展中，内生涯和外生涯是性质不同的两类内容，而且都很重要。所以我们在设定职业目标时，就需要同时考虑这两个方面。

外生涯目标	内生涯目标
• 职务目标 • 薪酬福利 • 工作内容（管理权限、团队幅度等） • 具体工作环境 • 企业文化 • 地点、交通情况 • 工作时间、出差、加班 • ……	• 知识和技能目标 • 具体工作经验 • 职业心态（爱与感恩、责任、忠诚、诚信、勇气等） • 职业成熟度 • 很好的行为习惯 • 视野与观念目标 • 心灵成长 • ……

9.3.2　目标设定的黄金法则

你想过在十年之后，五年之后，或者一年之后的今天自己会是什么样子吧？这些都是你的目标，你可不想一直待在你现在的位置。你可能会说，我一直都有目标的啊，只是很少有实现的。为什么很多人都说自己有目标而目标却总是离自己那么遥不可及呢？原因主要有两点：

第一，这些目标没有被足够详细地定义，模糊的目标本身就有很多不确定性；

第二，它始终只是一个目标，而没有相应的行动。

我们知道，从整体发展战略角度来说，目标可分为人生目标、长期目标、中期目标、短期目标。从执行角度来看，目标可分为年度目标、月/季度目标、周目标和日目标。而人生目标是你对自己一生的整体预期，就是对未来的愿景的具体表达，是概括的、总体的、最大的目标。

人生目标通常都是比较大的，值得你终身追求的东西，它不一定非常清晰，它是要靠短期目标、中长期目标的层层推进才能达成的；而越是短期的目标就越要具体，可以执行。要想实现你的目标，让梦想真正照进现实，就需要对目标进行有效的管理，让它落地。通过设定有效的目标，依据目标展开行动，进而检视目标的达成度。

那么有效的目标是什么样的呢？该如何设定呢？最有效的方法就是借助 SMART 原则来设定好目标了，该原则是在目标设定中，被普遍运用的法则。

S（Specific）——具体的，要切中特定的工作指标，不能笼统；

M（Measurable）——可衡量的，衡量的指标是数量化或者行为化的，验证这些指标的数据或者信息是可以获得的；

A（Attainable）——可实现的，指标在付出努力的情况下可以实现，避免设立过高或过低的目标；

R（Relevant）——与其他目标有相关性。

T（Time - based）——有明确的截止期限。

现在我们来具体了解一下。

SMART 原则一　S（Specific）——具体的

用具体的语言清楚地说明要达成的行为标准。明确的目标几乎是所有成功人士和成功团队的一致特点。很多人不成功的重要原因之一就是目标定得模棱两可，或没有将目标有效地传达给相关人员。举例：

☆无效的表达：我想成为一个对社会有价值的人。

☆具体的表达：我要成为一个受人尊敬的对外汉语教师，为传播中华文化做出贡献。

点评：正如哈佛大学关于人生目标的调查所显示的，模糊的目标产生不了什么价值，目标需要尽可能地具体化。成为一个对社会有价值的人的途径太多了，多得数不胜数，其实这最多也就是表达了你想做些事的愿望。而做个“对外汉语教师”就比较具体，这是特定的职业，看得见，摸得着，是个清晰的努力方向。

SMART 原则二　M（Measurable）——可衡量的

衡量性就是指目标应该是明确的，而不是模糊的。应该有一组明确的数据，作为衡量是否达成目标的依据。如果设定的目标没有办法衡量，就无法判断这个目标是否能实现。

目标的衡量标准遵循“能量化的量化，不能量化的质化”。在评估目标时有一个统一的、标准的、清晰的可度量的标尺，杜绝在目标设置中使用形容词等概念模糊、无法衡量的描述。对于目标的可衡量性应该首先从数量、质量、成本、时间、上级或客户的满意程度五个方面来进行。如果仍不能进行衡量，其次可考虑将目标细化，细化成分目标后再从以上五个方面衡量，如果仍不能衡量，还可以将达成目标的工作进行流程化，通过流程化使目标可衡量。举例：

模糊的表达：我要多花些时间看望父母，多和孩子沟通。

可衡量的表达：我每月要至少看望父母3次以上，每星期与孩子沟通在一起的时间不少于5小时。

模糊的表达：我希望这几年收入有所提高，能晋升到满意的职级。

可衡量的表达：5年内，我的年现金收入（或年薪）要达到15万元，我在公司要当上人力资源总监或副总经理。

点评：3次，5小时，5年，15万元都是量化的可直接衡量的指标，人力资源总监或副总经理是质化的指标，而有所提高就很难说了，提高1%也是提高，提高200%也是提高。

SMART原则三　A（Attainable）——可实现的

目标是要可以通过努力实现、达到的。通过设定目标成长，就先不要想达成的困难，不然热情还没点燃就先被畏惧给打消念头了。

职业目标的设定不只是你自己的事，它同时还依托于具体的职业平台——你的老板和公司对你是否可以达成目标都会有影响，所以要坚持与单位协商确定，确保既对公司的整体目标有利，又能达成你的个人目标。要制订出跳起来“摘桃”的目标，不能制订出跳起来“摘星星”的目标。举例，一个刚刚工作的大学生设定的目标：

☆不切实际的表达：我要在2年内成为分公司的总经理！

☆可实现的表达：我要在2年内成为公司的销售经理。

点评：成为一个公司的总经理远非一些人想象的那么简单，不仅管理能力要好，你还得懂业务，懂行业，简而言之，要懂的东西很多。对于一个职场新人来说，特别是我们国家大部分毕业生在工作之前都没多少职场实践，要想两年哪怕三年达到这样的标准是很难的，甚至是不太现实的。而要做到总经理的话，走销售路线是比较快捷的，通过天赋和努力，在绩效导向的团队中，两年做到销售经理倒是有可能的。

SMART 原则四 R（Relevant）——相关性

目标的相关性是指实现此目标与其他目标的关联情况。如果实现了这个目标，但与其他的目标完全不相关，或者相关度很低，那这个目标即使达到了，意义也不是很大。

因为毕竟职业目标的设定，是要和人生目标相关联的，是要有利于职业生涯的整体提升的，不能跑题。那么要怎样平衡这种关联性呢？可从下面几点来考虑：

• 个人目标与所在公司、部门目标相联结；

• 个人目标与家庭目标和期望相联结；

• 长、中、短期目标相联结；

• 个人发展、经济事业、兴趣爱好、和谐关系四大目标系统平衡关联；

• 目标之间彼此不冲突。

SMART 原则五 T（Time - based）——时限性

目标特性的时限性就是指实现目标是有时间限制的。例如，我将在 2022 年 10 月 31 日之前完成某事。2022 年 10 月 31 日就是一个确定的时间限制。没有明确的时间限定的方式可能会造成无限拖延，在工作上可能会造成无法评估的后果，也会带来考核的不公正，伤害工作关系，伤害下属的工作热情。在公司内，上下级之间对目标轻重缓急的认识程度不同，上司着急，但下面不知道。到头来上司可能暴跳如雷，而下属觉得委屈。

无论是制订个人的职业目标或绩效目标，还是团队的工作目标，都必须符合上述原则，五个原则缺一不可。另外，在设定目标时还需要回答清“达不成怎么样”这个问题。简而言之，就是如果达不成应该有一定的惩罚机制，否则目标达成与没达成一个样，达不成也没所谓，那人们对这个目标也就没所谓了。

9.3.3 写出你的职业目标

现在，该选定你自己的职业目标了。

需要特别注意的是，职业目标是基于特定的产业和企业背景下的。在整体上，需要人生目标与时代背景和产业趋势相一致。在组织内，只有个人目标与企业发展目标能有效整合时，你的目标的实现才有现实的基础。因此，在设定职业目标时，需要及时与相关人士沟通，以便获得支持，并与个人整体目标及企业总目标保持一致（见图9－4）。

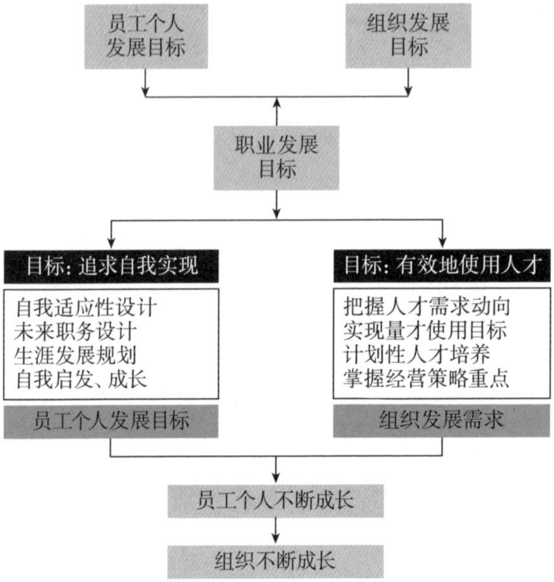

图9－4　个人目标与组织目标

请按照SMART原则，把你的目标写在表9－3中。具体的目标周期长度你自己可以调整。写下来的目标才会更具体，更有力量。其实在你写出来的同时，本身就是厘清思路，让目标清晰化的过程。同时也为具体的行动计划搭好了框架。

写完后，接下来要做的事就是把它公之于众，让你身边的人都知道你的目标。这样你可以获得更大的动力、得到更多人的支持，加快目标实现进度。

处于生涯初期的人不必急于确定中长期目标，除非职业定位已经很明确了。

表9－3 我的职业目标和五年规划

	内容	目标	量化描述	达不成怎么样
一年的	内生涯			
	外生涯			
三年的	内生涯			
	外生涯			
五年的	内生涯			
	外生涯			

9.3.4 目标与目的

每个人对生活都有许多梦想，也会相应地为自己设立一些目标，包括事业、家庭、个人成长等各方面。的确，我们的人生中需要目标，当我们有了明确的目标，就找到了人生努力的方向和持续动力的出路。树立目标的最大价值在于可以避免浪费时间，避免漫无目的地瞎干，从而使你能集中精力去达到理想的目标。

很多人在设定目标时，常常把目标定为具体的数字，比如说我减肥要减几公斤，赚钱要赚几百万元，考试要考多少分等。实际上这种一味强调量化的目标经常会带给人更大的迷失。人们在实现目标的过程中，为了达到设定的数量，往往会忽视另外一些更重要的东西，从而使自己成了目标的奴隶。

设立目标时，应该问问自己：我为什么要设定这个目标？我想从中获得些什么？什么是我真正想要达到的目的？如果你不能为这些问题找到答案，那么无论你为自己设立了多么清晰明确的目标，你的人生仍然处于盲目的状态中。我们在专注于各个阶段的目标时，必须清楚这些目标的实现最终是为了实现我们整个人生目标，让我们的梦想和愿景成为现实。

目标固然重要，但目的和目标同样重要。如果我们完全投入自己设定的可计量的目标之中，却在实现目标的过程中迷失了真正的目的，我们所有的努力往往会造成相反的结果，无法真正获得我们需要的东西。

人都希望获得成功，拥有更多的物质财富，但归根结底，人们最终追求的是生活的幸福，而不仅是大量的金钱。增加财富只能说是一个提高人们幸福程度的有效手段，而幸福快乐的生活才是我们真正追求的目的。

所以，在我们迈向目标的过程中，一定要弄懂自己真正的目的。许多人就是因为忽视了这一点，而自我导演了生命中的悲剧。有的人为自己确立了要赚500万元的目标，可是当赚到第一个100万元的时候，他的身体就已经发出了警告。但他想："等我有钱了，有什么医不了的呢?"仍然不顾身体继续辛苦，结果不久他的身体就垮了，那100万元还不够付医药费。还有的人，因为一味忙于工作，没有给自己的孩子足够的关心，结果孩子开始做出一些错误行为，人生道路出现了偏差。这个时候，就需要父母帮助孩子做行为上的修正。但他说不管了，还有400万元的目标没实现，等赚到这400万元再说。结果孩子在歧途上越走越远，很快堕落下去，再想管教已经来不及了。

生活中每天都有人在重复这样的错误，埋头于那些量化的目标而忘记了真正的目的，结果目标还没有实现，生活却已经危机四伏甚至全面崩溃。他们往往在一切都无法挽救的时候，才发现在达成目标过程中忽略了目的而给自己造成了多么大的损失。

所以我们说，重视目标而忽视目的的努力是一种盲目的努力，结果往往是在实现了目标之后，才发现得到的并不是自己真正想要的。如果不希望在无法回头的时候懊悔，那么，当我们从起点出发之后，就要时时提醒自己，不断去关注自己的愿景，关注自己的目的，弄清正在追求的是不是自己真正想要的、真正需要的，才能在迈向目标的进程中使生命的价值获得真正的提升。

此外，在我们向人生的目标迈进的行程中，也有可能发生很多无法想象的事情，产生一些无法预期的意外伤害，如事业波折、家庭裂痕等。在这样的时刻我们一定要从忙碌的生活中停下来，静静地审视自己的生活，才有机会看清问题所在，才有机会进行更深刻的思考。

在我们的人生路上，让我们时时彼此提醒，兼顾着目的去达成目标，兼顾着家庭去经营事业，使每一个人都能拥有更平衡的生活、更圆满的生命。

今日思考

1. 你的理想是什么？你到底想成为什么样的人？
2. 请按照 SMART 原则，写出你 5 年或 10 年的人生及生活目标。

第 10 天

职业规划 “谋”定美好前途

先谋后事者昌，先事后谋者亡。

——姜太公（中国古代政治家、军事家和谋略家）

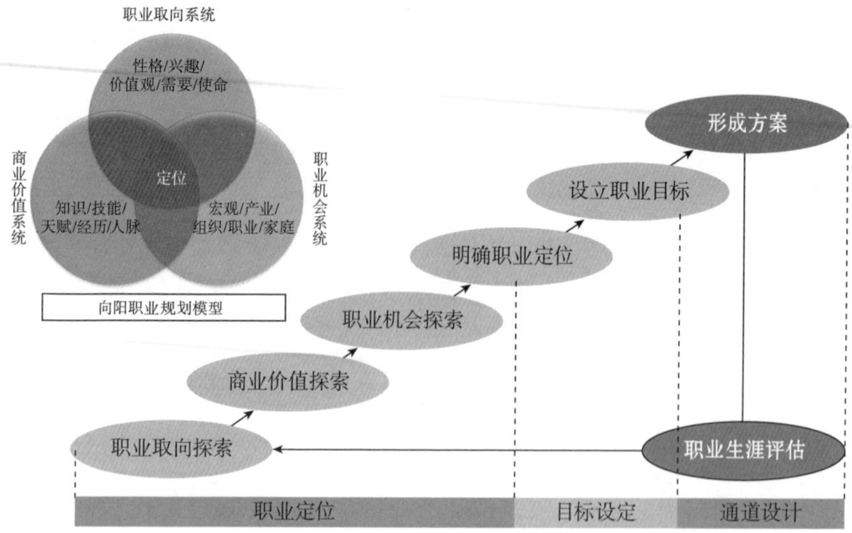

图 10－1　向阳职业规划模型——形成方案

方向有了，目标也有了，那么，该如何去实现你的人生目标呢？这就需要我们好好规划了。通过规划，构建出你的人生蓝图，一份详细的、各部分协调的计划或行动方案。

10.1　规划发展蓝图，带着地图去旅行

当我们外出旅行时，我们就很自然地需要一张地图，有时候你还会需要一个导游。显然，从起点出发到达目的地往往不止一条路，常常你会有许多的选择，通过地图你可以选择最快速的路径，也可以选择最经济的路径，还可以选择风景最好或最多的线路；你可以选择人们常走的路线，也可以选择未知的，自己来开拓一条全新的线路。有时虽然地图上可以查找到你想要的路线，但因为路不熟悉，或是不想浪费时间自己去查找，抑或实际上每个景点的实际情况远非地图上那么简单，所以有导游来带路要比全靠自己去探索高效、快捷得多。

职业规划也一样，通往一个新的目标时，会有很多路径可以选择。而

且每条路线上会有什么样的风景你也没见过。所以我们需要提前规划，规划出职业生涯的蓝图。如果能找到合适的导师帮你一把，给你导航带路，那你就可以少走很多弯路。

最重要的是，路不能走错了，走反了。至少在大方向上，绝不能走错。

职业生涯，路途遥远，岔口众多，只有提前规划，一路导航，才能顺利到达终点，实现职业生涯的成功。

10.1.1 职业生涯的发展模式

路有路的走向，职业也有其自身的走向，有它的发展规律。职业生涯有什么发展规律呢?

组织内职业发展模型

1971 年，美国麻省理工学院施恩教授提出个人在特定组织内的三种流动方式，以实现组织对个人职业生涯的帮助和管理。这个著名的员工职业发展圆锥体模型（见图 10－2），指出人们在组织内部的职业发展表现为向内的核心维度发展、横向的职能维度发展、垂直的职级维度发展等三种线路。

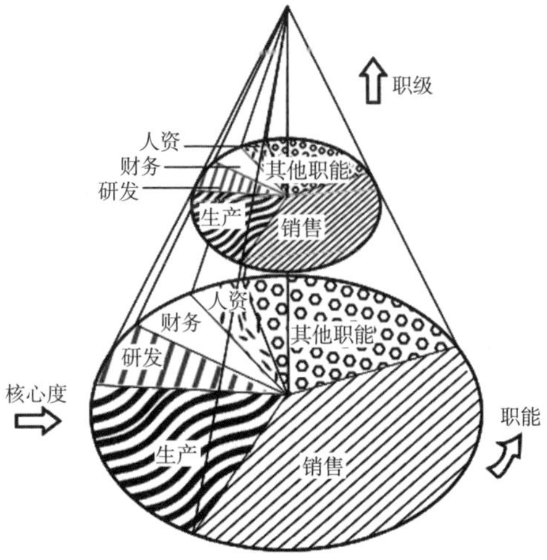

图 10－2 员工职业发展圆锥体模型

（1）向核心地位流动模式

这种流动方式是由组织外围逐步向组织内圈方向变动。当发生这类变动时，成员对组织情况了解得更多，承担的责任也更为重大，并且经常会参加重大问题的讨论和决策。一个人进入一家企业后，由开始的新员工逐渐得到团队成员和老板的认同，这个过程本身就是向内发展。

有时企业会主动采取这种模式帮助员工发展。一是由于个人的能力和努力取得组织的认可，但不适合于提升到组织的更高等级；二是准备让个人沿纵向上行，但暂时无法提供相应的职位。通常，核心度越高，说明你在企业的重要性越高，职业稳定度也就越高。

（2）横向的职能维度发展

这种流动方式是组织内部个人的工作或职务沿着职能部门或技术部门的同一等级进行发展变动。这种方式的流动，会让你的工作更加丰富，对企业的运营会有更全面的了解，有利于把自己培养成掌管全局的管理人员，为以后的纵向发展做准备。

（3）垂直的职级维度发展

这种流动方式是指组织内部的职务/职位的升降。在一般的观念中，只有纵向的上行流动，才是得到发展和肯定。如果某个人得到职位等级的提高，但仍然没有列入组织重要的核心活动或决策之列，则意味着“明升暗降”，或只是一种特别的待遇而已。

“垂直”型发展是员工职业发展的主要模式。这种发展模式要求员工达到目标职务/职位所应具备的能力、素质等条件，员工总是在能力或素质达到一定水平后，才能上升或被提升到更高层面的职务/职位，企业则通过设立相应的职业发展阶梯，为员工提供职业生涯持续发展的可能性和具体台阶。

在这个三维模式中，朝核心方向变动是从圆锥体的外围向圆锥体的中心变动；横向变动是围绕圆锥体周围，从一种职能或部门向另一种职能或部门变动；纵向的变动是一种上下升降的变动。现实的职业发展路线是三种发展之间的有机结合。

常见的职业发展通道

从人力资源管理的角度，组织会设计相应的发展通道，为员工的职业生涯发展提供具体的可能路径。职业通道模式主要分三类：单通道模式、双通道模式、多通道模式。按职业性质又可分为管理性、技术性、技能性职业通道。多样化的职业发展通道不管是对企业还是对员工本人都是很有价值的。原因有以下三点：

一是基于人们能力和个性的客观差异，不同的人有不同的职业定位和取向，这个我们已经充分了解了。传统的、单一的职业发展通道会导致组织面对两难的选择：如果将优秀的专业技术人才晋升到管理类岗位，公司将不仅可能失去优秀的专业技术人才，而且还可能产生不称职的管理者。

二是管理类、专业技术类岗位工作特性有根本性差异，不可同等对待。

三是组织的持续发展，不仅需要一批出色的经理人员，而且需要一大批优秀的专业技术人员、专家乃至科学家。

成功的组织发展必须确保让所有优秀的员工都得到充分的认同与激励，并实现他们各自的归属感。成功的个人也必须走真正适合自己的道路。

虽然我们在为企业提供的职业生涯管理咨询中会发现很多把技术人员作为管理人员来使用的案例，但实际上，优秀的专业技术人员并不愿意也没有必要因为其专业技术能力的出色而都被提升到管理类岗位。

在职业生涯发展的双重通道或多重通道的系统下，通常组织会建立起同等的地位重要性和同等的劳动报酬待遇机制，在不同职业通道的同等层级之间，建立报酬、地位、称谓等方面的对应关系，从而使每一类别的出色人才，都能找到适合自己的职业发展路径，并实现自己的价值。

实际上，职业生涯发展的双重通道及多重通道已经在微软、福特汽车、波音等著名的跨国公司进行了较长时间的成功实践。国内的海尔、联想、大唐等立志创新的品牌企业，也已经开始了进行员工双重或多重职业发展通道的实践尝试。①

技术人员的双重职业发展通道（见图10－3）：

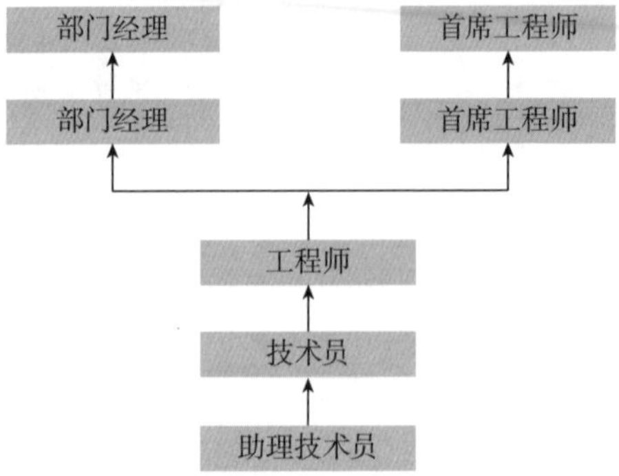

图10－3　技术人员的双重职业发展通道

常见的双重职业发展通道（见图10－4）：

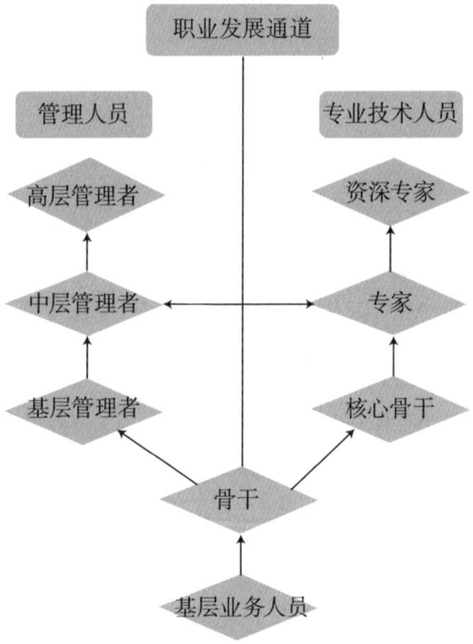

图10－4　常见的双重职业发展通道

① 张伟强．关于企业组织发展与员工职业生涯发展[J]．科学学与科学技术管理,2006(1)．

例：大唐移动的职业发展通道（见图10－5）。

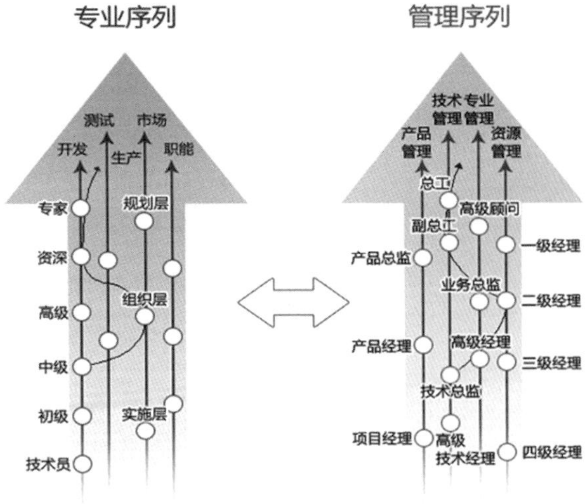

图10－5　大唐移动的职业发展通道

10.1.2　跨组织的职业发展模式

离开一家企业，到外部寻求职业发展，这时职业发展线路及发展质量主要受行业和职能两个维度的影响。基于我们对职业本质的理解，我们把行业看作经线，把职能看作纬线，这样就可以构成一系列独特的经纬职业发展模式（见图10－6）。

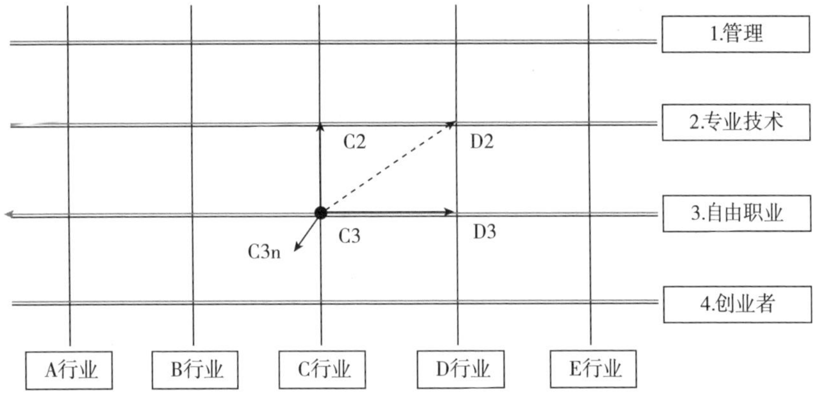

图10－6　跨组织的经纬职业发展模式

从经度的行业视角，人们可以在不同的行业间转换职业，也就是所谓的跨界发展。行业的产业属性及行业与行业间的距离对跨界发展的难度有直接影响。

从纬度的职能视角，我们可将职业方向分为：管理型（包括全面管理型、职能管理型和项目管理型）、专业技术型、自由职业型、创业者型四大类别。

这样，组织外的发展就有四种模式：

（1）同行业间换一个公司，原职能领域发展，如C3→C3n。

（2）行业转换，职能不变，如C3→D3。

（3）行业不换，职能（职位）转换，如C3→C2。

（4）行业和职能都转换，如C3→D2。

第（1）种为一般的跳槽或换工作，后三种实则是职业性质的转换，统称为职业转型。

四大职能取向

在纬度上，我们可把各类职能归纳为四大取向，即管理取向、专业技术取向、自由职业取向和创业取向。各种大类中，又可细分为若干种类和细类。

（1）管理取向

全面管理是最高层次的管理。这类人追求并致力于工作晋升，倾心于全面管理，独自负责一个部分，可以跨部门整合其他人的努力成果，他们想去承担整个部门的责任。

职能管理是将管理基础与特定的管理职能相结合，以提高组织职能部门的效率。主要包括人力资源管理、财务管理、行政管理、生产管理（运作管理）、市场营销管理、研究与开发管理、客户服务管理、贸易管理等。

项目管理在项目活动中运用专门的知识、技能、工具和方法，使项目能够在有限资源限定条件下，实现或超过设定的需求和期望。

（2）专业技术取向

技术泛指根据生产实践经验和自然科学原理而发展成的各种工艺操作

方法与技能。专业技术涵盖了人类生产力发展水平的标志性事物，是生存和生产工具、设施、装备、语言、数字数据、信息记录等的总和。专业技术取向包括操作技术、思维技术和服务技术三个方面。他们追求专业水平的不断提高，成为某方面的行家里手。专业技术取向涉及社会生产、生活的各个方面，如医疗、生产、设计、策划、销售、演讲、咨询等。

（3）自由职业取向

希望随心所欲安排自己的工作方式、工作习惯和生活方式。追求能施展个人能力的工作环境，最大限度地摆脱组织的限制和制约。他们希望摆脱企业与公司的制辖，自己管理自己。

在情况许可的条件下，他们多为自由职业者，譬如律师、自由撰稿人、独立的演员歌手。多是脑力劳动者（作家、编辑、会计等）或服务提供者，他们自己指导自己找工作做，经常但不是一律在家里工作。他们经常被叫作顾问、临时工、承包人、自由代理人、单飞雁、独行侠、单干户、自由工、唱独角戏的、靠电话联系进行工作的人、虚拟雇员、虚拟企业主等。在我国，自由职业者主要有技术顾问、管理顾问、摄影师、专利代理人、律师、会计师、牙科医生、管道工、电工、艺术家等各类专业人士、寿险顾问、直销人士 、新生代的威客等。

一般而言，自由职业者生产的产品智力含金量比较高，具有一定的不可替代性。周立波的海派清口别人是很难模仿的，王小波的小说杂文只有他才能做得出，律师也不是人人都可以做得了的。正因为这些人有一些特殊的技能，所以社会才给予奖赏，放任其自由。

（4）创业取向

希望创建属于自己的公司或创建完全属于自己的产品（或服务），而且愿意去冒风险，并克服面临的障碍。投资家、创业家及企业家都是创业职能取向。

一般而言，每个人都有其特定的职能取向，这种取向主要由我们前面介绍的职业取向系统各因素与外部环境相互作用而成。这种取向有很大的稳定性。

基于行业转换的职业发展路线

基于行业转换的职业发展路线主要有三条：

第一，产业链内的向上向下发展。对整条产业链能有更整体性了解的人才，会对行业趋势有更大的把握，更能找到成功的关键，所以发展空间会更大。但一次转换的产业跨度不宜过大。

第二，同一产业类别间相邻行业的转换。由于这样的行业关联性较大，原行业的知识和资源可适度迁移使用。

第三，跨行业发展。这种就是抛弃原行业所积累的优势从头开始发展了。

我们先以**太阳能光伏产业链**为例来理解这个概念。我们知道，太阳能光伏发电将成为未来能源供应的主体，所以在这个产业链条内，个体的职业生涯也会取得更多的发展机会。在整个产业中，太阳电池是光伏发电的核心部分，目前国际上都是以硅材料电池为主，并逐步开发化合物电池。

当前太阳能光伏发电产业，包括晶体硅制造、硅锭/硅片生产、太阳电池制造、组件封装和光伏系统集成等，以及各环节的专用材料、专用设备制造等。

我们先简单分析一下整个产业链（见图10－7、图10－8）：

首先，石英砂为二氧化硅，中国储量丰富，冶炼过程简单，技术难度低，国内产量大。

其次，从粗硅提纯高纯硅料是一个庞大的化工系统，技术含量高，利润也高。从粗硅到高纯硅，价格涨幅近100倍。

再次，通过拉直法或铸造法把高纯硅生产成多晶硅棒、多晶硅锭。硅棒通过线切割，切成180微米厚的硅片。然后硅片通过一系列步骤的处理形成能够将光转化为直流电的器件。再串联或并列成可以发电的电池组件。

最后，要让这些组件发电，太阳能电池组是核心部件，还需要太阳能控制器，蓄电池组和逆变器，这些共同构成发电系统。

在整个产业链中，我们通过一些指标分析就可以发现，最大的职业机

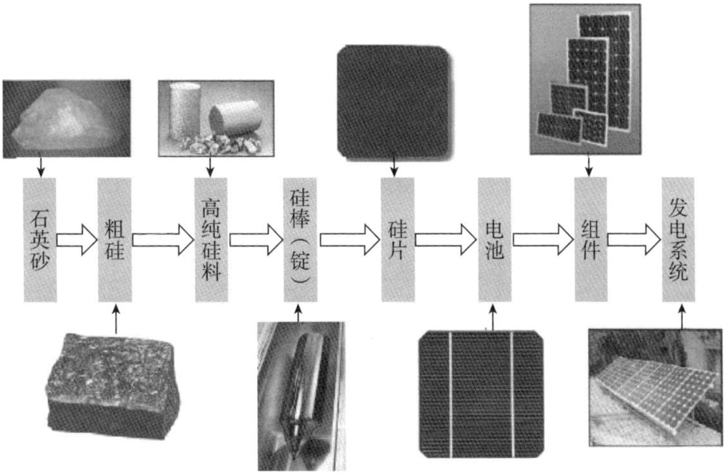

图10－7 晶体硅电池光伏产业链

会存在于整个产业链的三个环节：提纯高纯硅料、发电系统和电池生产。所以如果你正准备向太阳能光伏产业发展，或是已经在这个产业链内，那么，向这三个方向流动无疑会获得更大的职业发展机会，也会有机会为我国太阳能产业做出更大的贡献。

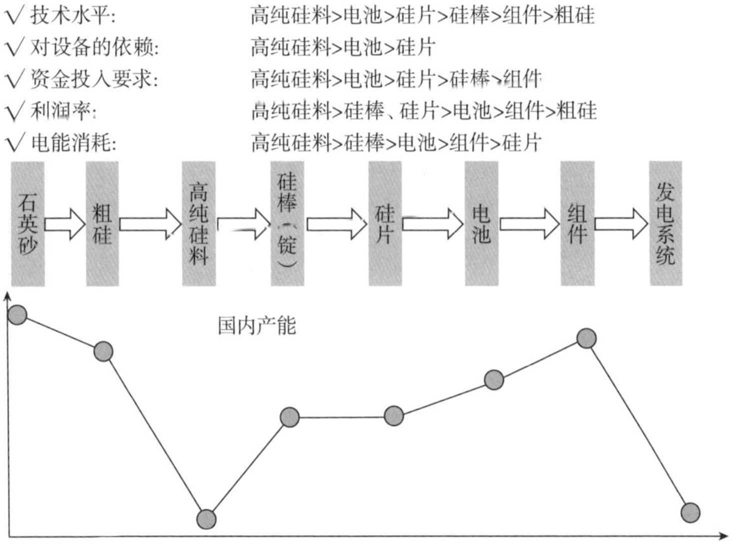

图10－8 晶体硅电池产业链的国内产能

我们再以制药工业产业链和个人计算机产业链为例。参考图 10－9。

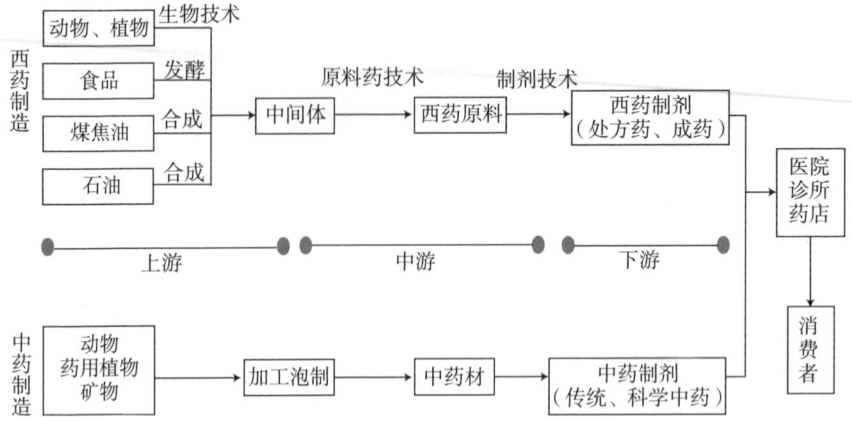

图 10－9　制药工业上、中、下游产业关联

如在西药原料企业，像销售、行政、人力资源、市场、财务、技术、管理等大部分职能类别，都可以向上往西药中间体领域发展，也可向下往西药制剂企业发展，但如果直接跨越到医院或上游原材料企业的话就一点优势都没有了。

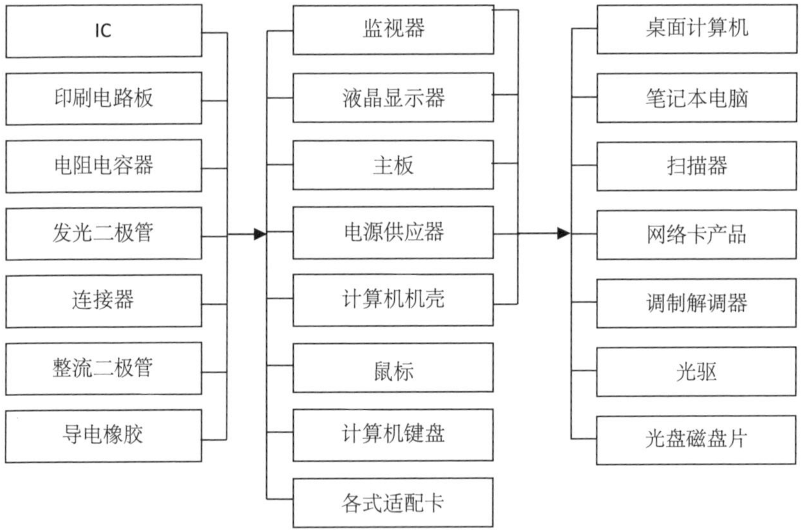

图 10－10　个人计算机产业关联图

在个人计算机产业链（见图 10－10）上，如果你是在制造主板的企业，可以向上游 IC 企业或印刷电路板企业发展，也可向下游笔记本电脑领域延伸，还可以并行向显示器企业或鼠标生产企业横向发展。

按照这样的思路来发展自己的职业生涯就可以让自己以某个职业为核心基点，逐步发展，让你的职业生涯丰富多彩、成就非凡。

职业转型及其风险控制

从经纬职业发展模型我们可看到，转型分为转行、转职、转行转职三种类型。

不同职能类别间的核心差别，是性格、能力、态度和价值观的差异。而不同行业间的核心差别是生产（工作）方式和知识的不同。所以行业的转变是外部环境的转变，而职能的转变则同时对人的天赋、性格、价值观形成挑战。所以一般来说，这三种转型的风险系数越来越大。

转型风险：转行转职 ＞ 转职 ＞ 转行

同样是转行，不同行业间的跨度是不同的。一般而言，不同产业层级间的行业跨度大于同一产业层级的；不相关的行业跨度大于产业链内相联上下游的；外部行业跨度大于并行相关行业的。转型跨度越大，危险系数也就越大。

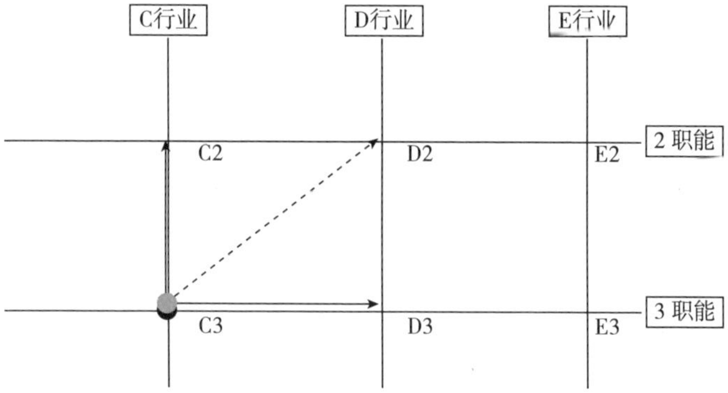

图 10－11　职业转型模式图

如图 10－11 所示：

转行，即行业转换职能不变，如 C3→D3。

举例：王先生以前在某汽车制造企业担任财务经理一职，现在他换到某知名服装企业仍然做财务经理，这种情形我们叫作转行。转行不转职的风险往往最小，只要在原有的专业技术基础之上，加强对新行业的系统了解和相关知识的掌握，很快便能适应新的环境，职业发展可以得到良好的延续。

转职，即行业不换，职能（职位）转换，如 C3→C2。

举例：同样是王先生，在某汽车制造企业担任财务经理，因为工作表现出色及企业需要，三年后他被调到该企业的生产制造部做经理，直接参与生产一线的制造管理，我们将此种情形定义为转职。由于前后两个工作的关联性较小，转职不转行相对于转行不转职的风险要大一些，但因为了解行业特征，熟知公司的许多经营理念与生产工艺流程，在真正面临新的职位时，他可以更直观地了解企业产品的整个制造流程，并且运用许多财务成本管理知识去做好生产制造过程中的基础管理，于是他很快找到了自己的位置，在新职位中发挥出了自己新的更大的价值。

转行转职，即行业和职能都转换，如 C3→D2。

举例：这位王先生在汽车制造企业做了五年财务经理后，突然有个全新的工作机会，于是他主动跳槽转到了某知名服装企业做生产部的经理，面对从汽车制造到服装生产这个全新职位的转变，王先生对这个超大跨度的转型突然感到莫大的恐慌。因为职业属性的差异性过大，此前的经历与知识的积累在新工作中几乎看不到延续性，资源的整合基本等于零，这意味着他要从零开始，因此风险肯定很大。

三种转型情况都有一定的风险。出于以下三个原因，我们必须认真面对职业转型的风险控制问题。

（1）多数人在选择第一份工作时职业定位就很模糊，所以职业的调整和转型很大程度上是一件必然的事。也就是说，对于大部分人来说，职业转型是个必须要考虑的问题。

（2）但由于路径依赖的作用，转型时机越早，机会成本也就越小，转型时间越晚，机会成本也就越大，越不容易。

（3）转型风险大。转行转职风险 > 转职风险 > 转行风险。

如何进行有效的转型风险控制呢？这里我们提供一些方案供参考。

（1）要有清晰的职业定位+明确的转型目标

职业定位不清而盲目转型，是最大的风险。是否需要转型，是否有必要转型，这些都要根据你的职业规划来确定。

（2）透彻分析目标职业

对目标职业不了解就根本无法判断那是不是你的转型对象。如果这样盲目转型，可能还没开始就已经败了。

（3）减小转型跨度

转型的跨度越大，危险系数也就越大。我们常说做熟不做生，就是这个道理。

（4）提前做好充足的准备

1）技能准备。

技能是指转入该行业所需的特殊的能力。转入任何一个新的领域，都势必面对它的特殊性。必须让自己具备适应这一领域特点的技能，才可能促使转型成功。人们往往忽视具有专业特性的技能培训，这是不对的。技能是从事某一领域工作的基本功，也是通往成功的基本因素，它会最直接地让你突破最初始的尴尬和障碍。

2）心理准备。

转入一个新的职业范畴，势必面临内界和外界双重的压力，如果没有充足的自信心和冷静的心态，是很容易误入歧途，或者绕很多弯路，造成很多金钱和时间上的浪费的。心理上的准备其实是改变的基础，很多事情“没有做不到的，只有想不到的”，一旦心态上做了充足准备，其他的事情都好办了。

3）环境准备。

了解所处的环境，才能了解自己的竞争力何在，优势何在，弱点何在，才能更准确地把握进退的选择和策略。所以，转型之前，对环境的调查必不可少。对环境的调查包括对自己所在的行业、所从事的职业的大形势的调查，也包括对自己转型后的人际、待遇等各方面的小环境的调查。

4）知识准备。

这里的知识，不是指前面所提的技能，而更多的是对技能的交叉和应用。因为转入新的领域，需要的不仅仅是技能，多渠道的信息才能丰富知识的内在可靠性，才能方便自己做出有力的判断。所谓的综合能力，体现的也是这一块内容。

5）个人职业品牌。

拥有美誉度的职业人无论在企业内部转型，如从销售精英或技术骨干转向管理，或从记者、主持人、科研专家转为职业经理人，还是从一个行业转向另一个新行业，出色的个人职业品牌都是一个人纵横职场的通行证，足以打通各个行业。

（5）有条件地争取转型

如果你正处在一个集团公司中，这里本身就有足够多的机会选择，这时要转型的话，在企业内部转型显然要比外部转型安全得多。

对于想转型的职场人来说，转型就意味着放弃多年来打下的江山，面对新一轮的奋斗。但凡事都讲“舍得”，只有肯“舍”才有“得”，舍弃掉笼罩在你头上许久的光环，或许你会发现职业理想离你更近了一步。无论怎样，都应该从有利于职业的持续发展这方面来考虑，而不能凭一时的意气用事。

10.1.3 大学生涯的发展模式

大学期间规划得怎么样，直接决定毕业后的就业质量及职业生涯的起步水平。

当下，有很多学生在初入大学时抱着“大一大二先轻松，大三大四再加油”的心态。对自己四年的大学生活乃至未来的发展缺乏科学的规划，这往往成为他们毕业时面对就业压力，感到手足无措的一个重要原因。向阳生涯的数据分析显示，当前大学生群体中，63%的人对自己未来的发展和职业生涯没有规划，33%表示不明确，只有4%的学生有明确的职业规划。种种迹象表明，尽管很多高校已经开设了职业规划课程，但整体效果并未显著改观。大多数大学生对职业规划仍是模糊状态。

大学阶段的职业生涯该如何规划呢？我们认为，我国当前的教育体制中对学生自我认知及对职业环境了解方面的教育是严重缺乏的，相对于发达国家从小学就开始的生涯教育环境，在我们这样的独特背景下，大学阶段的职业规划应该有其独特的模式。比较有效的模式可以分为四个阶段：

第一阶段：大一 ——探索期

进入大学后首先要解决的是，这个专业是你理解的那个样子吗？如果是，该如何规划好学业及整个大学生活？如果不是，那么适合你的是什么专业？很多人会发现，所学的并非自己感兴趣的，或是所学的专业和自己想象的不一样。大一处于职业生涯的探索阶段，这时需要尽早树立正确的职业理想，针对就业方向早做规划。

在这一阶段可以通过对自我和职业环境的探索和综合分析，找到初步的职业定位。慎重一点的话可以做个正规的职业规划咨询，请校内或校外具备专业资质的职业规划师做个辅导，或是借助一些分析问卷和标准化测评工具，对自己的能力、兴趣、性格、价值观以及需要等方面进行全面分析，客观认识到自己的优势与特长、劣势与不足。同时注重对职业环境的分析，整合自己的各种资源，评估就业机会，了解目标行业/企业的现状和发展前景，以及胜任该职位的条件与资历要求等。这个阶段，找准发展方向是首要任务。

第二阶段：大二、大三——准备期

有了初步的职业定位后，这时的学习就更有针对性，需要根据职业方向来提前做好准备。事实表明，能够在职场中快速获得成功的，往往是在大学期间就提前做好规划、事先做好准备的人。**准备的内容主要有三方面，一是知识和证书的准备；二是实践经验的准备；三是人脉关系的准备。**

这期间要围绕职业定位来确定（或是调整）专业方向、选修课及自学课程。同时构建合理的知识结构，将已有的知识重组，最大限度地发挥知识的整体效能。这两年里除了尽可能多地吸收专业知识外，还可以参加一些商业课程及相关职业资格证书的培训。

从就业的角度来讲，用人单位还是比较看重求职者是否有相关的工作（实践）经验的。所以需要多接触社会、多实践，特别是与职业方向相关的经验累积非常重要。此间，通过专业学习和社会实践，职业定位会更加清晰，并进一步明确求职方向。

更重要的是在此期间加强人脉关系的拓展与维护，也可以大大提升就业能力。

通过有针对性的准备，使自己的知识结构与适应社会所需的各种能力统一起来，立于不败之地。

第三阶段：大四签约——冲刺期

此时除了部分课程需要学习外，最主要的任务就是集中精力落实工作单位的事了。

在不断加强专业学习、寻求工作机会的同时，千万别忽略了收集和获取目标公司/职位的各种信息。要知道大四是求职的最关键时期，要调动所有的资源，尽可能挖掘到适合自己的就业机会。不但要了解求职目标企业的相关信息，通过多种渠道了解就业市场的需求情况，更要清楚地知道招聘单位对应聘者的知识、技能的要求情况等，以便随时完善自身的知识和能力体系。总而言之，大学期间所付出的努力，归根结底，就是为了找到一份适合自己的好工作。就像赛跑一样，离终点越近，速度和力量就越要加倍。签约才是硬道理。

第四阶段：签约——离校期

在就业竞争激烈的大环境下，能在离校前拿到企业的Offer，真算得上是人生一大乐事，但这时不能因为拿到了Offer而沾沾自喜、忘乎所以，毕竟校园与社会还是有着较大差异的。

此时的任务是要争取在新单位赢在起跑线上。同一批录取的新人中，谁能走得更快更好，头几个月的表现至关重要。一是直接关系你能否顺利通过试用期成为组织的正式成员；二是直接决定你在组织内的起点的高低；三是直接影响你在企业内被重视和关照的程度。简单说，在试用期间，你表现得越出色，就越受重视，越可能被安排在重要的岗位上。而要把工作做得漂亮，除你原有的资质外，上岗前在知识、技能、业务理解、工作态度等方面是否有充足的准备至关重要。签约至离校前的时间段里，你就可以充分在这些方面提前做好工作。

直到你获得一份满意的工作，大学期间的任务才算圆满完成。

10.2 制定行动方案

到现在为止，我们已经清晰自己的职业定位，厘清了自己的人生愿景，设定了目标。好了，现在该是做出计划、付诸行动的时候了。

10.2.1 分解你的目标

你已经有了激动人心的人生目标，可是这样就可以开始做计划了吗？可能你已经发现了，只有一个明确的目标是不行的，因为它看起来离你很远，尤其是当你在制订一个长期计划的时候，这种感觉会更明显。对于一个大目标，一般是不容易把握从开始到实现它的整个过程的，所以，你得把这个大家伙切分一下，把它分成可以立即操作的一个个小部分。

那么该如何把大的目标分解成切实可行的小目标呢？让我们先来看一个真实的故事，这是一个关于从无到有建造起一座伟大的水晶教堂（见图10－12）的故事。

1968年的春天，罗伯特·舒乐（Dr. Robert Schuller）博士立志在加州用玻璃造一座水晶大教堂，他向有着建筑界“教父”之称的著名设计师菲利普·约翰逊（Phillip Johnson，1906—2005）表达了自己的构想：

“我要的不是一座普通的教堂，我要在人间建造一座伊甸园。”

约翰逊问他预算，舒乐博士坚定而明快地说：“我现在一分钱也没有，所以100万美元与400万美元的预算对我来说没有区别，重要的是，这座教堂本身要具有足够的魅力来吸引捐款。”

教堂最终的预算为700万美元。700万美元对当时的舒乐博士来说是一个不仅超出了能力范围甚至超出了理解范围的数字。

当天夜里，舒乐博士拿出一页白纸，在最上面写上“700万美元”。然后又写下10行字：

一、寻找1笔700万美元的捐款

二、寻找7笔100万美元的捐款

三、寻找14笔50万美元的捐款

四、寻找28笔25万美元的捐款

五、寻找70笔10万美元的捐款

六、寻找100笔7万美元的捐款

七、寻找140笔5万美元的捐款

八、寻找280笔25000美元的捐款

九、寻找700笔1万美元的捐款

十、卖掉10000扇窗，每扇700美元

60天后，舒乐博士用水晶大教堂奇特而美妙的模型打动富商约翰·可林捐出了第一笔100万美元。

第65天，一对倾听了舒乐博士演讲的农民夫妇，捐出第一笔1000美元。

第90天时，一位被舒乐博士孜孜以求精神所感动的陌生人，在生日的当天寄给舒乐博士一张100万美元的银行本票。

8个月后，一名捐款者对舒乐博士说："如果你的诚意与努力能筹到600万美元，剩下的100万美元由我来支付。"

第二年，舒乐博士以每扇500美元的价格请求美国人认购水晶大教堂的窗户，付款的办法为每月50美元，10个月分期付清。6个月内，一万多扇窗全部售出。

……

1980年9月，历时12年，可容纳一万多人的水晶大教堂竣工，成为世界建筑史上的奇迹与经典，也成为世界各地前往加州的人必去瞻仰的胜景。

水晶大教堂最终的造价为2000万美元，全部是舒乐博士一点一滴筹集而来的。①

---

① 亚萍．奇迹诞生的途径[J]．世界中学生文摘,2004(3).

图10－12 水晶大教堂

通过这则故事，你已经可以很直观地了解该如何分解你的职业目标了。你的目标可能很大，甚至看起来很难实现，但是再大的目标，一旦你把它分解开来，就变得近在眼前，切实可行了。

同样的道理，我们可以像剥洋葱一样，把人生目标一步步分解到年度目标，再细化到季、月、周、日，这样化整为零，分步实施，大目标被细小化分解成了具体的行动任务（见图10－13）。

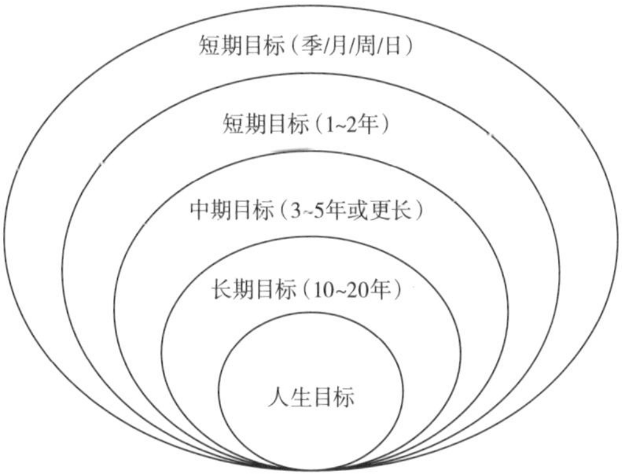

图10－13 剥洋葱法分解目标

当我们把自己的中长期目标分解为一个个小的短期目标时，就容易制订出具体的行动计划和步骤。这样有助于个人对自己的职业生涯进行有效管理。

10.2.2 差距分析与八大生涯策略

通过对不同阶段的目标和当前现实状况的对比分析，你可以发现自己离目标职业状态的差距在哪里。找到差距，自然就可以发现行动的要点。两个状态之间的差距可能是多方面的，如知识（包括学历）、技能、特定的经历、格局、心态、形象、身体素质等。我们可以用 A－B＝C 这样的简单公式来寻找差距。即：A 目标职业状态所需要素质－B 我所拥有的素质＝ C 我必须要拥有的素质。如表 10－1 所示。

A－B＝C

表 10－1 目标差距分析

目标职业状态所需要素质	我所拥有的素质	我必须要拥有的素质

找到差距后该如何提升呢？我们总结了一下，主要有八种比较有效的职业发展策略来帮助我们实现有效的职业发展。

(1) 工作丰富化策略

主要有三个方面，旨在扩展工作的宽度、深度与广度：

· 你可以在工作之余继续工作，不论在家庭还是公司，这样可以加强你近阶段的工作表现，创造更多绩效。时间对每个人都是平等的，真正决定人与人之间差距的，是工作和睡眠之外的八小时。

· 主动涉及更广泛的工作，或主动接受更高一级的任务和期望，这样可以给领导一个强烈的印象，就是你全身心地投入工作，而且有能力承担大量工作。

· 如果你有额外的精力，或是现有工作满足不了你的发展需求的话，你可以考虑通过第二职业来获得发展。而尚未毕业的大学生，则需要积极寻找有针对性的实践机会来寻求发展。

此策略对发展你的知识、能力、特定的经验等都非常有帮助。

(2) 知识和技能发展策略

即通过针对性的学习，来解决“知道怎么做”的问题。具体有：

· 在各种各样的培训、研讨会或大学课程中获得。

· 通过书本、网络等自学。

· 在现行工作中寻找额外的任务来发展自己的知识和技能。

· 向经验丰富的同事学习。

· 通过社团工作。

总而言之，热衷知识和技能的发展和学习，可以使人的工作能力更有效地获得提升。

以上两种发展策略，是快速直接提升自己内生涯的有效策略。

(3) 曲线发展策略

指从一个目标到另一个目标不是非直线到达，而是曲线发展达成的情况（见图10－14）。如一位培训主管的目标是人力资源经理，可以以招聘主管、招聘经理为过渡目标，进而实现人力资源经理的目标。

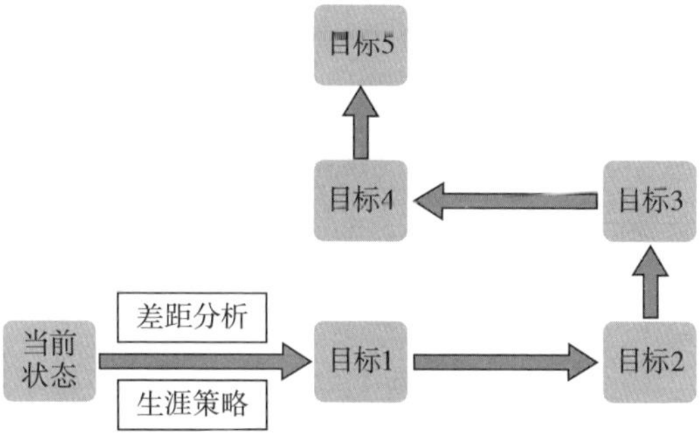

图10－14 曲线发展策略

(4) 机会拓展策略

通过创造机会，拓宽个人工作的选择范围。

· 建立自己的人脉圈子。

· 在与朋友和熟人的交流中，可以获得信息、意见与支持。

· 临时的或过渡性的任务可以用来获得额外的技术，很多公司会以临时作业作为一种方法为某一特殊的时期挑选专业的人才。

以上是较为常规的机会。还有些机会一旦抓住，则会给你的职业生涯提供多倍速的发展机会。当然多倍速的机会同时风险也会更大些。最典型的倍速机会有：

· 新行业；

· 新公司；

· 新部门。

(5) 借力发展策略

一个人的力量总是有限的，通过构建对自己职业发展直接有效的联盟，效率会大大提高。

· 获得领导的支持。对你的发展起到作用的领导可以是很多人，不必只有一个。他们可以以教练、友人、资助者，甚至榜样的身份出现，可以按照需要帮助其他人的生活和工作。领导关系常被推荐作为职业发展策略。

· 请人帮忙或雇用人。

· 借助外脑。每种职业都有其最快捷的发展路线，你可以寻求专业的咨询来找到适合你的定位和发展路线，这样就可以少走很多弯路。如果组织内有请实力派咨询专家提供咨询而你能有幸参与其中的话，大概率情况你的职业生涯将会发生飞跃式发展。

(6) 形象策略

这是一项用来传达成功讯息的策略，即通过职业形象让你看起来是靠谱、值得信赖的职业人，从而帮助你获得更多的职业发展机会。例如，参加社区活动和打扮得体可以建立正面的公众形象，对职业带来有益的影响。成功人士都注意投资自己的形象，因为这暗示了他们的价值和职业。

(7) 荣誉策略

取得职业荣誉也是一项重要策略。通过努力取得业内公认的名誉和尊重，你的职业生涯很可能会取得爆发式增长。在薪资报酬、职业机会以及社会地位等方面常常会取得意想不到的回报。

(8) 身心灵成长策略

在当前快速变化快速发展的时代背景下，在取得职业生涯快速发展的同时，如何让你的灵魂跟上前进的脚步，这是一个重要的课题。通过静坐、冥想等方式来实现身心灵的发展，让人的精神层次达到更高的层级，进而人格更加健全、完善。

10.2.3 制订行动计划

在思考目标和发展策略的过程中，实现这些目标的方法、渠道、路径等，你都已经进行了周密的考虑。现在，你需要把你思考的东西形成文字，进而变成你的书面行动计划。

客观地说，并不是每个人都喜欢计划。特别是对于 P 型人（认知型）来说，他们会更喜欢顺其自然。但不管怎么说，要想顺利达成目标，实现你的人生愿景，花些时间制订切实可行的计划，并认真落实是百利而无一害的。

另外，大部分企业（组织），都需要你做各种各样的计划，以确保总体目标的达成。

制订计划应遵循的步骤

制订一个切实可行的计划，需要遵循以下七个步骤：

步骤一：再次确认这个阶段的目标是什么

有效的计划必须紧紧围绕着总体目标来制订。从企业的角度，有企业整体目标和各阶段目标，需要通过计划一步步达成。而你也有自己的职业目标，如果两者正好吻合那最好。但别忘记了，5 年后、10 年后你的目标能否达成，取决于今天你都做了些什么。

步骤二：用目标分解法分解目标，确定完成目标所需要的步骤

把一个大的目标分解成许多小的目标，按照分解的步骤先实现一个个小目标，然后通过这些小目标的实践汇聚成为大目标实现的基础，一步一步地向前走，将一个个目标都实现，无论多难都一定会成功。

步骤三：细化你的计划

把计划细化的过程就是把目标进一步分解成一个个具体可执行的任务。这就要求这些任务具备可实施性和可度量性。每一个任务要有明确的定义，这包括了该任务的实现条件、实施者、需要的时间、最终的效果，实施的结果要有量化指标。

拿出你刚才划分好步骤的计划书，把每一个步骤细化为一系列的可实施和可度量的任务。这样，你就拥有了一个列表，这个列表上有一个总体目标，有几个比较大的步骤，有很多的可实施和可度量的细化的任务。

步骤四：为你的计划打上时间戳

你的计划书是不是已经初见模样了呢？可是你还缺点东西，那就是每一个细化任务的时间戳。注意，这个时间戳和每一个任务的完成时间可不是一个概念。完成时间是一个时间段，比如：三天。而时间戳是一个绝对时间：如 11 月 20 日晚八点。

这一步是比较难的。因为各个任务之间可能存在着一定的依赖关系，而且它们还有可能有交替、重叠等情况。还需要根据目标的重要和关键程度，对计划执行进行优先排序。而这些具体的情况，往往是因人而异，因目标而异的。所以并没有一种通用的办法来安排你的时间戳。不过，你可以按照项目的进度，一天一天地往后安排，即使这样做，要想很合理地安排时间戳依然是一个不容易的任务，但至少你有了一个线索。

好了，把时间戳加到你的任务列表上吧。

步骤五：建立追踪机制

现在，你的计划应该已经制订完成了。接下来你要有一个方法，随时能知道自己的计划实施到了哪一步，哪些任务已经完成了，哪些任务正在进行中，哪些任务遇到了障碍等。这是十分必要的。

一种常见的追踪机制是使用你刚刚写好的任务列表。在每个正在进行中的任务上打上一个对号，在每一个遇到问题的任务前面画一个叉，把每一个完成的任务用红笔划掉。当然，使用什么符号是你的自由。这个任务列表你每天都要看一次，最好带在身边。这样方便你随时记录和思考。如果你是用应用软件或是电子表格管理你的目标和计划的话，就更加容易了。

感觉这个方法有点简单吗？但它确实十分有效。

步骤六：按计划行事

该有的你都有了，现在你可以开始按计划行事了。记住，如果你不去做，再好的计划也帮不了你。

步骤七：在工作进行中适当地调整计划

计划的时候我们都希望考虑得尽可能周全些，但当你开始执行你的计划时，会发现有很多你的计划中没有考虑到的情况。而这些考虑外的因素常常会阻碍计划的进展。这个时候，你需要动态地调整你的计划。

使用你的追踪机制，看一看哪些任务没能按时完成，哪些任务提前完成了，从中找出那些影响你进度的问题，解决它们，然后适当地调整你的计划，继续实施它。

以上就是制订计划的步骤了，如果你能完全按照上面的方法去做，那么过不了多久就会发现，离你的目标越来越近了，对目标的实现也会越来越有信心。

编制和实施计划的七个要点

再总结一下，编制和实施行动计划时有七个要点需要留意一下：

1）计划以年、季、月、周、天为单位。

2）完成目标的时间、地点、方法、步骤、程序、过程、人物、结果等，要详细列出。

3）根据目标的重要和关键程度，对计划执行进行优先排序。

4）马上去做！有时候我们总想着要制订一个完美的计划才能开始。其实完美的计划并不存在，而亲身体验会更有利于计划。比如你有个锻炼身体的计划，可能你锻炼过一段时间以后，才会了解适合自己的锻炼方式。而如果不开始，可能就永远都不知道，更不会达到预期的效果。

5）计划执行得如何，要检查、监督、总结（见表10－2）。

6）计划执行要有奖惩。比如，你可以聘请你的家人、好友、上司、下属，作为你的个人计划实施评判员，让他们参与你计划的制订和执行。你可以做出公众承诺，如果达不成，该怎么办。有一定奖惩的激发或约束，会促使人全力以赴。

7）不要忘了给自己奖励，哪怕是你按计划时间起床，你也要给自己一个微笑，在镜子面前竖起大拇指说："你真行！你真有毅力！你是最棒的！"要形成自我激励的习惯。

Emily 的求职计划

经过完整的职业咨询后，Emily 打算转型做瑜伽教练。由于相对原来的职业生涯转型跨度太大，Emily 对此严重缺乏信心。于是我们的职业规划师帮助她制订了这样的求职计划。

目标：在 3 周内找到瑜伽教练工作。

计划：

在职业规划咨询结束后，马上投入求职准备工作。

第一周，通过互联网及各种渠道对上海各个瑜伽健身会所做个调查，了解基本情况，并按对自己的适合度排序。根据 Emily 的价值观及实际需求，共同确定通过品牌和专业性、上班便捷性三个主要指标来确定排序规则。根据排序，找出这样四个类别：A 类，好单位，上班便捷；B 类，中等单位，上班便捷；C 类，好单位，上班不便；D 类，中等单位，上班不便。

第二周，先在 C 类和 D 类各挑选出 3 家到 5 家会所面试。本周任务为信息面试，并非求职面试。这是一种快速了解这个行业情况的便捷途径，可以充分了解到行业状况，自己还缺什么，进一步确认自己的优势。

这个时候已经基本掌握了一名瑜伽教练所需的素质。在此期间，进一步优化自己的简历，熟悉面试流程和面试方法，掌握成功应聘的要点。

第三周，正式求职面试。先直接到 B 类求职，确立信心；再到 A 类求职，确定工作。如果 AB 都有 offer，自然 A 类优先。预计在三周后即可找到瑜伽教练的工作。

结果：求职顺利，转型成功!

表 10－2 计划实施一览表

计划名称	时间跨度	总目标	分目标	策略和措施	计划内容	备注
短期计划（1年计划）						
中期规划（5年规划）						
长期规划（10年规划）						
人生规划						

计划的质量检测

好了，你的计划已经做出来了，那么你的计划到底做得怎么样呢？这里提供一个小工具可以帮你检测一下（见表10－3）。

表 10－3 计划的质量检测

项目＼计分	5分	4分	3分	2分	1分
你最亲近的人支持你程度如何？	非常支持	支持	一般	反对	坚决反对
这个计划有多少成分来自你内心？	100%	80%	60%	40%	20%
这个计划对你重要程度有多大？	100%	80%	60%	40%	20%
这个计划与你其他重要目标冲突多大？	没有	一点	有些	很大	极大
如果遇到重大困难你会放弃吗？	一定不会	不会	不好说	也许	会
你愿意为这个计划作出必要的牺牲吗？	当然	尽量做	不好说	一般不会	不会
这个计划符合你的价值观吗？	非常符合	符合	不矛盾	有冲突	很大冲突

1）如果你的单项得分中有1分的存在，你需要审慎考虑该项目到底对你计划的执行会有多大的影响，很多时候，任何一个最低分的存在对整个计划的实施可能都是致命的。

2）如果你的分数小于21分，你最好放弃你的计划，因为你对计划的承诺不足以支持你完成它。

3）如你的分数小于28分，你应该再想一想你的计划，不用着急行动。

4）如果你的分数超过30分，你还等什么？马上行动吧！

10.2.4 形成职业规划报告书

到此，你已经系统地做好了职业规划的核心内容——清晰的职业定位、明确的职业目标和具体的职业发展通道以及行动计划。现在，我们来把这些内容形成一个完整的文件，即你的职业规划报告书，简称**职业规划书**。不管是作为留给自己的备案，还是作为你的作业，甚至是拿出来参加职业规划大赛，一份条理清晰的职业规划书都是很有价值的。有了它，在你的职业规划实施一段时间后，你可以进一步对你的职业规划实施情况进行检查、获得反馈、进一步修订，必要的话再重新规划，直到实现你的人生梦想。

一份完整的职业规划书应包括个人基本信息、职业取向系统分析、商业价值系统分析、职业机会系统分析、职业定位与行动方案，及其他相关资讯、附录等辅助信息等内容。下面附上由向阳生涯提供的职业规划书标准模板。

我的职业规划书

一、基本信息 **制作日期：**

姓　　名：	性　　别：	出生年月：
学　　历：	专　　业：	毕业院校：
工作状态：	薪资待遇：	婚育状况：

二、职业取向系统分析

· 对兴趣、性格、价值观、需求及使命等的理解及应用

三、商业价值系统分析

· 对个人资质/背景的分析

· 对职业经历的分析/评估/提炼

· 对教育/培训背景的分析/评估/提炼

· 现有的职业竞争力评估

四、职业机会系统分析

· 当前职业环境及发展形势评估

五、职业定位与行动方案

· 职业规划核心内容

· 职业发展方向

· 主要职业目标与发展通道

· 职业发展策略

· 当前的最佳切入点

· 支撑点分析

· 该领域（行业/职业）的现状及发展趋势

· 在该领域发展的优势

· 与职业目标的差距及应对方案

· 行动计划

· 第一步……

六、其他相关资讯、附录等辅助信息

10.2.5 职业规划的评估与调整

职业规划方案实施一段时间后，你需要考虑以下问题：

（1）这套方案执行得顺利吗？如果不顺，卡在哪里，要如何调整？

（2）按这套职业规划方案能有效达成你的人生目标吗？

（3）当初做出这套职业规划方案时的条件和环境有发生重大变化吗？

以上三个问题任何一项有变数，都需要对你的方案进行相应调整。

客观上，对制定好的职业规划进行阶段性的评估和调整也是必需的。原因有三方面：

（1）职业规划是一个动态的过程，其本身就是个应变的过程，因此客观上需要进行不断的评估和调整。

（2）影响职业规划的因素众多，有些因素是可以预测的，而有些因素则难以预测。特别是外部环境又非本人可以左右，再加上个人预见能力的不足，就难免会有前期考虑不周全、对自我和环境认识不全面等情况，因此在职业规划实施一定时间后需要进行评估和调整。

(3) 职业规划方案本身也需要经过实践检验并不断完善才会更有力量。

因此要使职业规划行之有效，就要根据职业规划的阶段性实施情况以及自身和外在环境的变化进行及时的评估与修正。评估的内容主要包括定位前提评估、职业目标评估和职业通道评估三块。

定位前提评估：个人的身体情况及三大系统十五项要素是否有发生重大变化的情况。若有，看是否影响到当前的职业定位，或是提供了某种全新的发展方向。

特别需要关注职业机会系统中的宏观环境及组织环境的变化对个人职业规划的影响。社会经济结构的调整、科学技术的飞跃、政治形势的突变、国家政策和法律制度的调整，这些对职业生涯的影响都是需要持续关注的，这些因素最有可能为你的职业生涯创造重大转机。你所在企业组织的领导更换、公司战略方向调整、制度调整等虽然不至于对职业定位产生本质性影响，但对你在组织内的定位，及对个人的职业发展机会的影响却是很直接的。个人身体健康、生活形态及家庭环境的变化的影响也非常直接。很多意外会令人束手无策，并直接影响到个人职业规划的执行过程和结果。

职业目标评估：设定的中短期目标是否恰当，如果继续按这样的目标推进，是否可以达成你的长期目标。特别是所有目标中的主要目标的落实情况要重点关注。当然，如果你没能坚持计划、制订的策略失误，则可能直接导致预期目标的流产。这就要求我们自觉地总结经验和教训，不断修正策略，必要时甚至要修正目标。

职业通道评估：设定好的路径是否切实可行，是否有重大的环境变化产生新的机遇或是需要调整路径，实施策略上是否需要调整等。如公司正式开发海外市场，实施国际并购，可能会产生全新的国际性的发展机会。针对变化了的内外环境，要善于发掘最新的趋势和影响，与时俱进。同时要特别关注实施过程中你暴露出来的弱点，即你的短板——它可能会成为你职业发展中的大障碍。这些短板可能存在于观念差距、知识差距、技能差距及心理素质差距等方面。

一般情况下，每年需要进行一次至两次系统全面的职业规划评估活动。

你的职业规划方案通过不断的评估、调整、执行，会变得越来越完善，执行效果也越来越好。它将更加有效地帮助你实现你的人生目标，并给你带来更大的成就。

10.3 绘制属于你的职业梦想地图

至此，你的职业规划已经做好了。你找准了适合自己的职业定位，清晰了职业发展方向，并制订了职业目标及具体的发展路径和行动策略。最后，为了让你的梦想更快走进现实，我们可以通过梦想板的方式把你的职业目标栩栩如生地摆在你的面前。就是把你最重要的目标图像化，并深深地植入潜意识，让一切变得唾手可得！

现在，请按如下步骤操作：

我们先准备好以下素材：一张A3或是A2大小的海报纸，10本以上你喜欢的旧杂志（图片较多的）或画报，一把剪刀，一瓶胶水，一张书桌。

然后安排个宽松的时间（约2小时），找个安静的、无人打扰的环境，准备开始工作。

接下来可以安静地坐着或躺着，让自己放松下来。回顾一下这些天来我们所有的操作及成果。回顾一下，你的职业定位是如何产生的，它以什么样的景象呈现在你面前，你的二十年、十年、五年目标分别是什么，它们是如何相互促进的，你的核心目标是什么，它们在你的大脑中呈现什么样的图像，把这些景象深深地印在脑海中。

现在，你可以集中整理一下一个至两个阶段的目标达成景象。如五年后的，或是五年的和二十年的。这些景象可以是你将要呈现的职业形象，你的办公环境，你所拥有的物质财富等任何你期待呈现的东西。根据你脑海中呈现的景象，从你准备的杂志或海报上查找对应的图片，然后把它们剪下来备用。当然，你也可以直接在互联网上找图，在电脑中制作。

从找到的图片中选择最能代表你想要表达的内容的图片，并找出各个图片（目标达成的景象）之间的内在联系，然后把它们摆放在你准备的大纸上。然后用胶水粘在纸上，并用彩笔把它们内在联系用连线或箭头标出。你还可以在各个部分的图片上写上标注。

最后找个合适的位置，用醒目的字体写上整个拼图的主题、姓名和日期。这就是你的职业梦想地图了。选择一个你平时生活中视觉经常触及的地方，把你的梦想地图贴上去。现在，它就是你生活的一部分了。

好了，现在一切处理完毕，一幅栩栩如生的职业梦想地图就放在你的面前。体会一下你的心情，是不是很向往，很激动?!

现在，就全力以赴地追求你的梦想吧！美好的生活从现在开始！加油！

今日思考

将你的职业定位和目标图像化，把它们清晰地印在你的脑海中，并经常和你身边的人分享它们。

案例故事

职业转型，让梦想照进现实

——一个职业规划师的职业规划案例解析

闫岭，一位因职业规划而改变人生，并走向成功的典型代表。

她是职业规划的受益者，并最终成为职业规划的事业推动者。

她的职业生涯曾经风光无限，但风光的背后却也几度迷茫，最后因为职业规划而找到了全新的人生方向。她选择系统的学习和训练，并大量实践，逐渐成长为一名优秀的职业规划师，优秀的职业规划师培训导师。今天，她已帮助数以千计的职业迷茫者走出困境，找到全新的发展方向；而通过中国职业规划师认证培训课程培养的学生更是遍布全国，帮助了无数中国青年！

在本书结尾，我们以闫岭来作为我们这些天所学内容的运用范例，希望能对广大读者有所启发。本文改编自闫岭生涯小传及媒体采访稿。

一、曲折的生涯探索历程——职业取向系统的探索与发现

1995 年，闫岭听从父愿，顺利考取西安交通大学电力系统专业。在这个男生占绝对数量的群体中，一个女生显得很特别。四年后闫岭顺利毕业。但在这四年中，专业课程学得有多么痛苦，实习时面对那些复杂的机器设备又是多么无奈……这些恐怕也只有她自己知道。

毕业求职，就专业本身而言，在电力行业成为“工程师”无疑是最匹配的职业选择之一。那时的闫岭，虽然对职场一无所知，但始终抱持一个坚定的信念：不想做“与机器打交道”的工作，而要做“与人打交道”的工作！

所幸，凭借四年里辛苦的学习间隙坚持不懈并小有成绩的社团工作经历，闫岭成功应聘至一家国内知名家电企业，从事生产计划管理的工作，一年后，晋升至部门经理，又在半年之后，转入当时心仪已久的销售领域，开始了真正“与人打交道”的职业探索。

分析与点评：这是一系列主动选择的操作。在错误地进入了一个“与机器打交道”的专业后，闫岭开始按着自己内心的指向探寻“与人打交道”的职业。于是由“现实型”的工程师类工作（专业），逐步转到较远的“事业型”工作（管理、销售）。

放弃电力系统优渥的环境，进入民企；放弃月薪5000元的生产计划部门经理，成为一名月薪1200元的销售代表，周围家人与朋友都无法理解闫岭，也并不支持她这样的选择。在那个奉行一技之长的年代，在那个“学好数理化，走遍天下都不怕”的年代，在那个对销售工作存有偏见与误解的年代，这样的选择，似乎不应被提倡。但是，闫岭执拗地坚持一个信念：还有什么比放弃自己不喜欢的事情更容易的呢？她说：我不愿意在未来若干年后的某一个时点，依然在一条我不喜欢的职业路径上，唏嘘不已却无从改变。那不是我想要的生活！

正是这种坚持寻找自己梦想职业的信念支撑，闫岭开始更进一步在“与人打交道”领域进行职业探索。

从一名普通的销售人员，做到区域销售经理，业绩连续6个月在全国100多个办事处中位居前三位；

在公司提出将她再次晋升至大片区经理时，她毅然辞职，再次求学；

进入知名欧美外企，由Sales转向更加心仪的Marketing，最后成为Marketing Manager；

……

这一路走来，顺风顺水，表面上看，闫岭实现了每一步的职业梦想！

但是，她并不快乐。

她想要的都实现了，为什么还不快乐？更糟的是，闫岭感觉自己彻底迷惘了，她不知道自己真正想要的是什么，她找不到前进的方向。

这一次，闫岭陷入了痛苦思考却找不到答案的自我挣扎中。挣扎了好久之后，她逐渐明白，自己之前一直所追求的都是大众普遍认知的“成功”，而并非源于内心的专属于自己“成就”，所以，无法带来心底真正的快乐。

分析与点评：每个人都有权利追求自己梦想的生活，只是现实的阻力很多，有的人冲破一切障碍去探索，去追寻；而有的人用各种各样的借口说服自己裹足不前，空耗时光。对于追求生命质量的人来说，找准职业定位，找到最适合自己的发展方向是极其重要的，哪怕探寻的路充满坎坷；而对于平庸的人，生命只能在得过且过的生活中虚度。

那么，专属于她的成就是什么？

一次极其偶然的机会，闫岭接触到“职业规划”四个字，没有想到，就是这四个字，彻底改变了她的生活。

闫岭说，她至今仍然清晰地记得，那是一个周末，一个冬日的午后，雪后初晴，阳光分外值得珍惜。她坐在电脑前，点开一个网站，目光随意流转，却不经意间被“职业规划”这四个字牢牢锁定。特别是当看到文中提及职业规划师的“自由”“专业”及“越老越吃香”等特性时，一下子就像找到了难得的知己一样，满心欢喜。

分析与点评：你可以把找到“能够深深吸引你的领域”的这个过程理解为幸运，也可以理解为天命发现的过程，但它一定是你努力追求的结果。闫岭被“职业规划”深深吸引了，或许，这就是天生使命吧。

至此，闫岭一步踏入“职业规划”的海洋，义无反顾！仿佛一块海绵，拼命地汲取，并且毫不犹豫地去应用，去实践。

很快，闫岭接触到了职业规划领域中一个非常专业的工具——MBTI性格类型测试。至今，闫岭对那些致力于该工具的研究及传播的大师与前辈，都心存无上的感恩。因为，MBTI 帮她更清晰地指向了职业规划这个事业方向，最重要的是，影响了她的人生！

当她明确自己是典型的 INFJ 类型咨询师之后，就被这一类型的职业优势以及匹配的职业满意度要素瞬间击中。因为，INFJ 类型的描述挖掘到属于她的内在最核心的力量，说出其职业人生最本质的渴望——**充分展现优秀的人际沟通能力以及对人敏锐的洞察力，尤其需要和谐融洽的人际关系，特别关注自我实现，并且有强烈的帮助他人的愿望。**而职业规划师正是能充分满足这种最本质需求的一种新兴职业。

闫岭终于知道，她要的是自由，要的是专业，要的是能够不断地自我实现，要的是在“与人打交道”的工作中帮助他人成长。而在各种职业中，职业规划师这个职业最能符合这些要素，也最能打动闫岭的内心。至此，初步的职业定位已经浮出水面，即在相对自由与独立的工作环境内，在与人沟通，能够不断自我实现，并且帮助他人成长的领域中，成为专家。具体而言，就是要成为一名优秀的职业规划师。

分析与点评：职业取向系统的五大要素是引领我们不断向上的原动力。能通过职业取向系统的分析找到职业方向，这种方向会是充满动力的，也会是长久的。

二、走向专业成长之路——商业价值系统的分析与构建

职业规划，职业规划师，这两个词开始萦绕在闫岭的大脑中。梦想的职业终于初露端倪了！

但这个职业方向与自己的原有职业背景相距甚远，它可能会成为自己全新的职业发展方向吗？毕竟，自己先前对职业规划师这个职业的了解都是间接的，所学的也都是书本理论。想来想去，不管怎样，要进入这个新兴职业领域，系统地学习与训练是必不可少的，最直接的检验办法就是参加职业规划师培训，在学习和实践中直接体验是否可以转型过去。退一步想，就算做不了职业规划师，好在自己也感兴趣，就当是学习一门新技能好了，而且在课堂上或许可以重新规划好自己的职业生涯呢。抱着这样的想法，闫岭仔细分析了可能学习的各种途径，并最终选择了由向阳生涯主办的中国职业规划师（CCDM）认证培训。

多年后，闫岭这样回顾当时的选择：在那之前，我所做的第一笔也是唯一一笔重大的投资便是参加系统而专业的职业规划师资质培训。因为，我深知，知识体系的变迁是事业转型并提升的重要条件。也幸亏选择了CCDM系统，才让自己真正走进了职业规划师的全新世界。至于这项投资对我的职业转型所带来的价值，现在看来，已是不言而喻，因为它不仅为我搭建了最为正规有效的职业规划知识体系，更为我提供了展开职业规划事业旅程的发展平台，是它，帮助我遇到各位。

带着强烈的求知欲和对自己人生走向的疑问，闫岭请了长假，从大连来到上海，在 2006 年五一期间如约走进了中国职业规划师培训课堂，接受了为期 10 天的系统培训。这 10 天中，除了系统学习职业规划的各种理论，掌握了各种实用的咨询技能外，还有几项对日后整个职业生涯至关重要的收获：

（1）发展了一批高质量的专业圈人脉。CCDM 校友大多是 30 岁以上的各领域精英，在闫岭参训的第 5 期毕业生中，就有多位大型企业（包括世界 500 强）的人力资源经理、总监、企业总经理、高校学生处长等实力人物。

在对职业规划师这个职业感兴趣的初期，闫岭就意识到了人脉的重要性。除了 CCDM 培训带来了高质量的人脉外，她还通过各种途径主动去建立人脉圈。回忆起当初为了见一个从网上联系到的职业规划师前辈，在初到上海人生地不熟的情况下，闫岭在闷热难耐的黄梅天，东奔西跑挤地铁赶公交，回想起当时的情景，闫岭不禁唏嘘，却也感念。她说，特别感谢当初那些提供信息，也给了她信心的前辈，也感谢那个执着坚韧的自己！

（2）找到了向阳生涯这个全国最大的职业规划咨询实践平台。闫岭在课堂上的优秀表现，也得到了向阳生涯同仁的充分认可。

（3）通过系统的学习和实践，检验了先前判断的准确性，坚定了成为一名优秀职业规划师的决心。

通过课程中系统有序地学习和探索，闫岭想起了从中学到大学，她一直有一个独特的称号——知心姐姐。这样一个小小的称号，却为坚持自己的职业选择带来了莫大的信心。而与生俱来的那份骨子里的亲和力，自然而然带给对方的那份放松与信任，这种先天禀赋更是职业规划师们需要具备的优秀特质。再看看自己独特的职场经历，涉及多个行业、多项职能、多个城市，日积月累持续发展的丰富经验，在不经意间为职业规划师生涯积累了宝贵的财富。

再回顾多年来的职业生涯，那一份勇气可嘉的执行力对闫岭的成功转型也起到了关键作用。闫岭说：记得每次培训，与学员分享我的转型故事，故事的结尾掌声四起，伴随掌声出现频率最高的一个词就是——勇气！是的，敢于一次又一次放弃，一次又一次选择，是需要勇气，但是支撑勇气的是相信自己会去做，并能够完成的能力！

那些成功经历串起那些曾经闪亮的日子，这样的闪亮足以令人的梦想熠熠生辉！

所有这些都帮助闫岭下定决心，要转型成为一名优秀的职业规划师。

分析与点评：除了天赋是与生俱来的，所有商业价值系统的要素都是通过努力可以获得的，关键在于你是不是有强烈的决心。你可以通过系统的训练快速获得目标职业所需要的知识和技能，你可以通过创造机会来积累人脉，创造独特的经历。你原先的经历肯定是有其独特的价值的，关键就在于你是否有专业的视角和能力去发掘它们。对闫岭而言，所有这些都通过培训和训练快速地获得了。

三、梦想照进现实——职业机会系统的分析与拓展

通过前期的探索和学习，该是到了见证奇迹的时刻了，闫岭说，她似乎已经感受到了未来在向她召唤，内心的小宇宙已经开始燃烧，可是……新的问题又出现了！

当前的宏观大环境对职业规划行业的影响是怎样的？这个行业的发展趋势如何？哪些地区市场需求旺盛，所在的城市怎么样？职业规划师这个职业有钱景吗？你能找到适合你职业发展的具体平台吗？你的家庭能支持你的选择吗？所有这些问题都显得很现实。

每每谈到这些，闫岭都会强调，转型是需要信心和勇气的！因为你不仅要克服周围家人朋友的善意阻力，更需要战胜内心深处对未来不确定的恐慌。如果当初面对这些问题，有任何一个闫岭给出了消极否定的答案，那么，她就不会走向职业规划这条道路了。这意味着，中国的职业规划界也就少了一位优秀的专家。

从宏观大环境以及行业发展的角度而言，自然是毋庸置疑，只要看看我们周围有多少身处职场内心煎熬的朋友就可以知道，因为，需求决定了供给。并且，纵观职业规划在中国的发展历史，横向与当下国外职业规划市场相比照，都不难看到，这个行业有着巨大的成长空间。在与向阳生涯负责人沟通的过程中，闫岭清晰地看到了这个领域中个人的巨大发展空间。可以确信地说，职业规划这个行业的未来发展，前景无限！

说到职业规划师这类专家型职业的含金量，闫岭一直秉承一个理念，任何职业，你做到足够优秀，总能获得相应的回报。现在，回头来看，果不虚言，付出多少，收获多少。

而关于地域的问题，在当初的确是个问题，是个大问题。大连是闫岭心仪已久的城市，碧海蓝天，可是，论及职业规划这一新兴领域，当年在大连仍然是机会难觅。

怎么办？唯有一个选择，离开这座城市，重新转换职业发展的舞台。可是，老公大学毕业就在此工作，并且他们已经结婚买房安家于此，他能够同意吗？

事实上，她的老公，对于已经出现的经济压力陡升没有抱怨，对于未来可能发生的不确定没有顾虑，对于个人也需要放弃大连熟悉、稳定、优厚的工作，去到上海重新拼搏，也并不担心。这个男人，信任并支持了闫岭的选择，和她一起，举家迁到了上海！

好了，接下来便是真正见证奇迹的时刻了！

经过向阳生涯系统的专业培训之后，为第一个客户完成一对一的商业咨询之后，闫岭是这样描述她的感受：“那一天的场景我永远忘不了。完成了咨询，已经是暮色时分，在赶往东昌路地铁站的途中，虽然饥肠辘辘，但是内心却有一份莫名的跳跃与欣喜，这种感受相当陌生，我记得我对自己说了一句话，原来，工作也可以这样快乐！”

分析与点评：通过自我探索、系统的培训和真实的职业规划咨询实践，闫岭清晰地找准了自己的职业定位——要成为一名优秀的职业规划师。整个职业机会系统也给予了闫岭充分的支持。这样就可以确定，这个方向是完全可行的。

四、走出职业规划事业坦途——职业目标设定与通道设计

经历了最初案例咨询成功的喜悦后，兴奋之余，闫岭开始考虑为自己

在职业规划领域谋划更好的前途。闫岭首先想到了参训前在一位职业规划前辈的引导下对未来生活的憧憬，她是这样描述的："那是一间光线充足，窗明几净的教室，我身着职业装扮，亲和，自信而专业地站在讲台上，下面有几十双聚精会神的眼睛，用心聆听我的课程……" 闫岭相信，在职业规划师的专业道路上，最终她将以专业讲师的身份去帮助更多的人。

憧憬着这样的未来，闫岭认真设定下更加具体的职业目标。在此，我们不详谈那些具体的内生涯、外生涯目标，只是拎出一条生涯目标的主线与大家分享：

职业规划学习者（当下）——合格的职业规划师（1 年内）——优秀的职业规划师（3 年内）——职业规划方面的培训师（5 年内）——职业规划导师（8 年内）

结果是，就在两年后，闫岭真的做到了！她说："当第一次站在讲台上，看到台下注视着自己的几十双眼睛。一瞬间，我有一种想落泪的冲动，美梦原来真的可以成真！而且比自己预期的还要快！"在向阳生涯遍布全国上百位职业规划师队伍中，闫岭连续多年被评为"全国最受欢迎职业规划师"。不仅如此，现在，闫岭已经是非常受欢迎的中国职业规划师认证培训导师了。

回顾多年来的成长历程，闫岭说："这些年，在这条职业规划专业道路上一步一步坚实地走来，全情投入每一个案例，每一次培训，每一份报告，每一篇文章，每一次采访，每一场点评……每一天，都行走在通往理想职业目标的旅途中，每一天，都会感觉离梦想近一步，更近一步，这种感觉，非常幸福。"是的，这条路，春意盎然，前景无限！

说到路径，当然要提到通路设计，这是职业规划三大核心内容之一。闫岭的职业通路经过了三个关键过程。

首先，适应环境。闫岭用了一年的时间，学习相关知识，了解相关市场，建立相关人脉，积累相关经验。在充分适应这个全新的环境的同时，了解内心对这一全新环境的感受和反馈。最终，闫岭得出了这样的结论："我天生是属于职业规划这个领域的！"

其次，选择环境。最初，闫岭希望有这样一个环境，它不仅能提供实现职业规划师梦想的阶段性职业平台，并且能最大限度整合之前的商业价值，这个最佳的结合点，对于闫岭而言，便是猎头顾问。这是她转型的切入点，也是闫岭为自己主动选择的环境。接下来，她希望能找到一个让她在职业规划师职业上拥有充分发展空间的平台，于是她很坚定地选择了向阳生涯。

最后，创造环境。当她发现，长时间从事猎头顾问的工作，已经无法将更多精力投注到自己的职业规划事业梦想时，于是果断决定，创造一个环境。希望这个环境不仅可以让自己有更多的时间投入职业规划，更能成为一个实践职业规划相关理念的平台，这个理念便是，识人用人，让每个人做自己最擅长的工作。于是她和猎头方面的合作伙伴用这套理念构建了一个平台，他们彼此信任，在不断实践中共同成长，共同筑起那个快乐的事业梦想！

分析与点评：找到精准的职业定位，明确自己的发展目标后，对于任何一个有追求的职场人来说，找到能充分发挥个人才能的平台就是首要问题。做到这点，需要很好的眼光，特别是发展的眼光。认准一个平台后就可以非常安心地投入职业活动中，着眼长远地迎接每一个任务，处理每一个项目，这样才能保障你的职业生涯能够长久发展、获得大成就。

在企业，有清晰的职业定位，又对所在单位高度忠诚的人，是最受欢迎的。他们会获得最好的发展机会，得到最大的培养力度，获得最快的成长速度，收获最大的职业成就！而这样的生涯状态，通过本书的系统实践，你，同样也可以做到！

五、为中国职业规划事业不懈努力——坚定信念，成就更大梦想

现在，闫岭已经走在了梦想实现的康庄大道上。当初苦苦寻觅的理想职业状态已经找到，成为职业规划导师的梦想也已提前实现。

闫岭说，现在每天感受最多的就是感恩。感恩曾经帮助过自己、提携过自己的每一个人，感恩 CCDM 认证课程——不仅让自己系统掌握了职业规划技能，更成就了自己的职业梦想；感恩洪向阳老师对自己多年的信任、督导与大力支持；感恩向阳生涯的伙伴们给自己提供了这么好的平台；感恩每一个学员和客户，是他们在不断激发着自己；感恩家人能这么无私地支持自己。她说，她的内心总是洋溢着满满的感恩的力量！相信正是这份力量，帮助闫岭在实现梦想的道路上不断前进。

有记者曾在采访中请闫岭评价个人转型之前那很长一段职业经历，如果重新选择，会改变哪一段经历？闫岭的回答是："没有任何改变！所有的经历都帮助我成为现在的我。"是的，生命是一段很奇妙的旅程，所有的经历都是为了成就更好的自己，关键在于你对美好生活的追求是否有坚定的信念，以及能否擅用每一段经历。

当问到有什么话愿意与需要职业规划的朋友分享时，闫岭说："这些年，看到很多职场朋友通过职业规划找到理想的职业方向，不断体验到工作带来的快乐，并找寻到更美好的自我，我真心为他们感到高兴。但与此同时，我也听到更多关于职场的抱怨，关于发展的困惑，一片纠结声中却无力改变。事实上，职业规划就仿佛一扇窗户，推开这扇窗，一缕明媚的阳光会照进来，你会发现一个全新的世界，那曾经被外部环境、被他人所拉动的惯性会瞬间转化为一股由内心的爱和梦想所激发的力量，而这份力量，一定会帮助你找到你人生的使命，找到你最爱的方向，因为，当你全力以赴为了内心的爱去努力时，整个世界都会来帮助你！而推开窗户，有时很难，有时却也很简单，或许就是打开一本书，点开一个网站……"

在追求理想职业的过程中过去充满了坎坷，将来也必定会有很多挑战。谈及未来，闫岭说："我是职业规划的最大受益者，我很享受现在工作带来的快乐，也很享受在不断挑战中不断认识自我，不断成长，我也希望能够帮助更多人实现他们的梦想。我会一直坚守在职业规划这片土地上，精耕细作。希望有更多志同道合的伙伴，大家一起来播种，一起来耕耘，一起来推动职业规划事业的发展，让更多人从中获益。"

分析与点评：找准一个职业方向后，成就的大小就主要取决于你有多么努力和坚持了。方向正确后，付出越多，收获就越多，坚持越久，成就越大。再漂亮的职业规划如果没有付出和坚持，到头来也必然是竹篮打水一场空。而你个人成功了就会有能力帮助更多人走向成功，那将是人生的另一次升华。所有这些，闫岭通过本书所教的方法都做到了，相信本书同样可以帮助到你。

希望所有接触本书的人都能尽快找准方向，坚定信念，坚持不懈，直到成功！

职业规划工具索引表

参考文献

[1]王一敏. 当代社会成人的职业再开发与指导[M]. 上海教育出版社,2000.

[2]洪向阳. 生涯规划:新高考选科与志愿规划指引[M]. 北京:化学工业出版社,2020.

[3]王一敏. 中学生生涯教育理论与实务[M]. 广州:广东教育出版社,2016.

[4]王一敏. 当代青年的职业选择与指导[M]. 上海教育出版社,1998.

[5]金树人. 生涯咨询与辅导[M]. 北京:高等教育出版社,2007.

[6]吴芝仪. 生涯辅导与咨商——理论与实务[M]. 台湾涛石文化事业有限公司,2001.

[7]吴芝仪. 我的生涯手册[M]. 北京:经济日报出版社,2008.

[8][加]马尔科姆·格拉德威尔. 异类:不一样的成功启示录(新版)[M]. 苗飞译. 北京:中信出版社,2014.

[9][美]路桑斯等. 心理资本[M]. 李超平译. 北京:中国轻工业出版社,2008.

[10][美]凯尔西. 请理解我[M]. 王甜甜译. 北京:中国城市出版社,2011.

[11][美]伊莎贝尔·布里格斯·迈尔斯,彼得·迈尔斯. 天资差异[M]. 张荣建译. 重庆出版社,2008.

[12]俞文钊等. 职业心理学[M]. 大连:东北财经大学出版社,2007.

[13]孟慧. 职业心理学[M]. 北京:中国轻工业出版社,2009.

[14]李永金,王明辉. 人才测评[M]. 北京:中国轻工业出版社,2010.

[15]中华人民共和国职业分类大典(2022 年版)[M]. 中国人力资源和社会保障出版集团有限公司,中国劳动社会保障出版社,中国人事出版社,2022.

[16][美]吉姆·柯林斯. 从优秀到卓越[M]. 北京:中信出版社,2009.

[17][美]彼得·圣吉. 第五项修炼:学习型组织的艺术与实践[M]. 中信出版社,2009.

[18]陆学艺. 当代中国社会阶层结构研究报告[M]. 北京:社会科学文献出版社,2002.

[19][美]加德纳. 智能的结构[M]. 沈致隆译. 北京:中国人民大学出版社,2008.

[20]霍力岩等. 多元智力理论与多元智力课程研究[M]. 北京:教育科学出版社,2003.

[21]王一敏. 职业倦怠综合征[M]. 上海:华东师范大学出版社,2006.

[22]孙圣涛,卢家楣. 自我意识及其研究概述[J]. 心理学探新,2000,20(1).

[23]李强,刘海洋. 变迁中的职业声望——2009 年北京职业声望调查浅析[J]. 学术研究,2009(12).